U0464114

教育部基金青年项目《后殖民翻译研究反思》（项目批准号：12YJC740100）最终成果

王富 著

后殖民翻译研究反思

Reflections on Postcolonial
Translation Studies

图书在版编目（CIP）数据

后殖民翻译研究反思/王富著 . —北京：中国社会科学
出版社，2017.7
　ISBN 978 - 7 - 5203 - 0587 - 7

　Ⅰ.①后…　Ⅱ.①王…　Ⅲ.①后殖民主义—翻译理论—研究
Ⅳ.①H059

　中国版本图书馆 CIP 数据核字（2017）第 142992 号

出 版 人　赵剑英
责任编辑　宋燕鹏
特约编辑　席建海
责任校对　周　昊
责任印制　李寡寡

出　　　版　中国社会科学出版社
社　　　址　北京鼓楼西大街甲 158 号
邮　　　编　100720
网　　　址　http://www.csspw.cn
发 行 部　010 - 84083685
门 市 部　010 - 84029450
经　　　销　新华书店及其他书店

印　　　刷　北京明恒达印务有限公司
装　　　订　廊坊市广阳区广增装订厂
版　　　次　2017 年 7 月第 1 版
印　　　次　2017 年 7 月第 1 次印刷

开　　　本　710 × 1000　1/16
印　　　张　15.75
插　　　页　2
字　　　数　235 千字
定　　　价　65.00 元

凡购买中国社会科学出版社图书，如有质量问题请与本社营销中心联系调换
电话：010 - 84083683
版权所有　侵权必究

目　录

导　　论

第一节　批评意识的缺失与后殖民翻译研究的歧途
——后殖民翻译研究现状反思

一　后殖民翻译研究现状综论

最近30多年以来，翻译研究转的文化转向，使得文化研究与翻译研究形成了紧密的关系。随着文化转向研究的深入，翻译研究越来越带有强烈的政治倾向，开始关注政治、权力、民族、种族、帝国主义等问题。翻译研究和后殖民文化研究之间存在诸多联系，二者的互相渗透与融合已经引起了这两个研究领域的共同关注。后殖民翻译研究成为后殖民研究的一个重要组成部分，后殖民批评家无不通过翻译来佐证和论述自己的后殖民思想；后殖民主义思潮对翻译研究的渗入，进一步深化着后殖民研究和翻译研究，导致了后殖民研究的翻译转向和翻译研究的后殖民转向。文化研究致力于全球化和民族身份的研究，

"这个焦点，连同近年来文学的后殖民研究真正的火爆，意味着翻译研究的文化转向日益变成跨文化或多文化。更具体地说，鉴于对后殖民文学和批评的广泛兴趣，这一翻译现象可定义为后殖民转向"。① 后殖民翻译理论从文化殖民角度出发，借用解构理论研究翻译现象，对翻译实践进行各种文化考古式的实地考察。后殖民主义翻译研究是建立在解构理论、多元系统论和新历史主义等基础上的新范式，是在后殖民批评语境下建构的一系列有关翻译的概念、判断及喻说，其知识谱系可追溯至后殖民批评家爱德华·赛义德（Edward W. Said）那里，霍米·巴巴（Homi K. Bhabha）、斯皮瓦克（G. C. Spivak）也卓有建树。英国学者鲁滨逊（Douglas Robinson）首先将"后殖民主义译论"作为一个问题正式提出，20 世纪 90 年代以来，巴斯内特（Susan Bassnett）、尼南贾娜（Tejaswini Niranjana）、蒂莫志科（Maria Tymoczko）等人也做出了相应贡献，开创了后殖民翻译研究的热潮，取得了举世瞩目的成就。此外，以色列伊凡·佐哈尔（Itamar Evan – Zohar）的多元系统翻译理论，巴西坎泼斯兄弟（Haroldo & Augusto de Campos）的"食人主义"（Cannibalism）翻译理论，美国学者韦努蒂（Lawrence Venuti）的归化异化论等也可以涵盖在后殖民翻译研究之下进行考察。至此，后殖民主义翻译理论异军突起，为翻译研究提供了一个新的视角和空间，构筑了新的范式。

在当代后殖民翻译研究中，成绩较为突出的学者及其代表作有：拉斐尔（Vicente Rafael）的《缩减殖民主义：早期西班牙统治下他加禄社会中的翻译与传教》（*Contracting Colonialism：Translation and*

---

① Bo Pettersson, "The Postcolonial Turn in Literary Translation Studies：Theoretical Frameworks Reviewed"（http：//www.uqtr.ca/AE/vol_ 4/petter.htm）.

Christian Conversion in Talalog Society Under Early Spanish Rule，1988）、切菲茨（Eric Cheyfitz）的《帝国主义的诗学》（*The Poetics of Imperialism：Translation and Colonization from The Tempest to Tarzan*，1991）、尼南贾娜的《为翻译定位：历史、后结构主义与殖民语境》（*Siting Translation：History，Post - structuralism and the Colonial Context*，1992）、斯皮瓦克的《翻译的政治》（*The Politics of Translation*，1993）、劳伦斯·韦努蒂的《译者的隐身：一部翻译史》（*The Translator's Invisibility—A History of Translation*，1995）和《反思翻译》（*Rethinking Translation*，1992）、鲁滨逊的《翻译与帝国：后殖民理论解读》（*Translation and Empire：Postcolonial Theories Explained*，1997）、杰克蒙（Richard Jacquemond）的《翻译与文化霸权》（*Translation and Cultural Hegemony*）、兰姆伯特（Jose Lambert）的《文学、翻译与非/殖民化》（*Literatures，Translation and（De）colonialization*）、巴斯内特和特立维第（Harish Trivedi）合编的《后殖民翻译：理论与实践》（*Post - colonial Translation：Theory and Practice*，1999）、蒂莫志科的《后殖民语境中的翻译——爱尔兰早期文学英译》（*Translation in a Postcolonial Context—Early Irish Literature in English Translation*，1999）及论文《后殖民书写与文学翻译》（*Post - colonial Writing and Literary Translation*，1999）、迈赫莱斯（Samia Mehrez）的论文《翻译与后殖民经验》（*Translation and the Postcolonial Experience：The Francophone North African Text*）、西蒙（S. Simon）和圣皮埃尔（P. St - Pierre）合编的《变换术语：后殖民时代的翻译》（*A Brief Review on Changing the Term：Translating in the Postcolonial Era*，2000）、埃利斯（Roger Ellis）和奥克利－布朗（Liz Oakley - Brown）合编的《翻译与民族：英格兰的文化政治》（*Translation and Nation：Towards a Cultural Politics of English-*

ness，2001）、赫尔曼斯（Theo Hermans）的《操纵文学》（*The Manip-ulation of Literature—Studies in Literary Translation*，1985）和《跨文化侵越——翻译学研究模式（II）历史与意识形态问题》（*Cross – cultural Transgressions：Research Models in Translation Studies II，Historical and I-deological Issues*，2002），等等。

后殖民翻译研究是当前的学术热点和前沿课题之一。美国著名翻译理论家埃德温·根茨勒（Edwin Gentzler）在其《当代翻译理论》（*Contemporary Translation Theory*）中指出，翻译研究的未来无疑会在后殖民文化上取得学术增长点。① 杰里米·芒迪（Jeremy Munday）的《翻译学导论——理论与实践》（*Introducing Translation Studies：Theories and Practice*）说："20 世纪 90 年代，新学派和新观念层出不穷。如有以雪莱·西蒙为首的加拿大翻译和性别研究、由埃尔斯·维埃拉（Else Vieira）倡导的巴西食人学派、以孟加拉国学者特贾斯维莉·尼南贾纳和佳娅特利·斯皮瓦克为代表的后殖民主义翻译研究。在美国，劳伦斯·韦努蒂的文化研究导向的分析，致力于捍卫译者的事业。"② 芒迪上述的学者群正是后殖民翻译研究的代表人物。根茨勒和蒂莫志科指出，这是当前翻译研究令人兴奋的增长点之一，聚焦权力与殖民主义的研究大量出现。③ 赫尔曼斯、鲁滨逊、巴斯内特和勒弗维尔等

---

① Edwin Gentzler，*Contemporary Translation Theories*（Revised Second Edition），Shanghai：Shanghai Foreign Language Education Press，2004，p. 195.

② Jeremy Munday，*Introducing Translation Studies：Theories and Practice*，New York：Routledge，2001，p. 14.

③ Mariam Tymoczko，Edwin Gentzler（eds.），*Translation and Power*，Beijing：Foreign Language Teaching and Research Press，2007，xxvii.

也对后殖民翻译研究的前沿性做过类似的预测。① 所有这些说明，后殖民翻译研究正在成为当前翻译研究的前沿热点问题。翻译研究的后殖民转向与后殖民研究的翻译转向及其对中国的影响成为学术界必须面对的重大课题。埃德温·根茨勒的《当代翻译理论》、杰里米·芒迪的《翻译学导论——理论与实践》等著作部分涉及后殖民翻译理论。根茨勒把后殖民翻译研究看作解构主义翻译理论的继续，并称之为新的学术增长点。芒迪则在《翻译学导论》第八章"文化研究的多样性"中设专节讨论后殖民翻译理论，介绍了几位代表理论家的观点，包括斯皮瓦克、尼南贾娜、迈克尔·克罗宁以及巴西维埃拉等的食人主义和蒂莫志科等的爱尔兰语境下的后殖民翻译，并认为翻译研究与后殖民理论的核心交点，就是权力关系（Power Relations）。② 根茨勒和芒迪都在其相关著作中设独立章节讨论了韦努蒂的解构主义或后殖民翻译理论。

二　后殖民翻译研究的理论根基备受诟病

解构主义、后结构主义是后殖民翻译研究的理论基石，学界对它们的批评直接动摇了后殖民翻译研究的基础。

佩特森指出，后殖民批评"神圣三剑客"盖茨（H. L. Gates, Jr.）、斯皮瓦克和巴巴直接或间接地对后殖民翻译研究产生了相当的影响，但应该检测他们的理论起点。很明显，20 世纪是文学研究的文

---

① See Theo Hermans, *Translation in Systems*：*Descriptive and System - oriented Approaches Explained*, Shanghai：Shanghai Foreign Language Education Press, 2004, p. 14；Theo Hermans, *Translation in Systems*：*Descriptive and System - oriented Approaches Explained*, Shanghai：Shanghai Foreign Language Education Press, 2004, p. 15；Edwin Gentzler, *Contemporary Translation Theories*, Shanghai：Shanghai Foreign Language Education Press, 2004, p. 194.

② Jeremy Munday, *Introducing Translation Studies*, Routledge：New York, 2001, p. 134.

本性世纪：从俄国形式主义到新批评到结构主义再到后结构主义均是如此。神圣三剑客如此写作就在于他们深植于这个传统。但他们及全世界受他们影响而产生的批评是建立在非常不稳定的基础之上。理论基础不稳定的学术批评多充斥着行业术语，不切实际且在道德上也是可疑的说教，以致文学研究在其他学科之中如此声名狼藉。看到那么多学者都被后结构主义架构和术语所冲击，特别令人悲哀。西蒙（1999）与蒂莫志科（1999）是以后结构主义架构为基础的，巴斯内特和特立维蒂编辑的《后殖民翻译：理论与实践》也是如此，编者还援引了巴巴的第三空间理论。在该文集中，分歧最大的是达哈沃德克（V. Dharwadker，1999）。他试图证明本土学术与西方文学研究、语言学与人类学传统杂交在翻译理论与实践中取得的成果。在此过程中，达哈沃德克积累了大量的证据来反驳尼南贾娜（1992）对拉玛奴彦（K. Ramanujan）的批评，似乎有效肢解了尼南贾娜的后结构后殖民翻译理论与实践。在检测本杰明与德里达的翻译主张时，达哈沃德克弄清了尼南贾娜理论化的真相。因为拉玛奴彦的实践，本杰明与德里达的主张变得狭隘而毫无用处。而且在后殖民批评中，杂合的笼统概念毫无用处，因为殖民/后殖民的具体语境存在着巨大差异。总之，后殖民翻译研究现在至少需要以下几点的联合：理论的折中主义，以便多元系统论、目的理论等流派能够被利用；个案研究能够坚实地基于社会文化的实地考察；跨学科的开放性能够与民族志、人类学、社会学、历史学、语言学和文学理论相关联。我们现在需要承认的是文学交流和翻译的复杂性。现在要求的是更宽广的架构，能用来解释文学交流中的具有原创性、居间性、接受性和文本性的方面。① 美国翻译学家根茨勒的《翻译、后结构主义与权力》一文矛头直指当前译学界对解构主义的滥用。在他看来，美国译学界的解构主义已经走偏。解构主义和翻译的本质属性之间存在着不可调和性。解构主义声称不介入政治，不迷信作者权威。但韦努蒂的理论介入了政治，而莱文（S. J. Levine）的翻译则充分利用了作者的权威。根茨勒认为，韦努蒂的翻译理论与其说是后现代的，不如说是现代派的；与其说是解构主义的，不如说是结构主义的。为了使自己跳出没有政治的后结构主义和没有后结构主义的政治的两难境地，根茨勒把目光投向了斯皮瓦克，认为其"战略本质主义"翻译观更接近解构主义，反映了后殖民主义和第三世界女性主义的诉求。斯皮瓦克的翻译理论政治性很强，但她不像韦努蒂那么偏激。她那建立在后殖民女性主义上的解构主义翻译观追求更多的是对身处殖民状态的贱民话语的等效理解，而不是对原文的本真体现，因为在她看来，那是不可能翻译出来的。② 郭建中甚至认为，解构主义翻译理论，不能说是一种理论，因为解构主义者并没有提出具体的描写性或规范性的翻译原则、模式和方法，也没有详细探讨具体的翻译过程。他们只是用翻译这种现象，来阐明他们的哲学和语言哲学的思想。③

　　多元系统论把翻译行为与文化的强弱联系起来，是后殖民翻译理论的主要先驱。多元系统理论将文学和文化生活看作各种利益集团之

　　① Bo Pettersson, "The Postcolonial Turn in Literary Translation Studies: Theoretical Frameworks Reviewed"（http: //www. uqtr. ca/AE/vol_ 4/petter. htm. 1992）.

　　② Edwin Gentzler, "Translation, Poststructualism, and Power", in Mariam Tymoczko, Edwin Gentzler（eds.）, *Translation and Power*, Beijing: Foreign Language Teaching and Research Press, 2007, pp. 195 – 218; xv – xvi.

　　③ 郭建中:《论解构主义翻译思想》,《上海科技翻译》1999 年第 4 期。

间为权力而进行永恒斗争的场景。① 爱尔兰、巴西、印度等国历史反映了翻译在后殖民语境中的角色，文化的强弱地位在翻译中更加凸显，为多元系统论提供了佐证。与远离政治因素的多元系统论不同，后殖民多元系统从少数民族和弱势文化的立场出发来探讨文化交流中的翻译问题，是多元系统论的进一步发展。学界对多元系统论的反思同样适用于后殖民翻译研究。从后殖民视角来看，多元系统论似乎平淡无奇、没有实际意义，非常轻率地基于现实的政治约束。当然，有的多元系统论者也指出，后殖民翻译理论过于强调人们之间的差异和负面的东西，后殖民翻译理论家（或只是尼南贾娜?）在讨论政治和权力差异时走得太过头了。②

赫尔曼指出，系统只存在于系统理论之中，它们没有本体论地位。伊文-佐哈尔在他的定义中强调多元系统的假设性本质。多元系统论受制于一系列二元对立，如经典与非经典、中心与边缘、原语与目的语等，而对二元对立之外的模糊、杂合、不稳定、流动、重叠、破碎的成分视而不见。③ 勒弗维尔从几个方面批评多元系统论：第一，该论倾向于本质主义，好像系统真的存在一样；第二，该论沉溺于行话、图表和其他"科学的壮丽摆设"；第三，主要和次要活动之间的对立

---

① Theo Hermans, *Translation in Systems* Theo Hermans, *Translation in Systems*: *Descriptive and System - oriented Approaches Explained*, Shanghai: Shanghai Foreign Language Education Press, 2004, p. 42.

② Douglas Robinson, *Translation and Empire*: *Postcolonial Theories Explained*, Beijing: Foreign Language Teaching and Research Press, 2007, p. 104.

③ Theo Hermans, *Translation in Systems* Theo Hermans, *Translation in Systems*: *Descriptive and System - oriented Approaches Explained*, Shanghai: Shanghai Foreign Language Education Press, 2004, pp. 103, 119.

太多；第四，该论抽象的范畴经不起具体研究的考验。①

　　根茨勒也总结了对多元系统的批评：第一，基于相对较少的证据而过分概括翻译的普遍规律；第二，过分依赖形式主义模式，它对翻译文本可能并不合适；第三，倾向抽象模式，轻视文本和译者面对的真实生活束缚；第四，所提出的科学模式在多大程度上是真正客观的。②

　　皮姆批评多元系统论，指出"系统"一词界定不清，有同义反复之嫌，同时该理论无视各国文化的异质性和研究者的主体性作用，而后者却正是皮姆认为在翻译史研究中应大力发扬的。③ 在批评多元系统之后，皮姆认为，翻译史研究的一大目的是，寻找翻译史中的"共有系统"（Regimes）。共有系统最早是由国际政治研究学者约翰鲁杰（John Ruggie）于1975年提出，指由部分国家或地区"共享的一系列想法、条例、制度、计划以及组织上和金融上的共同承诺。"皮姆认为"共有系统"这个概念能够提供比多元系统论更为广阔的理论背景，使翻译史研究在此框架中得到更充分的讨论，强调该概念特别有助于解释跨文化关系中的理解、交流和合作的产生过程。译者的翻译动机是复杂的而不是单一的，译者的多重身份和从事翻译的多重目的决定了译者很少是单一的文化取向。这就暗示，译者的翻译过程并非全由外界社会某一种因素决定，这也使翻译史实更加复杂多样化，难以找

　　① Andre Lefevere, "Poetics（Today）and Translation（Studies）", in Modern Poetry in Transltion 42/42, pp. 193 – 194; Theo Hermans. *Translation in Systems*. Theo Hermans, *Translation in Systems*: *Descriptive and System – oriented Approaches Explained*, Shanghai: Shanghai Foreign Language Education Press, 2004, p. 125.

　　② Edwin Gentzler, *Contemporary Translation Theories*, Shanghai: Shanghai Foreign Language Education Press, 2004, pp. 120 – 122.

　　③ Anthony Pym, *Method in Translation History*, Shanghai: Shanghai Foreign Language Teaching and Research Press, 2007, pp. 119 – 124; vi.

到把为殖民服务作为唯一动机的翻译实践，单纯的后殖民视角难以全面解析。论者相信单一文化系统不一定是翻译过程、翻译伦理和翻译可能性的主要决定者。至少还有一种可选择的方式来看待这些问题。皮姆在论述共有系统理论能够关涉翻译理论时指出，一些理论家将翻译与文化间的不平等权力关系联系起来，特别是在后殖民主义方面，但在译者应如何处理他们手中可能拥有的权力方面无话可说。共有系统理论至少可在跨越权力差异建立合作方面设定目标。合作可以在高度不平等的团体之间产生，主权国家在没有霸权强加之下也可以进行合理的合作，从非协商性的合理合作进入体制化的协商性的合作，进而设想了一个没有霸权的世界秩序。在共有系统中，有些规范是对双方都有益的，能使双方合作。这将是共有系统的首要原理。① 这实际上已经跨出了文化系统而进入了社会系统，成为社会学的翻译研究了。古罗马与古希腊、阿拉伯帝国及其他者、中世纪的西欧与阿拉伯、辽夏金元清统治民族与汉文化之间的翻译，都可以放在共有系统论下进行考察。

张齐颜指出，国内已有学者（王东风，2000；廖七一，2000：68；谢世坚，2002）对多元系统理论的局限性提出了批评，但由于王东风与谢世坚都只是从该理论忽视了译者的主体性这一方面提出批评，而廖七一则是从该理论的论证方法、理论基础、研究领域等方面的不足提出批评。论者从文化地位、意识形态、译者的诗学观与主体性等角度来探讨多元系统理论在解释翻译现象时的不充分性。该文认为，文化对于翻译的影响不是来自两种文化地位的强弱，译入语与源语之间

---

① Anthony Pym, *Method in Translation History*, Shanghai：Shanghai Foreign Language Teaching and Research Press, 2007, pp. 124 –131.

好比贸易的双方，虽说这种贸易在许多情况下，不是公平的，但贸易之所以能进行不是因为贸易双方的地位悬殊，而是源自各自的需求。①张齐颜等人虽专论多元系统论的不足，实则与对后殖民翻译研究的反思有着某些不谋而合之处。

此外，姜艳的《论翻译的文化转向对翻译本体论的消解》（《上海翻译》2006 年第 3 期）、王洪涛的《翻译学的学科建构与文化转向》（上海译文出版社 2008 年版，第 232—245 页）等也对翻译研究文化转向提出了批评性反思，涉及后殖民翻译。更为重要的是，学术界近来对后殖民理论进行的批评性反思也为本书提供了思想源泉和理论铺垫。

三　批判意识的缺失

学术界后殖民翻译研究存在的主要问题是吸收多批评少。目前，学术界对后殖民翻译理论等文化转向以来的翻译理论提出反思的论著并不多见。从较传统的观点来看，后殖民译论太新、太边缘化，还未引起很多的批评性关注，这方面的论著发表很少，无论是好的批评，还是不好的批评。②

在当前国内的后殖民翻译研究中，有不少学者取得了可喜的成果。孙会军的《普遍与差异——后殖民批评视阈下的翻译研究》是国内第一部系统介绍后殖民翻译理论的著作。该书从普遍与差异这一角度入手，探讨了翻译与权力、东方主义、民族主义、杂合等方面的关系。论者认为，翻译从来就是殖民征服、殖民统治的一个必不可少的工具，

---

① 张齐颜：《论多元系统理论对文学翻译的解释力的不充分性》，《四川外语学院学报》2005 年第 1 期。

② Douglas Robinson, *Translation and Empire*: *Postcolonial Theories Explained*, Beijing: Foreign Language Teaching and Research Press, 2007, p. 104.

它后来还成为殖民地人民摆脱殖民枷锁、抵抗新殖民主义的一个有力工具。论者还对后殖民翻译的归化异化论提出了自己的反思，认为归化、异化是两个动态的概念，并引用孙致礼的话说二者并非水火不相容。① 吴文安的《后殖民翻译研究——翻译和权力关系》（外语教学与研究出版社，2008 年）考察了后殖民翻译研究的起源、发展、理论来源以及在相关领域内的成长和影响，把该领域的研究引向了深入。四川大学费小平的博士学位论文《翻译的政治——翻译研究与文化研究》（中国社会科学出版社，2005 年）是国内第一部明确标榜"翻译的政治"的学术专著，其列单章讨论"翻译的暴力政治与后殖民批评"，对后殖民翻译理论、后殖民书写与文学翻译、翻译与后殖民主体之建构、翻译与文化霸权等作了较全面的梳理。其中费小平的《后殖民主义翻译理论：权力与反抗》一文梳理了后殖民翻译理论产生的过程，并试图从其本质与核心处透视后殖民理论。但其翻译实践的政治问题仅涉及埃及，对中国部分则有待深入。正如刘静总结的：作者关于中国译论的探讨在内容上却似乎有些薄弱……既然是考察中西翻译的政治，少了对本土资源的深入发掘和思考，未免让人感觉有点遗憾……如果不潜入中国历史与文化发展进程的内部进行搜寻，积极发掘特定社会背景下的权力关系，在目前西方理论掌握话语霸权之时，我们很可能会重蹈作者在文中着意反对的"伪普遍性"之覆辙。② 另外，韩子满的《文学翻译杂合研究》（上海译文出版社，2005 年）、吴南松的《"第三类语言"面面观》（上海译文出版社，2008 年）、王洪涛的

---

① 孙会军：《普遍与差异：后殖民批评视阈下的翻译研究》，上海译文出版社 2005 年版，第 6、21、212 页。

② 刘静：《翻译的政治谱系与翻译研究新视角——评费小平的〈翻译的政治——翻译研究与文化研究〉》，《中国比较文学》2006 年第 1 期。

《翻译学的学科建构与文化转向》（上海译文出版社，2008 年）等也对后殖民翻译有所涉猎。除上述博士学位论文外，不少学者将后殖民翻译理论置于整个西方翻译理论系统中加以介绍，如郭建中的《当代美国翻译理论》（湖北大学出版社，1999 年），陈德鸿、张南峰编的《西方翻译理论精选》（香港城市大学出版社，2000 年）等。以上专著多以平面介绍后殖民翻译研究为主，相对缺乏系统性的批评反思。

在单篇学术论文方面，国内学者取得骄人的成就，中国学术期刊网能搜索到 200 多篇以后殖民翻译为主题的论文。比如，王东风《翻译研究的后殖民视角》（《中国翻译》2003 年第 4 期）梳理了后殖民翻译研究的核心概念，分析了相关研究的理论价值。再如，李红满《翻译研究的后殖民视角》（《四川外国语学院学报》2003 年第 1 期）则从后殖民理论的角度，将翻译活动放在广阔的国际政治文化框架内进行研究，分别从流量、选材、策略、理论话语四个方面剖析文化之间的权力差异对后殖民语境下的翻译活动产生的各种影响，并以此探索和开拓翻译研究的新途径和思维空间。其他相关文章还有张柏然、秦文华《后殖民之后：翻译研究再思——后殖民主义理论对翻译研究的启示》，潘学权、肖福平《翻译与文化身份重写——谈后殖民文学中的杂糅写作》，文军、唐欣玉《后殖民语境下的翻译策略》，蔡新乐《后殖民状况下还有翻译吗？——"翻译"的再概念化简论》、袁斌业《从后殖民译论看 19 世纪中期西方传教士在华的翻译》、李红满《翻译研究的后殖民话语》、曹山柯《后殖民主义在我国翻译学上的投影》、蒋骁华《巴西的翻译："吃人"翻译理论与实践及其文化内涵》、王宁《解构、后殖民和文化翻译——韦努蒂的翻译理论研究》，潘学权、何武《翻译与文化征服——论西方殖民语境下的翻译》、金敬红《后殖民主义翻译策略研究》、祝朝伟《后殖民主义理论对翻译研究的启示》、胡德香《后殖民理论对我国翻译研究的启示》、王顺子《后殖民翻译理论对外来语的引进和翻译的启示》、卢长怀《后殖民语境中的爱尔兰早期文学翻译》、聂咏华《从后殖民视角看文化失衡对翻译的影响》、董务刚《谈后殖民理论与翻译研究》,张德让、胡婷婷《改写的转喻——评〈后殖民语境下的翻译:爱尔兰早期文学英译〉》、王自玲《后殖民语境中的翻译"逆差"及对策》,郭阑、郭韵《后殖民翻译理论与翻译研究》、何绍斌《后殖民语境与翻译研究》、李文革《西方翻译理论流派研究》、李修群《走出"缺钙"泥坑——论后殖民主义翻译理论中的"身份定位"》、骆萍《后殖民语境下异化与归化再思》、苏琪《"他者"的抵抗——论后殖民语境下翻译对"东方"形象的消解》、王楠《后殖民语境下的翻译策略分析》,张坚、蒋林《后殖民视域:文化翻译与译者的定位》、张建萍《霍米·巴巴与后殖民翻译理论》、张倩《从后殖民主义理论看文化翻译》、周理蕾《翻译的"暴力政治"——论后殖民语境中的翻译》,张静、赵冰《后殖民主义翻译理论对我国翻译的影响》,张凯颖、蔡忠元《后殖民主义视角下归译与异译的统一性——由汉语欧化引起的思考》,张晶、靳瑞萍《后殖民主义引发的翻译研究再思》,银河、文军《后殖民主义语境中思翻译》、罗兰《当代译介学的后殖民研究视角》、任龙波《翻译文本中作为后殖民标志的本土文化成分》、韦新建《后殖民主义视角与翻译策略探究》、于宏《比较教育研究中的翻译——后殖民理论的视角》、袁晓亮《从后殖民主义角度看翻译——读斯皮瓦克"翻译的政治"》,何高大、陈水平《翻译——政治视野中的女性主义和后殖民主义的对话》、孙宁宁《翻译研究的文化转向与后殖民批评》、黄新征《后殖民语境下的中国翻译史和翻译策略》、何绍斌《后殖民语境与翻译研究》、张萍《权力的差异与翻译》,刘须明、王旭东《斯皮瓦克与后殖民理论翻译小议》、张景华《后殖民语境与翻译中的民族身份构建》、李珊《后殖民主义入侵下的翻译策略》、温静《后殖民语境下的文学翻译》、吴志杰《试论中西译学的殖民关系——兼谈中国翻译学的身份建构问题》、蒋林《后殖民视域：文化翻译与译者的定位》、姜蓓蓓《论后殖民翻译研究中的杂合》、裘禾敏《论后殖民语境下的译者主体性：强势文化与弱势文化》、宋莹《浅论多元系统翻译理论与后殖民翻译理论的差异》、袁伟《反思异化翻译策略》，秦楠、范祥涛《后殖民主义翻译研究概评》，王静、范祥涛《后殖民翻译理论在国内的误读与误用》，等等。上述论文从不同侧面和角度深入广泛地探讨和应用了后殖民翻译理论，但多有雷同重叠，而且除个别外，绝大多数都没有提出批评性反思。

翻译首先与再现关系密切。关于再现或表征的议题，学术界多有探讨，而且对表征危机，早在 1991 年盛宁就发表了《关于后现代"表征危机"的思考》（《外国文学研究》1991 年第 1 期），对西方的表征危机论进行了鞭辟入里的分析和反思。此外，张杰《批评意义的重新认识——从"表征危机"谈起》（《四川外语学院学报》1994 年第 3 期）、潘知常《从再现到表现——在阐释中理解当代审美观念》（《东方论坛》1998 年第 1 期）、王雅华《从认知危机到语言表征危机——评塞缪尔·贝克特的长篇小说〈瓦特〉》（《外国文学》2002 年第 4 期）、王晓路《表征理论与美国少数族裔书写》（《南开学报》2005 年第 4 期）、崔红文、陆颖《论西方美学的再现与表现》（《哈尔滨学院学报》2006 年第 6 期）、陈静《论斯图亚特·霍尔的文化"表征"理论及其理论实践》（广西师范大学 2006 年硕士论文）、杨矗《赵树理文学的表征危机》（《晋阳学刊》2007 年第 4 期）、邹威华《后殖民语境中的文化表征——斯图亚特·霍尔的族裔散居文化认同理论透视》

（《当代外国文学》2007年第3期）等都以表征危机为论述议题。具体到翻译领域中的表征危机反思，葛校琴《后现代语境下的译者主体性研究》（上海译文出版社，2006年）、李龙泉的博士学位论文《解构主义翻译观之借鉴与批判》（上海外国语大学2006年）、乔颖的博士学位论文《趋向他者的翻译》（河南大学2007年）都通过对解构主义翻译的再现观的反思，直接或间接地触及了后殖民翻译的再现危机论的反思。此外，何绍斌《后殖民语境与翻译研究》（《天津外国语学院学报》2002年第4期）、陈永国主编《翻译与后现代性》（中国人民大学出版社，2005年）也有对表征危机的精彩论述。上述论文有的沿着后现代表征危机论的思路继续论述，有的对西方表征危机论进行理论反思，但都缺乏对正面表征史实的论证。而周宁《另一种东方主义：超越后殖民主义文化批判》（《厦门大学学报》2004年第6期）、李平《西方人眼中的东方文学艺术》（上海教育出版社，2004年）、美国学者孟德卫（David E. Mungello）《1500—1800：中西方的伟大相遇》（*The Great Encounter of China and the West* 1500—1800, Rowman and Littlefield Publishing Group, 2005；江文君、姚霏等译，新星出版社，2007年）、王铭铭《西方作为他者——论中国"西方学"的谱系与意义》（世界图书出版公司，2007年）等则提供了大量非表征危机论的资料，为本书的反思表征危机论奠定了基础，只是直接涉及狭义的翻译资料很少。

翻译研究涉及很多历史问题。根据中国香港学者陈德超的总结，自20世纪60年代以来，欧美出版的翻译史（包括翻译理论史），著名的就有28部以上，而国内至少也出版了18部。① 皮姆认为，翻译史研

---

① Anthony Pym, *Method in Translation History*, Beijing: Foreign Language Teaching and Research Press, 2007, pp. vii – viii.

究至少可以分为 3 个研究领域：一是翻译考古学，主要记录和挖掘翻译活动的基本史实；二是历史批评，主要收集分析前人对历史上出现的翻译现象的评价；三是解释翻译行为在特定历史时期和特定地点出现的原因及其社会变迁的关系。① 从很大程度上讲，翻译的历史转向是对表征危机论的进一步深化。学术界对新历史主义的大量论述为新历史主义进入翻译研究做好了理论铺垫。但学术界对翻译研究的新历史主义维度涉及较少，仅有朱安博发表在《中国翻译》2005 年第 2 期的《翻译研究中的新历史主义话语》、载于《外语学刊》2006 年第 3 期的《译介学中的新历史主义权力话语》，张景华载于《当代文坛》2008 年第 4 期的《新历史主义与翻译研究》。而且，朱安博的两篇论文内容完全相同。朱、张二人的论文主要对当前翻译研究中的新历史主义因素进行了梳理，对新历史主义对翻译研究的正负面影响略有触及，但对历史转向的反思还远远不够深入和全面，且没有注意到后殖民翻译理论对另类翻译史实的忽略。

　　学界对翻译研究文化转向的整体性反思，对后殖民文化研究有着一定的针对性，这里主要涉及《翻译的政治》即权力转向问题。凯特卡尔指出，将一个文本的美学特性简化为文化、政治维度当然是有用的，但这样的简约有它自己的局限性。它忽略了艺术作品富有魅力的迷人方面，而这些才使其真正成为艺术品。同时，像文化、政治、历史这类词汇本身就是多维的、开放的，具有不同的且常常是相互矛盾的姿态和阐释。这类方法虽然极有洞见，却总是处于过分简化和化约

---

① Anthony Pym, *Method in Translation History*, Shanghai：Shanghai Foreign Language Teaching and Research Press, 2007, pp. 5 - 6.

的危险。① 赫曼斯批评文化派翻译学研究对意识形态、诗学和赞助人等概念的强调太过于想当然，太过于笼统粗略了，前后不够一致，无法指导深入的研究。赵彦春认为，最近30年来的文化派译学研究正在逐步走向歧途。人们可以找到大量与文化学派操纵论相反的例证，得出的结论也与之相反。操纵在翻译实践中是常见的现象，但因此就得出"翻译即操纵"的结论则是错误的。② 曾文雄指出，文化派译学研究深受解构主义思潮等后现代主义思潮的影响，"以致其理论最后深陷于反叛、颠覆之中，把翻译完全看作一项国际性的政治活动，过分强调翻译的文化和政治功能，把翻译研究引入漫无边际的文化、历史、政治、意识形态、权力等研究取向。"③ 吕俊认为，解构理论对殖民主义如何利用翻译去影响控制弱势文化，如何选定文本及翻译策略，似乎都是强者对待弱者才会发生的事，然而，20世纪50年代，我国对同属一个意识形态的苏联许多作品进行了选择性翻译，仅译介对我国本土利益有利的某些作品。④

从上述对权力转向反思的综述可以看出，其反思重点主要针对勒弗维尔的三决定因素即意识形态、诗学和赞助人三个概念进行的。这些反思非常深刻，切中要害，但彼此有重合或征引，且对这些概念本身缺少反思，类似的概念还有权力、政治、文化等。除涉及权力转向论的泛权力论和权力决定论外，对权力转向论中的二元对立论、杂合权力论、权力差异的立论基础与权力平等的理论追求之间的矛盾等，都缺少探讨，学界也无人将"语言势差论"引进来，从而更深入、更

① Sachin Ketkar, "Literary Translation: Recent Theoretical Developments" (http://www.translationdirectory.com/article301.htm.).
② 赵彦春：《翻译学归结论》，上海外语教育出版社2005年版，第22—26页。
③ 曾文雄：《对翻译研究"文化转向"的反思》，《外语研究》2006年第3期。
④ 吕俊：《何为建构主义翻译学》，《外语与外语教学》2005年第12期。

彻底地反思权力转向论。

韦努蒂的归化异化论反映了不少后殖民主义学者的观点。但后殖民翻译理论内部也不是铁板一块的，并非所有后殖民翻译学者都赞同异化策略。比如巴西的"食人主义"翻译理论就主张归化策略。美国后殖民翻译学者鲁滨逊也对异化策略提出质疑，认为异化翻译不一定更有益："似乎不可能化约地假定所有的归化翻译对所有的读者只有负面作用，而所有的异化翻译对所有读者只有正面作用。"① 鲁滨逊同时提出了四点批评：第一，异化与归化翻译对目标语的影响是否像其宣称的那样迥异；第二，其一类型的翻译（如果此类幼稚的划分可行的话）的影响真的像其假设的那样铁板一块吗；第三，异化翻译并非一定是精英的；第四，在同化、异化区分中的源语、目标语的稳定分离是否站不住脚。② 有论者指出，后殖民翻译观以强势文化为预设背景，以弱势文化译入强势文化为讨论对象。但是，如果以强势文化为翻译对象，如果采取异化为主的方法，相反却成了殖民语言文化的帮凶。这个时候，褒扬异化的翻译策略反而起到了助纣为虐的影响。③ 还有论者指出，异化策略抵抗的是目的语内部的占主导地位的美学规范，反对其霸权地位，而不是针对外在的文化霸权的抵抗。它是西方学者对翻译中文化关系的自我反思，而非第三世界学者从外部对西方文化进行的批判。韦努蒂也不是从西方文化外在思考翻译的策略问题，因而他的异化翻译策略也具有同样的矛盾性。④

上述对异化归化策略的反思，具有重要的意义，对当前某些盲目

① Douglas Robinson, *Translation and Empire：Postcolonial Theories Explained*, Beijing：Foreign Language Teaching and Research Press, 2007, pp. 110 – 111.

② Ibid., pp. 110 – 112.

③ 葛校琴：《当前归化/异化策略讨论的后殖民视阈》，《中国翻译》2002 年第 5 期。

④ 陈志杰：《语言和文化的"拼贴"》，《疯狂英语·教师版》2007 年第 8 期。

扬异化、贬归化的做法，能够起到一定的纠偏作用。文化转向的深入发展使翻译与文化研究建立了密切联系。但作为文化研究的重要概念，译者的文化认同对翻译实践的影响却很少人深入研究。张坚、蒋林指出，译者的文化身份问题对文本的选择、策略的制定、异域文化的构建、本土主体的创造等方面有着直接的影响。实际上，译者文化身份的复杂性最直接的表现莫过于在翻译策略的选择上——归化和异化的使用上。① 而目前，从译者的双重乃至多重文化身份角度对后殖民翻译策略（尤其韦努蒂等人的归化为民族中心主义、异化为抵抗民族中心主义的论调）进行反思的论著尚未见到。

秦楠、范祥涛是针对后殖民翻译理论进行反思的为数不多的国内学者。论者指出，后殖民译论尚有诸多方面值得探讨和深思：第一，后殖民译论尚未形成一套完整的体系；第二，后殖民译论在实践中并不具有很高的普适性；第三，后殖民译论对权力差异的过分强调容易使人们产生对西方文化的敌视，导致狭隘的民族主义情绪和文化自恋情结，阻碍东西方文化之间的有益交流；第四，在后殖民译论的指导下，译者会在创造性翻译的自由度的掌握上产生偏差，一旦对这种理论的理解过于偏激就容易导致译者的胡译和乱译；第五，后殖民译论忽视或是回避了东西方文化差异的根本原因，其不仅有历史原因，也与经济、政治以及文化传统都有紧密的关系。② 该文直接针对后殖民译论的反思，对笔者具有很大的启发性，只可惜仅仅是泛泛而谈，没有充分的资料支撑，也没有具体到东方语境下的翻译实践。

---

① 张坚、蒋林：《后殖民视域：文化翻译与译者的定位》，《广东培正学院学报》2007 年第 4 期。

② 秦楠、范祥涛：《后殖民主义翻译研究概评》，《郑州航空工业管理学院学报》2005 年第 5 期。

王静、范祥涛则将对后殖民翻译研究的反思置于中国语境之下，从三个方面进行了论述；第一，后殖民理论强烈的批判特点迎合了一部分国人的排外思想；第二，在后殖民主义语境下，国内部分学者盲目追随韦努蒂异化策略来抵抗西方国家的文化殖民；第三，国内一些研究者用后殖民的批判眼光看待西方翻译理论，将这些理论的引进看作西方霸权和后殖民的表现，是导致我们处于"失语症"的原因。对待西方外来思想，他们仅仅停留在一味地介绍、评价、借鉴西方理论的阶段，没有批评意识。①

陈德鸿、王东风、林克难、邵璐、金敬红等将后殖民适用性问题引向中国翻译语境。陈德鸿对后殖民翻译理论在中国的适用性提出了质疑，"中国个案的独特性迫使我们修改后殖民理论运行的参数"。②陈德鸿指出，一方面，中国在与西方的交流中，受到西方文化的冲击和殖民；另一方面，中国又在亚洲传播自己的文化模式，使其他国家在文化方面受到影响。论者谨慎地认为，可以从较为宽泛的意义上来使用"后殖民主义"这个词，取其在世界范围内的时代意义，这样或许就较有用武之地了。③林克难认为，运用外国翻译理论不当的现象，在国内学界普遍存在，并举归化异化为例。论者认为，如果要用归化异化理论，首先应该全面研究一下英美文化与华夏文化之间在地位、

①　王静、范祥涛：《后殖民翻译理论在国内的误读与误用》，《苏州教育学院学报》2008 年第 1 期。

②　Leo Tak – hung Chan, "'Colonization,' Resistence and the Uses of Postcolonial Translation Theory in Twentieth – Century China", in Sherry Simon, Paul St – Pierre. *Changing the Terms：Translating in the Postcolonial Era*, Beijing：Foreign Language Teaching and Research Press, 2007, pp. 53 – 54, 65 – 66；林克难：《外国翻译理论之适用性研究》，《中国翻译》2003 年第 4 期；王东风：《帝国的翻译暴力与翻译的文化抵抗：韦努蒂抵抗式翻译观解读》，《中国比较文学》2007 年第 4 期。

③　参见邵璐《〈变换术语——后殖民时代的翻译〉评介》，《外语与外语教学》2006 年第 12 期。

影响、历史等方方面面的关系。如果在英译汉的过程中译文中出现了归化倾向，那就得想一下是否中华文化想侵吞、剥夺英美文化？如果有异化的趋势，那就得研究一下是否英美文化面对中国文化的这种企图采取了阻抗翻译的手段？① 西方后殖民理论有其价值，但问题在于这种价值是否具有普适性，可否无限扩大化。刘宓庆指出，在西方，翻译始于强势文化（古希腊文明）对弱势文化（古罗马文明）的"精神征服"，因而不存在"宗主文明"对翻译文化的抗拒，或"翻译文化"对宗主权势的臣服。在谈到西方翻译理论以偏概全的问题时，论者认为，不要把文学翻译个性的问题扩大化。西方翻译理论家提出的下列对策理论就完全不适应于每天都要大量处理的政府公文、法律文书、科技文献、军事资讯以及必须严格以实出华的学术经典等各类文体的翻译：这些对策包括所谓归化论、流利论、译文中心论、目的论、三决定论、改写论、抵抗论、食人生蕃论、新征服论、语言帝国论以及各式翻译解构论、翻译他者论、唯目的语文化论，等等。② 而上述理论全是文化转向以来的流派，尤其与后殖民翻译有密切关系。因此，后殖民理论的适用范围不能无限扩大化，我们应该很清醒，不要盲目跟随英美翻译理论家的论调。

在国内，王东风是最早引介后殖民译论的学者之一，显示了强烈的问题意识。他认为，后殖民翻译研究范式对于我们反思中国的翻译史，有着重大的借鉴意义，"作为一个没落帝国的后裔，中国的翻译研究者们是不是也有必要研究一下，昔日中华帝国在融合56个民族时，尤其是对待那些有着自己语言的民族，采用的是何种翻译策略？这种

---

① 林克难：《外国翻译理论之适用性研究》，《中国翻译》2003 年第 4 期。
② 刘宓庆：《中西翻译思想比较研究》，中国对外翻译出版公司 2005 年版，第 ix 页。

策略所造成的后果如何？中国传统翻译思想中是否也有着霸权意识和文化自恋？表现形态和韦努蒂所批判的英美翻译传统有何异同？今天状态如何？将来何去何从？不同时期的帝国翻译策略又有什么样的可比性？"① 王东风淋漓尽致地道出了韦努蒂的悖论：认为韦努蒂没有考虑到，以异化策略进行的抵抗可能会使霸权的英语更加强大。英语如今的霸权，除了政治因素之外，与其对新的表达方式拥有巨大的吸纳机制也有很大关系。英语拥有数不胜数的外来语。因而，要抵抗英语霸权，最好是让它一成不变，断绝其吸纳新鲜血液的途径，也就是异化策略，"按照这个思路推导下去，抵抗英语霸权的最好办法似乎就成了归化翻译了"。② 这就颠覆了韦努蒂的主要观点。王东风教授有关解构主义和后殖民翻译理论的见解独特深刻，到处妙笔生花，拓宽了研究视野。笔者之所以从事后殖民翻译研究，就是深受他的点拨。

从总体上看，上述将后殖民翻译与中国语境进行结合的努力具有重要指导意义，但大多都认同后殖民翻译理论对中国翻译实践的适用性。学术界能否在陈德鸿、王东风、林克难、王静、范祥涛等人的这种质疑精神上，进一步反思后殖民译论在中国的适用性，能否将中国语境中的翻译现象都归纳为"后殖民翻译"？中国语境中的翻译到底起到什么社会功能？中西强势文化对待他者有何异同？学界似乎尚未给出明确答案。

从以上研究现状来看，学界对后殖民翻译进行了大量的介绍和评述，也有少数学者对后殖民翻译作了批评性反思，而深入、系统的批

① 王东风：《帝国的翻译暴力与翻译的文化抵抗：韦努蒂抵抗式翻译观解读》，《中国比较文学》2007年第4期；林克难：《外国翻译理论之适用性研究》，《中国翻译》2003年第4期。

② 王东风：《韦努蒂与鲁迅异化翻译观比较》，《中国翻译》2008年第2期。

评性反思研究专著还未见到。而批评意识在对待外来理论时是至关重要的，往往是本土创新的先导。基于此，本书在前人研究基础上，致力于更全面、深入、系统地对后殖民翻译进行反思，并以中国文化验证并修正后殖民翻译理论，以期为学术界的进一步研究尽微薄之力。

第二节　本书写作说明

一　研究思路及内容安排

本书选取后殖民翻译理论几个重要的关键词如表征危机、历史转向、权力转向、翻译策略、文化杂合等为切入点，并通过这些关键词，将更多的关键词串联起来。这些关键词相互交织重叠，为方便论述，将其分别独立成章，并选其重点层面进行论述。第一章表征危机，通过帝国之眼、他者为上两种表征观来反思表征危机；历史转向进一步深化对表征危机的认识，从新历史主义视角反思后殖民译论对历史史实的重组和筛选，从正反两方面史实论证历史转向的片面性。第二章权力转向，从一个侧面补充丰满表征危机和历史转向，在意识形态、赞助人、诗学、操纵、改写等关键词的反思基础上，着重从泛权力论、二元对立的窠臼、混杂的困境、文化平等的乌托邦批判与追求的悖论等方面反思；本章还从语言势差论出发，反思泛权力论。第三章反思后殖民的异化归化策略，如归化一定是民族中心主义吗，异化能抵抗民族中心主义吗，译者身份与翻译策略的选择有何关联，等等。第四章以文化杂合（融合）的史实为基础，反思中国语境下强弱文化翻译与后殖民翻译的区别，如多元一体的文化格局与内部殖民的关系，中西文化翻译的非殖民性，中国翻译实践对西方的启示等。结语主要通过定位翻译及其文化战略、总结全文来重构后殖民翻译诗学。

二　难点分析

本书是一项大型的综合性研究项目，涉及后殖民翻译研究、当代其他翻译理论、各种翻译史、语言学、哲学等各个领域以及当代的社会文化语境，内容庞杂，既需要宏观布局更需要微观分析，还需要极强的理论思辨和穿透力。这是一个极大的挑战。所以本书的最大难点就在于如何宏观地掌控这些领域，同时微观地将之统合在一起，而笔者对语言学、哲学学养的相对缺失而导致思辨能力较弱使这一难题更加突出。其次是语言的问题。本课题涉及的语言非常多，就拿中国语境下的翻译关系来说，就要涉及中国很多少数民族语言及中华文化圈诸国的语言，如日语、朝鲜语、越南语等。而研究西方文化、翻译和文学，语言更是大问题。没有语言基础，就难以进行具体的文本分析，也给资料的收集和知识面的扩展带来了困难。正是由于语言障碍而不得不更多地求助于二手资料，造成本书的一大弱点。

三　创新点及价值意义

本书是对后殖民翻译理论的反思性研究，欲在前人的研究基础上，推陈出新，努力在以下几点进行工作。

1. 对后殖民翻译研究关键词的全面批评性反思，对后殖民翻译理论的普适性提出质疑。后殖民表征观的核心问题不在于能否客观再现，即表征的非客观性，而在于它故意对另类表征观的忽略和遮蔽，故意只强调帝国之眼和恶意误现。纠正后殖民表征危机的途径就在于摆脱对权力的恶意操纵，摆脱自我中心主义，以谦虚、尊重、包容、平等的心态善待他者，以他者为上，努力做到近真。后殖民翻译历史转向突出的丑化东方的翻译虽然在西方是客观存在的，但不应将其扩大为整个西方翻译史。我们不能将殖民史扩大为东西方交流史，不能把殖民史与反殖民史当成东西方关系史的全部，还有很多另类交流的史实，而翻译在其间同样起到了"共谋"作用，从中也可以看出一个多维的、比较真实的文化交流的过程。归化翻译不一定会导致民族中心主义，只有当归化翻译是在单一而又偏狭的文化认同的支配下进行的时候，才会走向民族中心主义。所以，后殖民翻译理论，尤其是韦努蒂，将归化翻译策略斥为民族中心主义是不准确的。归化异化都只是"翻译的叛逆"的具体表现，都只是译者依据自己所处的客观的文化语境，对原作作出的不同处理方式。至于这些翻译方式产生的是民族中心主义的效果，抑或是抵抗民族中心主义的效果，则由现实文化语境中的原作所属的文化与译入语文化之间的关系决定。后学译论推崇的消除权力差异、实现文化平等交流，与其权力差异的立论基础存在着不可调和的矛盾，有着难以逾越的鸿沟。在权力转向论看来，两种文化之间的翻译，强势文化必然会对弱势文化进行殖民征服，这就是后殖民翻译理论的核心问题之所在，只是太过绝对化。在罗马帝国与古希腊文化、阿拉伯帝国与其征服地区的文化、中世纪的西欧与阿拉伯伊斯兰文化、辽夏金元清的统治民族文化与汉文化之间的翻译中，前者虽有推行殖民化的主观愿望和具体实践，但从最终结果看，都不成功。这样的低势文化与高势文化之间的翻译是后殖民翻译理论无法涵盖的。

2. 笔者意将研究重点放在东方语境中的翻译文化关系方面。这是本书的另一主要问题意识和危机意识之所在。本书从中国翻译史的角度史论结合，探讨汉文化与他文化关系，将后殖民翻译理论及其对自身的反思运用于中国语境之中。佛教翻译、民族翻译等都对中华文化的多元一体性做出了贡献。中华多元一体格局既是一种中心与边缘的关系，也有别于后殖民视野中的强势与弱势关系，既有汉化，也有《化汉》，谓之融合，具有多元和谐、整合一体的特点。中国多元一体的文化格局是对内部殖民论的有力修正和补充，不考虑中华文化的独特性，任何文化理论都难有世界性的普遍价值。在多元一体格局基础上形成的中华文化圈，也有别于近代以来东西方异质文化之间的后殖民关系。不同文明之间，亨廷顿看到的是《文明的冲突》，而从中国文化历史中看到的是各种文化从冲突走向融合。因此，中国主体文化对待佛教、伊斯兰教等他者文化的态度有一定的启示，值得西方学习。

3. 定位翻译及其文化战略、重建后殖民翻译诗学。本书将翻译定位在后殖民语境、主体间性与多元文化语境之间，将翻译的文化战略定位在战略本质主义、多元一体与和谐共生之上。笔者将在探讨翻译诗学的研究对象和方法的基础上将这一领域推进到后殖民翻译诗学，并试图以多元文化主义的翻译诗学弥补后殖民翻译诗学的不足，以多元系统论、共有系统论和文化研究派的其他翻译思想弥补后殖民翻译的激进偏失，构建一套适合中国语境的、特殊的、独立的后殖民翻译理论话语。

四 研究方法

本书融多种研究方法为一体。首先运用视点研究的方法①，即选取若干关键词来归纳反思后殖民翻译理论，使读者对后殖民翻译理论有一个更为深入全面的认识。运用哲学、语言学、文学理论及翻译理论等跨学科的知识深入探究后殖民译论是本课题努力追求的目标，因为只有从跨学科的角度才可以深入洞悉翻译的本质。每一个文本都有其存在的"语境"，重新语境化是本文采用的重要方法。后殖民译论阐述的是翻译研究进入了以翻译与权力为中心的描写性研究范畴，其研究对象是翻译史上的翻译活动，所以史论结合是必需的研究方法。皮姆的《翻译史研究方法》一书为本书的翻译史研究提供了启发。罗世平以马克思主义和进化论为立论基础的《后殖民语言势差结构理论》一文弥补了语言势差方面的理论空白，为进一步研究打下基础。语言势差论、文化融合论及共有系统论为反思后殖民研究提供了别样的视角。本书在进行具体分析时将充分重视实证，力求资料翔实，尽量避免流于空疏，把理论阐发与史实的细致解读结合起来。

五 研究立场

后殖民主义理论家爱德华·赛义德认为不可能存在纯粹的、价值中立的学术活动，学者又时刻以客观公正的立场进行自己的政治与学术活动。从话语的层面上，无论是后殖民理论家还是后殖民翻译理论家都有着相同的文化立场，即以对抗的方式挑战西方文化霸权，消解

---

① 该方法冯宪光先生有论述，参见《寻找百年中国文论的学术视点》，《中外文化与文论》2001 年第 8 期。

东西方文化间的二元对立，最终实现弱势文化的非殖民化。笔者在本书中亦试图采用后殖民式的文化立场，不偏袒汉文化，而是站在弱势文化的立场上——无论这种弱势文化是相对于西方文化的中国文化，还是相对于汉文化的少数民族与周边小国文化，坚决反对任何形式的文化霸权。没有哪一种文化在一切方面在一切交流中都永远是强势文化。所谓强弱始终是相对的。因此，笔者只强调流动的弱势文化概念，不强调具体的某个文化实体，最终目的是反对和抵抗霸权本身而非固定的某个文化，倡导多元文化主义，通过对话建构和谐的文化关系，而非单纯地激起汉文化与少数民族文化、西方文化与中国文化之间的对抗与仇恨。

第一章　表征危机中的翻译研究

第一节　表征危机论

一　表征即翻译

西方文化史上，一直存在有关语言符号表达或象征真实的命题，即表征问题（Representation，又译"再现"）。从古希腊——罗马以来一直到整个 19 世纪，再现论被当作恒定的真理，人们对此深信不疑。再现论围绕真理而展开讨论，认为任何一种东西，都存在着本质，艺术的目的就是找到现实的本质或真理。正如葛校琴所说，再现论者相信万事万物都可以追寻终极存在，即预示了一个终极模型的存在。再现论相信对称的二元主义，它试图用一种符号指称一种事物，用一种知识涵盖一种真理，它就在这种词与物之间，知识与真理之间寻求联结、等式、符合。传统翻译理论就来源于最初的艺术再现论。① 根据尼南贾娜，当代翻译理论基于一种想象之上：将语言作为对现实的再现，艺术被视为对传统的模仿。在这种情况下，翻译总是好像基于"意义"之上，重点被放在原作文本上。② 翻译的文艺学派形成以原文文本为中心的翻译研究理论。他们把翻译视为一种"再现"的艺术。苏联加切奇拉泽认为，翻译活动是用乙语把由甲语写成的作品表达出来的再创造活动。它的任务不是寻求语言上的一致，而是寻找艺术上的一致性，译者要再现的不是原文中的词语，而是原文表达的艺术形象。在西方哲学和翻译研究文化转向的影响下，翻译的内涵迅速扩大。雅可布逊列举了诠释语符的三种方式：语内翻译、语际翻译和符际翻译。其中，只有语际翻译才是人们通常所指的严格意义上的翻译。勒弗维尔在与巴斯内特合著的《翻译、历史与文化》（*Translation*, *History and Culture*）中把翻译研究与权力、意识形态、赞助人和诗学结合起来研究，提出翻译是一种改写，并在《翻译、改写以及对文学名声的制控》（*Translation*, *Rewriting and the Manipulation of Literary Fame*）中将历史编撰/叙述、文选、批评和编辑等文学文化行为都统归为翻译的范畴。于是，翻译过程中的改写、注释、附录和补译、序和跋等各种挪用和越界都成了广义翻译研究的对象。巴斯内特和特里维蒂在1999年又把后殖民写作纳入后殖民翻译研究的范畴之内。当代很多学者将再现与翻译画上等号。德国哲学家海德格尔认为从某种意义上说每种翻译都是解释，而所有的解释都是翻译。乔治·斯坦纳也提出了"理

---

① 葛校琴：《后现代语境下的译者主体性研究》，上海译文出版社 2006 年版，第53—54 页。

② Taina Tervonen，"TRANSLATION，POST - COLONIALISM AND POWER"（http：//www. africultures. com/anglais/articles_ anglais/taina_ colo. htm）.

解就是翻译"的观点："每当我们读或听一段过去的话，无论是《圣经》里的'列维传'还是去年出版的畅销书，我们都是在进行翻译。"① 20 世纪 80 年代，布吕奈尔更是指出："和其他艺术一样，文学首先翻译现实、生活、自然，然后是公众对它无休止地'翻译'。"② 这里说的"翻译"就是把翻译的内涵扩大到了文学艺术对现实、对生活和对自然的"再现"，扩大到了公众对文学作品的理解、接受和阐释。③ 一言以蔽之，传统观念认为，翻译是一种再现，而到了当代，再现则成了一种翻译。翻译与再现的内涵越来越趋同，直至完全画上等号。本书故以此标准，以狭义的翻译概念为基础，必要时采用广义的翻译概念来考察后殖民翻译现象。可现在在解构主义者看来，语言出现了再现危机，而再现即翻译，这也就意味着翻译出现了危机。

二 语言表征危机

语言表征危机论起源于现代主义尤其是哲学的语言学转向以来对语言的思辨。早在现代主义时期就出现了语言危机："表达问题是现代主义面临的一个重要问题，表达出现了一种危机。在早期，比如现实主义，浪漫主义时代，语言并没有成为一个问题，人们仍然认为如果你感觉到什么，你就可以说出来。""而现代主义的到来带来了这样一个意识：不管你感觉到什么，你都不能说出来。"④ 这种无言可以传的

---

① ［美］乔治·斯坦纳：《通天塔——文学翻译理论研究》，庄绎传译，中国对外翻译出版公司 1987 年版，第 22 页。
② ［法］布吕奈尔等：《什么是比较文学》，葛雷等译，北京大学出版社 1989 年版，第 216 页。
③ 谢天振：《翻译研究"文化转向"之后——翻译研究文化转向的比较文学意义》，《中国比较文学》2006 年第 3 期。
④ ［美］杰姆逊：《后现代主义与文化理论》，唐小兵译，北京大学出版社 1997 年版，第 177 页。

语言危机就是一种表征危机。潘知常认为,人们曾经坚信,语言可以再现现实,但事实上,语言也只是一种人格话语。从古到今,只存在被语言陈述的世界,语言中的世界。除了语言陈述的真实,我们事实上不知道别的真实。语言从诞生之初就意味着思维与现实之间的某种分裂,语言与现实之间的鸿沟是不可逾越的。只要有语言的介入,就会产生歪曲、误解。"再现现实",在实践上、逻辑上都不可能。① 解构主义从语言切入,力图从根本上动摇迄今为止的整个西方文化和历史赖以依存的语言文本基础,认为语言并不可靠,语言文本不可能真正企及客观世界。所谓语言表征危机"是人们对通过语言媒介对于世界的把握产生了某种怀疑,怀疑这样所把握的世界是否仅仅是一个'幻象',怀疑语言媒介再现世界时的真实性、可靠性"。② 鲍德里亚更是明确指出,在后现代,符号已经取代了现实,后现代的危机实际上是表征危机。③ 总之,在解构主义看来,一切的原点、本质、真理、规范、意义、必然性等都应作为逻各斯中心主义加以废除。人们常说的"知识""真理""规律性"等是不存在的,人们对此的把握更是无从说起。他们批判和否定了真理的客观性,进而否定了对客观真理再现的可能性,认为所谓真理不过是一种主观阐释,不存在客观真理,也不存在对真理的客观再现。西方人文科学因此陷入了难以再现历史和现实的表征危机之中。

语言表征危机论直接反映到翻译观念中去。语言表征危机表明语言无法再现意义、现实或者根本没有现实、意义可被再现,所谓的意

① 潘知常:《从再现到表现——在阐释中理解当代审美观念》,《东方论坛》1998 年第 1 期。

② Samuel Beckett, *Murphy London*: *Picadored*. Pan Book Ltd. , 1973, p. 75.

③ 转引自彭立勋《后现代主义与美学的范式转换》,《文艺研究》2001 年第 5 期。

义和现实也不过是语言建构起来的而非客观存在。一切纯自然的客观物是不存在的。世间万事万物都被符号化了，离开了语言符号现实世界便无法显现，一切所谓对现实世界进行模仿或摹写的创作，实际上也不过就是对另外的符号化了的文本的模仿、重写，因而，传统意义上纯粹的原创性的作品是不存在的，因而也就没有原文与译文的区别。帕斯认为："每个文本都是独特的，然而同时又是另一个文本的翻译。没有哪个文本是彻底的'原作'，因为语言本身本质上已经是一种翻译了——首先是对非言语世界的翻译，其次，每个符号和短语是另一个符号和短语的翻译。"① 翻译涉及言语能否把握意义以及意义的确定性等深刻的哲学问题。德里达从哲学意义上的绝对观念看待翻译中的意义再现活动，得出"翻译不可能"的论断。他认为原文的意义是流变不居、无法把握的，总是不断地在延异、散播。因此，译者在翻译过程转换原文意义的努力就不可能实现。也就是说，传统翻译观中，要求译者忠实地再现原文意义是不可能的，因为原文中根本就没有固定不变的意义，译者实际在做的只是一种《改写》。"翻译所表现的原文与译文的关系不是对等的再现，而是踪迹的延宕；不是纵向的词语转换，而是横向的能指推延；不是同一性追求的信，而是重复所要达到的差异。在这个过程中，翻译的两端由两极对立转向了横向的空间流动，变成了语言或文化从一地到另一地的旅行。"② 在此基础之上或之后的翻译理论如女权主义、后殖民主义也都同样基于上述认识，都认为语言、文本的意义是不确定的，翻译的可能性是不存在的。韦努

---

① Octavio Paz, Trans. Irene del Corral, "Translations of Literature and Letters", in R. Schulte & J. Biguenet (eds.), *Theories of Translation from Dryden to Derrida* Chicago: University of Chicago Press, 1992, p. 154.

② 陈永国：《翻译与后现代性》，中国人民大学出版社 2005 年版，第 4 页。

蒂承袭了德里达关于语义和翻译的思想：意义是一个可能在无限的链上的关系和差异产生的效果，因此，意义永远是有差异和被延迟的，永远不会是一个原文的整体。女性主义者在语义理论上也接受解构主义的观点，否认意义的确定性，并引用德里达的话，宣称意义是永远无法"复制"和"恢复"，只能是被"创造""再创造"和"更新"，从而从根本上铲除了译文必须忠实于原文的根基。①后殖民翻译理论进一步解除了"忠实原文意义"的意识形态，认为翻译无法再现原文意义，意义走失是必然的，翻译也不再意味着意义走失。译者是全能的读者，也是自由的写作者，不能像从前那样只求"忠实"，甘当奴仆，而是一种平等对话，互有所得。翻译的含义远离了真理式的独白，传统意义上的翻译不复存在。

三　文化表征危机

文化表征危机论的提出可以追溯到本雅明、法兰克福学派、利奥塔、杰姆逊等西方后现代时期的马克思主义文化批评学者。利奥塔说，"资本主义具有一种与生俱来的能力，将人们熟悉的事物、社会形象和机制非现实化，以致一切所谓的反映现实的表征活动，除了引起对昔日的回忆、戏谑模仿，令人难受而不是满足以外，根本无法再现现实。"由于资本主义大机器生产产生的粉饰并凝固现实产品的排挤，真正反映现实的表征活动，根本得不到观众和读者的保证。也正是在此意义上，杰姆逊认为传统的表征活动已变成非表征活动。在资本主义文化已彻底沦为商品的工业化、后工业化时代，"反映现实"已经成

---

① Luise von. Flotow, *Translation and Gender：Translating in the "Era of Feminism"*, Shanghai：Shanghai Foreign Language Education Press, 2004, p. 83.

为复制资本主义价值观神话的同义语。很明显，所谓的文化表征危机，是资本主义社会异化的必然结果，是由资本主义经济文化的垄断性决定、随着资本主义超工业化而加剧的。① 这样一来，这些学者就揭开了西方主流科学实践的神秘外衣，暴露了其隐藏在客观性表征之下的意识形态控制。王晓路指出，文化表征是一种复杂的意识形态关系的最集中的再现，拥有支配权力的社会机构关系往往可以依据自身的需要，决定文化表征的内容和形式，并通过这种文化表征蓄意遮盖某一些现象，或造蓄意误读，或隐藏其中的意识形态意图，或模糊社会种族、族群和社会身份。② 于是，后现代学者们把目光转向为现代社会所造就的但被长期忽略了的边缘者、非中心者，转向再现西方文化中被边缘化的他者角色，如疯癫者、犯人、道德僭越者、同性恋者，等等。

后殖民理论进一步从他者的视角切入这场表征危机之中，对西方传统的认知范式产生了怀疑，对东方学的所谓真理性、科学性进行解构，将表征危机推进到了东西方文化之间。新老东方主义者都以客观公正的纯学术和追求真理自居，对东方进行本质主义陈述，将东方"整体"化、"概括"化为一种凝固不变的本质，通过定型化将个别特性化约为普遍性特征，建立起一种符合社会及符号秩序的表征体系，从而确保权力的介入和霸权的合法性。东方学是西方殖民帝国事业的一部分，目的是把东方置于西方统治之下。东方学成为一种力量，倾向于静止、僵化、一成不变，这种力量"否定东方和东方人有发展、转化、运动——就该词最深层的意义而言——变化的可能性。作为一

---

① 参见盛宁《关于后现代"表征危机"的思考》，《外国文学研究》1991 年第 1 期。
② 王晓路：《表征理论与美国少数族裔书写》，《南开学报》2005 年第 4 期。

种已知并且一成不变或没有创造性的存在，东方逐渐被赋予一种消极的永恒性，于是，即使当人们在肯定的意义上说到东方时，也使用的是诸如'东方的智慧'这类静态描述性的用语"。① 西方以先进与落后等二元对立的概念模式勾画出一个西方与东方的等级图式。按照这种等级图式，东方是落后、野蛮、愚昧、守旧和懒惰的象征。"于是这种被扭曲被肢解的'想象性东方'，成为验证西方自身的'他者'，并将一种'虚构的东方'形象反过来强加于东方，使东方纳入西方中心的权力结构，从而完成文化语言上被殖民的过程。"② 西方的知识谱系臆构的东方取代了真实的东方。后殖民理论对此进行了无情地批判，揭露了东方主义背后的权力话语机制，使一直以来被认为神圣的绝对的真理不复存在。赛义德认为，"需要澄清的是，在一种文化内的文化话语和文化交流，通常并不包含'真理'，而只是一种对真理的表述"。③ 巴巴说得更直接："毋庸赘言，再现之外无知识，无论是政治的或者其他什么知识。"④ 西方的东方学是以西方文化思维为背景和基础的，是为了自己的经济、政治、文化利益，通过关于东方貌似真理的言说来贬低、误现、编造、遮蔽、扭曲、他者化东方，从而确立一种有利于西方的东西方关系，而非追求真正的东方和东方的真理知识。

曼海姆认为，一切知识，都不可能是纯粹客观的，其想象性的内在逻辑起点，或者是乌托邦的，或者是意识形态的。乌托邦是否定现

---

① 华全红、寇国庆：《解构主义思潮对萨义德后殖民理论的影响》，《郑州轻工业学院学报社会科学版》2006 年第 1 期。

② 王岳川：《后殖民主义和新历史主义文论》，山东教育出版社 1999 年版，"导言"第 2 页。

③ Edward Said, *Orientalism*, New York：Penguin Books U. S. A. Inc., 1995, p. 21.

④ Homi K. Bhabha, *The Location of Culture*, London and New York：Routledge, 1994, p. 23.

实秩序的，而意识形态的功能是维护现实秩序的。① 无论哪种形式，都表明表征过程中存在操纵因素导致表征失真。总之，所谓文化表征危机，实际上与语言表征危机相辅相成，同属于再现和认识真理的危机。它们的区别在于，后者认为现实是语言建构的，没有客观性，因而语言无法客观再现现实；而前者承认现实的客观性，只是在权力、利益等因素的操纵下，文化已经失去客观再现现实的能力。

翻译总离不开一定的历史语境，翻译的整个过程受到意识形态、权力、翻译目的等诸多因素的操控。殖民活动初期，为了建构"他者"，服从殖民扩张，欧洲大量翻译东方作品，并随意篡改。他们的翻译观充满着强烈的征服色彩，目的是为了证明西方全面优于东方。那种翻译不是东西方之间的平等交流。殖民者使用大量作品的西译来建构一个代表真理的东方形象，阴柔、专制、感性、贪欲和落后成了东方恒定的特征。后殖民理论发现，传统中人们对东方的这种观念是西方人的文化叙述，没有客观再现他们的文化形象，根本不是东方各民族的民族性本身。在《东方学》中，赛义德整体上批评东方学家，具体批判威廉·琼斯和其他译者，因为在赛义德看来，他们对待东方的态度是有问题的，他们的翻译是东方主义式的再现。印度古典文本的英译是由琼斯等东方学家开启的。尼南贾娜《为翻译定位》一书对此进行了分析。早在18世纪末，英国要求琼斯等人翻译印度的典籍。正是这些翻译成功地在西方世界构建出了印度人形象。他们通过一系列的翻译策略，把对印度文化的溯古或称颂之辞视为胡编乱造并通通删掉，而对某些堕落的东西却大做文章，建构出的"印度人"都是一副

---

① Paul Ricoeur, *Lectures on Ideology and Utopia*, by edited by George H. Taylor, New York：Columbia University Press, 1986, pp. 194 – 197.

懒懒散散、逆来顺受的样子，整个民族无法品味自由的果实，却期盼被专制所统治，且深深地沉溺在古老宗教的神话里；印度人言行虚伪、奸诈无信，其品行之劣远远超过了野蛮社会的通常标准。① 这种翻译，使东西方语言文化的等级秩序进一步加强，落后、神秘、野蛮的东方形象被进一步合法化。这些形象不仅活在西方世界中，而且通过殖民教育居然得到印度人的认可，在印度本地也成了"真理"，反映了印度与殖民化相伴随的自我殖民化的过程。

四　文化认同危机

表征的特征就是观念系统的再现或对身份的表现。从上述有关表征危机的论述来看，身份认同危机在一定意义上可以视为文化表征危机的衍生，即某些文化群体无法表征自我而造成的认同混乱。文化认同危机，简单地说就是不知道或不清楚"我是谁"，或者，"我"有了多种身份，原来以为清楚的，现在变得模糊了；原来自信的，现在惶惑了；原来相信的，现在怀疑了。② 文化认同涉及排斥与包含，首先表现为划界的问题。这种与他种文化相区别的身份认同，成为一个文化的集体无意识。就个体而言，往往是从文化集体无意识中获得自己的身份记忆的。王岳川指出，在民族文化共同体和参与社会物质精神生产的过程中形成的统一的具有民族性的文化意识、伦理观、世界观、人生观、幸福观、终极信仰等都成为其价值体系的核心部分，也是其文化身份的核心部分。丧失了这个核心层面，文化身份的辨识就出现

---

① 参见［印］特贾斯维莉·尼南贾娜《为翻译定位》，许宝强、袁伟编《语言与翻译的政治》，中央编译出版社 2005 年版，第 137、117、126 页。

② 洪晓楠、李晶：《文化认同、文化自觉与和谐文化的构建》，《大连理工大学学报》2007 年第 2 期。

困难。① 早期的文化身份诉求是个自然的过程，已形成了相对稳定的体系，即文化模式。但是文化身份并非一成不变，尤其在后殖民语境下，文化认同更面临着构建。在这种语境下，文化认同通过话语、权力等要素实现文化表征。西方玩弄着殖民主义和种族主义的权力话语，将东方文化认同逆转成欧洲的他者。长期的文化殖民使边缘群体自我殖民化现象严重，他们已变得失语而无法表征自我。关于东方的失语，赛义德《东方学》的题记，引述了马克思的名言：东方人"他们无法代表自己；他们必须被别人代表"。在福楼拜的小说中，东方"从来不谈自己，从来不表达自己的感情、存在或经历"，相反，而是西方"在替她说话，把它表现成这样"，"告诉他的读者们她在哪些方面具有'典型的东方特征'"。② 斯皮瓦克也有振聋发聩的宣言：贱民是无法言说自我的。被压抑在边缘地带的族群文化身份逐渐模糊起来。他们的形象被歪曲、被丑化；声音被压抑、被淹没。这样，边缘群体逐步自我殖民化，身份开始分裂，危机日益加深。

这种分裂或多重的文化认同与翻译研究之间似乎有着密切的联系。这在当前翻译研究界非常明显。赛义德、斯皮瓦克、巴巴、韦努蒂、鲁滨逊、蒂莫志科、勒菲弗尔、巴斯内特、西蒙、切菲茨、尼南贾娜等后殖民翻译学者要么是具有第三世界身份的第一世界学者，要么是相对于英美霸权的其他西方学者，要么是具有丰富第三世界生活经验的第一世界学者，要么本人是深受西方话语浸染的第三世界知识分子，在血脉和思想上大都具有双重或多重身份。他们身在西方而不认同西方主流话语，对第三世界有着强烈的认同感而又很难完全认同。这种

① 王岳川：《太空文明时代的中国文化身份》，《学术月刊》2006 年第 7 期。
② Edward W. Said, *Orientalism*, New York：Penguin Books U. S. A. Inc. , 1995, p. 6.

身份的多重性具有独特的优势。黄焰结总结说，许多原本来自"弱势"文化或原殖民地国家的翻译学者移居海外甚至改换国籍以求英美等大国身份。这样，借助西方主流文化的大旗，他们可以积蓄力量，反过来挑战、对抗西方霸权学术和文化，从而获得全新的身份认同、奠定自己的学术地位。这种"自愿流亡"、从边缘走向中心并最终占据中心地位的现象在文化学翻译研究领域尤其典型。①

　　语言是民族文化的表征，是民族文化最为内化的一种形式。语言中包含一个民族独特的运思方式和言说方式，包含其独特的世界观。使用一种语言就意味着接受一种文化。语言的改变是根本性的文化置换，对世界观和价值观的影响巨大，更会影响一个人的运思方式和言说方式，从而造成身份认同感的转换和分裂。越来越多的作家用双语甚至多语进行创作。比如，赛义德通晓九种语言，穿梭于各种语言之间，生活、感觉、思想于不同的语言。在印度，选择哪一种语言进行创作困扰着很多作家。加拿大的魁北克省，英语、法语和土著印第安语长期碰撞，使得文学创作与翻译日趋一体化，导致知识分子文化身份的混杂性。他们采用一种杂合性的翻译形式，即后殖民多种语言文化环境下折中于西方强势语言和第三世界本土语言的一种杂合性写作。很多学者将这种创作看作对西方强势语言文化的颠覆手段，但笔者认为这也充分暴露了其身份的混乱、内容的杂芜。这既是非殖民化、反抗霸权的形式，又可以理解为翻译身份和内容的混杂性和分裂性，本身是为文化认同危机的表征。②

---

① 黄焰结：《权力框架下的翻译研究》，《北京第二外国语学院学报》2006 年第6 期。
② 对于文化认同与翻译的关联，更多可参阅本书第三章第二节。

五 历史转向

历史转向论也与文化表征危机论一脉相承。"历史转向"发生于20世纪70年代末。这个转向中，新历史主义的历史观，扮演了重要角色，堪称中流砥柱。新历史主义基于相似的历史观融合了后结构主义、后现代主义、女权主义、后殖民主义的新思想。无论是后现代历史观，还是后结构主义历史观，无论是女性主义的历史转向，还是后殖民主义的历史转向，都可以涵盖在"历史的文本性和文本的历史性"这一新历史主义观念之内。90年代初，有人甚至将"历史转向"与新历史主义完全等同起来，认为"新历史主义是对过去10年文学批评中历史转向的称谓。"① 因此，本书将新历史主义意义上的历史转向作为讨论的重点（尤其是后殖民翻译的历史转向），兼及其他方面。作为一个文论流派，新历史主义采纳一种新的主观历史观，将历史置于可以进行主观阐释的地位。新历史主义脱胎于表征派，主要是加州大学伯克利分校的一批"表征派"（Representations）理论家。其代表人物斯蒂芬·格林布拉特1982年为《文类》（Genre）杂志专题号所作的导论，标志着新历史主义理论的正式确立。格林布拉特本人还编辑了文集《再现英国文艺复兴》（1988）。该派"机关刊物"取名《表征》（Representations），因为这个问题是其各个成员都关心的问题。"表征"的范围虽比一般意义上的文本要大，但它在根本上依然是文本性的。正如张进所说，新历史主义走出了狭义的文本（文字的小文本），同时进入了广义的文本（社会历史大文本），但始终未能摆脱文本性。这

---

① R. Wilson & R. Dutton, *New Historicism and Renaissance Drama*, London: Longman Group UK Limited, 1993, p. 1.

说明，新历史主义的"历史转向"，并未转离文本和表征的优先性。①新历史主义与传统历史主义分歧的焦点是作品能否客观地反映真实的历史。新历史主义极力反对传统历史观对历史真实的绝对性。新历史主义否认历史是由客观规律控制之下的不言自明的客观事实，抹杀了任何一种阐释的客观性，质疑和解构了以往的历史真实观。新历史主义认为在传统历史观背后执着站立的是"求真意志"。虽然真理以客观性的名义讲话，然而实质上起作用的力量却是主体的权力意志。②总之，新历史主义勃兴之后，传统历史主义这个被认为是太天真的历史观产生了危机，人们对历史可靠性产生了怀疑。

翻译作为一种文化行为，同历史、社会紧密联系。在文化研究的影响下，翻译的历史文化研究也日益受到重视。当代所有的翻译流派都把翻译活动置于产生它的真实的文化历史背景之中，纷纷探讨翻译研究的历史话语，主张重读、重写历史以颠覆旧有的大历史观，代之以小历史即"抵抗的历史"。将翻译研究与历史学进行联系研究，从一般语言文字层面提升到文化、历史、哲学等层面，研究翻译在源语文化、译语文化以及两者之间的社会历史作用及其影响，成为当前的学术热点。这样一个学术热点可统称为"翻译研究的历史转向"。当前的历史学与翻译的跨学科研究主要就是从新历史主义思潮出发的。新历史主义关注翻译的文本性与历史性之间的内在联系，着重探讨历史在翻译中是如何表述的，翻译是否客观地反映了历史的真实。新历史主义质疑历史（乃至翻译）的客观性，不再把翻译视为一种与价值

---

① 参见张进《新历史主义与语言论转向和历史转向》，《甘肃社会科学》2002 年第 2 期。

② 参见王进《文化诗学与后现代主义：新历史主义的谱系研究》，《唐山师范学院学报》2007 年第 4 期。

无涉的"再现"。

由此看来，表征危机对后学翻译研究产生了深刻的影响。这种影响既有积极的，也有消极的。消极影响主要体现在表征危机理论及其影响下的翻译理论都具有深刻的悖论性。不厘清并超越这种悖论，当前的翻译研究就会陷入桎梏而止步不前。需要指出的是，我们对表征危机的讨论，目的不是回到危机之前的原地，而是在已有讨论的基础上拨开迷雾，有更进一步的作为。接下来，笔者就着重探讨表征危机论的这种悖论性及其消极影响。

第二节　两种表征观暨表征危机反思

——以中西方之间相互的表征观为例

一　两种表征观

除了后殖民表征观，西方还存在另一种表征观，二者交织在一起。周宁指出，西方的东方主义，向来就有两种传统，向往与恐惧、仰慕与仇恨交织在一起。这两个东方，一个是现实的、已知的、压迫性的，另一个是想象的、未知的、超越性的。这两种"东方主义"，一种是否定的、意识形态性的东方主义，另一种是肯定的、乌托邦式的东方主义。前者构筑低劣、被动、堕落、邪恶的东方形象，成为西方帝国主义意识形态的一种"精心谋划"；后者却将东方理想化为幸福与智慧的乐园，成为超越与批判不同时代西方社会意识形态的乌托邦。前者在建构帝国主义的政治经济与文化道德权力，使其在西方扩张事业中相互渗透，协调运作；后者却在拆解这种意识形态的权力结构，表现出西方文化传统中自我怀疑、自我超越的侧面。①

东方同样存在两种表征观。根据王铭铭，古代中国的世界观，同样蕴藏着"帝国之眼"与"他者为上"的两种相互斗争的认识态势。在华夏世界"周行天下"心境表达方式的种种类型之一端，是高僧式的朝圣与取经之旅，这种旅行将遥远的他者之国视作真谛的起源，其另一端，则是唐以后及至清初活跃的朝贡主义世界观，它以自我为中心探索世界，对于世界之万物及种族之与己身的差异，怀抱着浓烈兴趣，在文明与野性之间，划出明晰的界限。《穆天子传》开创的"他者为上"的认识姿态，为汉魏时期西行的高僧奠定了文化基础。而秦始皇与汉武帝通过封禅对于穆天子的世界观施加的东方化改造，则为其当代及后代创造了"帝国之眼"。这一帝国之眼，到了唐以后，在帝制中国的朝贡主义世界观中得到发挥，造就了大量关注异域风情与物产的地理志、民族志。②

本节即以中西方之间相互的表征观为例，通过两种表征观③——"帝国之眼"与"他者为上"来反思后殖民表征危机论。这两种表征观也可以具体称为两种东方主义（及其变体——西方主义）。东方主

---

① 参见周宁《另一种东方主义：超越后殖民主义文化批判》，《厦门大学学报》2004 年第 6 期。

② 参见王铭铭《西方作为他者——论中国"西方学"的谱系与意义》，世界图书出版公司 2007 年版。

③ 关于两种表征观的具体表现，周宁《另一种东方主义：超越后殖民主义文化批判》、王铭铭《西方作为他者——论中国"西方学"的谱系与意义》、张松健《殖民主义与西方汉学：一些有待讨论的意见》（《浙江学刊》2002 年第 4 期）；张宽《萨伊德的东方主义与西方的汉学研究》（《瞭望》1997 年第 27 期）；张星《中西交通史料汇编》（第一册，中华书局 1977 年版）；[英] 赫德逊《欧洲与中国》（李申等译，中华书局 1995 年版）；李平《西方人眼中的东方文学艺术》（上海教育出版社 2004 年版）；[德] 利奇温《十八世纪中国与欧洲文化的接触》（朱杰勤译，商务印书馆 1962 年版）等论著，已多有论述，此不赘述。

义是西方通过再现即广义翻译而形成的东方形象。因此，东方主义的根本问题是再现问题，而后殖民意义上的东方主义的根本问题则是西方对东方的权力，是权力操纵下的再现危机。因此，东方主义的后殖民话语表述并不统一。通过非后殖民意义上的表征观来反思后殖民表征危机论是题中应有之意。鉴于后殖民理论对"帝国之眼"的表征观及其翻译已有充分论述，笔者将"他者为上"的翻译表征观评述如下。

二 另类翻译表征观——"他者为上"

具体到翻译领域，中国佛教翻译与以他者为上的表征观是完全一致的。佛教倡因果报应，六道轮回之说，重福报消业，功德因缘，乃使稔恶之徒，亦自怵祸害，俯首皈信。于是英才硕彦，遂多入于佛门。[①] 从佛教与政治的关系方面来看，历代帝王大都崇信佛教。虽偶有禁佛事件，但总的看来历代帝王还是扶植佛教的。南朝宋齐梁陈，全国佛教化程度非常高。刘宋朝，佛驮跋陀罗翻译《大方广佛华严经》，齐代有僧柔、惠次等人讲经不断。梁武帝最崇信佛法，曾四次舍身于寺。梁武帝对于饮食酒肉的加以宗教与王法的双重禁止，将他之前已经存在的他者（西方）中心主义世界观发挥到了极致。公元383—385 年，前秦苻坚大规模组织翻译佛经。隋文帝杨坚大力扶持佛教。唐朝的皇帝，大都提倡佛教。宋朝对宗教宽容，宋太祖赵匡胤重视于译经，对献经者给予赏赐，对求经者予以资助。中国古代各个阶层都十分尊崇佛教。译经大师大都专心献身弘扬佛法，对佛学的执着

---

① 于凌波居士：《向知识分子介绍佛教》（http：//www.hhfg.org/jcjx/f19.html）。

始终是他们从事佛经翻译和传教的思想源泉和精神动力。① 唐朝政府非常重视佛经的翻译工作，比如，唐太宗和唐高宗都大力支持玄奘的译经事业。著名翻译家辈出，如法屈、道安、鸠摩罗什、昙无谶、真谛、玄奘、义净等高僧都对中国古代的翻译事业做出过卓越的贡献。

佛法输入，使国内贤智之士意识到，于六艺九流之外，尚有学问。而具有崇正信仰之古德，为求正知正见，不惜冒险犯难，西行求法。② 于是，中国的佛教徒开始西行，寻求梵语原本，表明中土僧人对印度"真经"的渴求。三国时期，曹魏甘露五年（260 年）朱士行出家为僧，成为中国第一位真正的汉僧。出家后他精研佛典，深感译者对其理解不够深透，汉地旧译的经文因删略过多，过于简略而不连贯，文句艰涩，难以理解，不宜通讲。因此，他决定矢志捐身，西行寻找原本。于是他从雍州长安出发，四经流沙，到当时大乘佛典集中地于阗，成为国人西行求法者第一人。据于凌波居士统计，朱士行而后，西行求法者，代不乏人，自魏晋至中唐，前后 500 余年间，西行汉僧可考者不下百人之多。如晋之法显，姚秦之智猛，刘宋之昙无竭，北齐之道邃。仅东晋时期，中国僧徒西行取经回国的就有法领、知严、宝云、智猛、法显等人。至唐之玄奘，达西行求法之最高潮。奘师而后，尚有会宁、窥冲、大津、义净、慧超、不空等。③ 翻译家法显、玄奘、义净被并称为"三大求法高僧"。

玄奘（600—664 年）因感于众师讲经，各擅宗途，圣典亦显隐有异，莫知适从，发誓远游西方，以释众疑。玄奘乃于贞观二年（628

---

①　尹富林、张志芳：《从古代佛经翻译看译者的主体间性》，《南京工业大学学报》2008 年第 3 期。

②　于凌波居士：《向知识分子介绍佛教》（http://www.hhfg.org/jcjx/f19.html）。

③　同上。

年），抱宏图大志前往印度求学，私发长安，经凉州，出玉门，涉流沙，辗转西行。经高昌、阿耆尼等国，度葱岭，越大雪山，遍历西域印度诸国。他于唐贞观十九年回到长安，带来了梵文本子三藏圣教，一共有 657 部。玄奘在首都长安弘福寺开设译场，毕生从事佛经翻译，历经 19 年，总共翻译了佛教大小乘经论 75 部 1335 卷，共计 1000 多万字。玄奘所译佛典比其他三大译师鸠摩罗什、真谛、不空所译卷数的总和还多 600 余卷，占唐代新译佛经总卷数的一半以上。① 玄奘的译著从数量和质量上都达到了中国佛经翻译史上的高峰，同时开创了中国翻译史上以他者为上的高峰。

三 表征危机反思

语言表征危机论本身存在着悖论。解构主义在指出语言表征危机的同时，又不得不去运用传统的表征方式来论述自己的理论。正如李龙泉所说，意义是不可把握的，可德里达本人却在生前不遗余力地宣讲着他的解构思想，并且女权主义、后殖民主义、新历史主义等学者却在充分运用着他的解构思想来解读历史与文化；翻译是不可能的，可人们却总是在通过翻译实现着相互的沟通和了解，翻译理论家们也仍在日新月异地从事着翻译理论研究。② 因此，本书认为，语言表征危机及其影响下的翻译理论是一种话语建构，可用来对翻译研究进行文化层面的反思，颠覆或完善原有的翻译理念；但话语建构毕竟不是具体实践，缺乏对翻译实践的指导意义。而就在这话语建构与具体实

---

① 参见马祖毅《中国翻译简史——"五四"以前部分》，中国对外翻译出版公司 2004 年版，第 63 页。

② 参见李龙泉《解构主义翻译观之借鉴与批判》，博士学位论文，上海外国语大学，2006 年，第 92—93 页。

践的转换过程中，充分暴露了语言表征危机论的悖论。其实，后殖民翻译观严格来说算不上是一种成体系的翻译理论，它只是理论家们从哲学、语言、文化等方面对翻译现象进行的一些论述，读者不要期望哲学家会告诉我们什么翻译的原则或方法。正如王东风指出的，讲忠实于原文，并非指百分之百地、绝对地忠实，而只能是相对的。翻译再现出原文表达的意思只是一种近似正确的再现，以最为接近原文意义的形式进行，并非指绝对正确的或百分之百正确的再现。我们主张追求一种后解构翻译研究范式：既有结构分析，又有解构思辨的综合的、跨学科的研究。未来的翻译研究的走向必然是语言分析和文化/社会批判的结合，未来的翻译研究方法必定是跨学科的综合性研究，未来的翻译实践也会因此而更加理性，更加精密，更加近真。①

　　众所周知，语言是文化的一部分，语言表征危机也是文化表征危机的一部分，同属于再现真理和认识真理的危机，存在一致性。语言表征危机主要涉及语言及其产生的意义，认为意义是语言建构的，没有客观性，因而语言无法客观再现意义，翻译不可能。这里，语言表征就等于翻译，翻译的含义就是绝对对等。但它毕竟仍是以语言为思辨核心，属于语言翻译和语言学转向的范畴。而文化表征危机并不否认现实的客观性，忽略语言意义对等，强调文化意义和文化形象的传译。只是在意识形态、权力的操纵下，文化（包括语言）已经失去了客观再现现实、客观传译文化意义和形象的能力。这里，翻译的内涵上升为广义的文化表征。文化表征即翻译，明显属于文化转向的范畴。后殖民翻译理论是语言表征危机论的产物，继承解构主义翻译观，反

---

　　①　王东风主编：《功能语言学与翻译研究》，中山大学出版社 2006 年版，"序"第 8 页。

对本质主义，认为语言意义是不确定的，翻译不可能。同时，它又是文化表征危机论的产物，由于权力的操纵，翻译扭曲了而非客观再现了他者文化形象，主张边缘文化群体进行"反表征"，消除权力差异，倡导异化翻译策略，凸显文化差异，以客观再现自我、纠正被西方扭曲了的形象，因而文化翻译终归是可能的，其本质是一种政治文化活动。文化翻译终归要通过语言才能进行。"从福柯那里，我们学到：语言之间透明地互译是不可能的，文化以语言为媒介来进行透明的交流也是不可能的。"① 语言不可译论的论调又给文化可译论打上重重的问号。从语言表征危机论到文化表征危机论转换的关键是权力因素，文化翻译可译性的关键因素是消除权力差异。而权力差异能否消除是令人生疑的。② 这样，两种危机论各自的悖论及其二者的转换造成后殖民翻译理论无法克服的内在矛盾。

因此，文化表征危机论本身同样存在着悖论。后殖民翻译理论一方面通过批判殖民翻译，宣称存在着文化表征危机，边缘群体无法再现自我，另一方面又倡导以"重译"来再现文化身份的"民族性"，把原来神秘、非理性、原始、无知和迷信的刻板文化，改写为具有深刻宗教底蕴和博大精深的传统印度文化。尼南贾娜认为，翻译要以对民族文化的"高保真"为目标，采取一种"忠实"的策略，充分体现文化的异质性，尽可能从词的层面进行直译，以唤起人们对印度文明的记忆，恢复印度文化的本来面目。从表征观这一角度看，这体现出后殖民翻译理论家的自相矛盾：一方面对翻译再现的客观性予以否定；

---

① 张瑜：《权力话语制约下的翻译活动》，《解放军外国语学院学报》2001年第5期。

② 无论是米歇尔·福柯的有形权力和无形权力理念还是约瑟夫·奈的硬权力和软权力理论，都将人类语言文化势能视作权力的一部分，而人类文化发展总是不平衡不同步的，因此就无法消除这种语言文化势差即权力差异。

另一方面又主张东方进行自我客观再现，通过翻译纠正被西方扭曲的东方形象。这实际上是文化表征观另一侧面的表现，是对文化表征危机论的有力反驳。正如蒋骁华指出的，东方学家兼翻译家的大量翻译，在人类历史上第一次较为完整地接触了东西方的文化脉络，使东西方在最深的文化层面上有了相互沟通的基础和依据。它的发展促进了大量的翻译实践，导致了东学西渐的高潮，有力地推动了东西文化交流。在东方学发展的漫长历程中，不乏对东方怀着美好想象的东方学者，也不乏给东方增姿添彩的美化翻译。东方学是一门历史悠久、分支众多、内容丰富、边界模糊的学科。它学术性的一面给翻译带来了严谨或"科学的准确性"，而它政治性的一面即欧洲中心主义和殖民主义，给翻译打上了清晰的意识形态烙印。①

后殖民翻译理论的这种二元性和内在矛盾源于后殖民理论。赛义德一方面在《东方学》中认定东方失语，《东方学》的题记，引述了马克思的名言"他们无法代表自己；他们必须被别人代表"，而另一方面在《文化与帝国主义》中赛义德倡导边缘群体客观再现自我进行非殖民化。东方存在严重失语，失语是殖民的结果，也是表征危机的体现，同时东方又有再现自我和反抗霸权的能力，"弱者完全能够表达自己，20世纪民族解放运动的历史雄辩地证明了这一点"。② 因而东方没有失语，没有表征危机。这构成后殖民理论不可调和的内在矛盾。丹尼斯·波特认为，"从导言开始，赛义德就摇摆于真理和意识形态两极之间。一方面，他得出结论：在纯知识和政治知识之间没有什么区别……另一方面，他又似乎暗示——尽管是从否定的态度——可以获

---

① 蒋骁华：《东方学对翻译的影响》，《中国翻译》2008年第5期。
② Edward W. Said, *Orientalism*, New York：Penguin Books U. S. A. Inc., 1995, p. 335.

得某种真理"。① 他对赛义德关于东方主义话语的观点，特别是对赛义德关于东方主义话语铁板一块的观点提出了批评和挑战，指出赛义德对于西方学术和文学文本中所有形式的反霸权思想一概视而不见；东方主义话语远不是铁板一块的东西，而是从其内部便可听到反霸权的声音。在现实斗争中赛义德一直主张向权力说真理，但这与他从后殖民话语逻辑立场出发消解真理等逻各斯中心主义的做法明显相反。既然没有真理，又如何向权力说真理呢？赛义德反对西方传统的真理观和客观再现的可能性，声称无意也无力阐释真正的东方，而在有关巴勒斯坦的著作尤其在大量的政治论文中，赛义德极力再现知识分子，极力言说阿拉伯民族的存在，极力再现中东政治现状，极确切地定位巴勒斯坦，包括大量数据、照片和地图的运用。这与他宣称的无意于再现真正的东方等说法明显相矛盾。赛义德断言："有理由认为，每一个欧洲人，不管他会对东方发表什么看法，最终都几乎是一个种族主义者，一个帝国主义者，一个彻头彻尾的民族中心主义者。"西方"在处理'异质'文化时除了帝国主义、种族主义和民族中心主义外几乎没有提供任何别的东西"②。其实，这是赛义德对西方的东方学进行的整体化再现。许多东方学家对印度文化经典的翻译在西方正确而完美地传播了印度文化的精髓，印度当代学者对他们的贡献是肯定的。琼斯及其同代人受偏见的影响也并不像赛义德所提的那样深。赛义德等人的文化批判，过分关注西方否定的、意识形态性的东方主义，否定了跨文化交际中以他者为上的做法及其潜在的文化价值。他们揭露

---

① Dennis Porter, "Orientalism and its Problem" in Patrick Williams, ed. *Edward Said*, Volume I, London: Thousand Oaks, Galif: Sage, 2001, p. 351.

② Edward W. Said, *Orientalism*, New York: Penguin Books U. S. A. Inc., 1995, p. 204.

批判东方主义的一面不能以否定掩盖另一面为代价，虽然另外一种表征观也未必能客观再现东方现实。

美国学者孟德卫指出，在1500—1800年，西方人对中国人的认识源于孔子这位博学圣人的形象。与此相反，在1800—2000年，最流行的中国形象是被恶意描绘的"中国佬"约翰：一张邪恶的面孔，拖着长长的辫子，留着长长的指甲。这种恐怖形象流露出的对"同类相食"的暗喻与孔子形象体现出的至上文明形成了强烈对比。毫无疑问，这两种形象都扭曲了中国人的原貌，一种是理想化的，另一种却是极端丑化。然而这两者都确实反映了不同时期欧洲人对中国人的印象。尽管前一个时期，西方对中国抱有敬意，但孟德卫认为，18世纪欧洲启蒙思想家是在为欧洲的政治和学术运动，尤其是启蒙运动寻找来自中国方面的支持。这是对中国感兴趣的三类欧洲人①中最肤浅的一类，他们对中国文化做了最大限度地扭曲。在整个启蒙时代，"颂华派"和"贬华派"始终处于一种紧张状态。启蒙思想家分裂成"颂华派"和"贬华派"，反映了他们对中国知识的浅薄无知。如果"颂华派"和"贬华派"都属于狂热型，那么早期汉学家和后来的汉学家们则属于更为中立客观的思辨型。②

这一时期的不少传教士和汉学家采取比较客观的态度。利玛窦对于中国文化和中国社会既赞扬又批评，态度中肯。他歆羡中国疆域广袤，人口众多，作物欣隆，气候适宜，民众勤劳和儒学中独特的道德标准。但他对一些僧侣和道士腐化的个人道德和性道德深恶痛绝。他

---

① 其他两类为传教士和汉学家，而传教士与汉学家往往合一，比如传教士利玛窦和罗明坚被并称为"西方汉学之父"。
② ［美］孟德卫：《1500—1800：中西方的伟大相遇》，江文君等译，新星出版社2007年版，第176页。

特别反感一些中国人的好色和奴隶制度，且言辞激烈地抨击了中国人的同性恋行为，尤其是蓄养娈童这种在当时中国上层男性中普遍存在的行为。《利玛窦中国札记》对明代中国全景式的介绍，远比前人关于中国道听途说的随意描述要具体得多，许多描述也是比较客观的。一方面，他谈到了当时中国社会的一些弊端，如官场的腐败、礼节的繁缛、对外部世界的无知而导致的狂妄与愚昧，等等；另一方面，他对于中国情况也做了许多正面描述，并且常常采取了赞赏的语词。第六章《中国的政府机构》说道："在这样一个几乎具有无数人口和无限幅员的国家，而各种物产又极为丰富，虽然他们有装备精良的陆军和海军，很容易征服邻近的国家，但他们的皇上和人民却从来没想过要发动侵略战争。他们很满足于自己已有的东西，没有征服的野心。在这方面，他们和欧洲人很不相同，欧洲人常常不满意自己的政府，并贪求别人所享有的东西。"在这段赞赏中国人民热爱和平的文字后，他批判了某些无知的欧洲作者"断言中国人不仅征服了邻国而且把势力扩张到远及印度"的错误谎言。[1] 此外，汤若望在为明朝制定新历时，只限于观察推算年、月、日、日食、月食、季节循环等天文历法现象，对于中国统治阶级喜好的迷信吉凶之术，并不阿谀奉承；清朝时期施约瑟的圣经翻译忠实、流畅，圣经文化与中国文化并重，体现了集翻译家、汉学家、《圣经》学者于一身的他所持的公正文化立场。他的文化翻译观对圣经汉译至今仍有指导意义。

　　以上是学界对西方后殖民式表征观的反思，关于作为帝国之眼的中国（汉文化）中心主义表征观，东西方学者也在反思之中。中国中

---

　　① 转引自黎难秋《中国科学翻译史》，中国科学技术大学出版社 2006 年版，第 636 页。

心主义是对中国的世界地位的一种理想观点，并非总能反映中国历史的真实状况，并随着中国实力的消长而变迁着。公元 220 年汉朝衰落，到 618 年另一个伟大王朝——唐朝兴盛，期间的 4 个世纪，中国四分五裂，很难形成中国中心主义的观念。这段时间内，中国和南亚以及内亚保持着实质性的接触深受其文化影响。佛教就于当时进入中国，且融入了中国文化。孟德卫认为，清帝国并不符合中国（汉文化）中心主义——汉文化同化"蛮夷"——的模式。满族从东北进入中原并征服了中原，清王朝的统治成功归功于他们开创的多元混合的帝国。与人们先前的认识相反，新的研究成果表明，并不是汉族士大夫主导着清政府，而是那些满族统治者利用汉族的官僚机制来实现满族精英对中华帝国的统治。而且，当时中国很多汉族学者并不具有中国中心主义的世界观。尚祐卿（约 1619—1698）毫无大国沙文主义的世界观："东海（中国）人和西海（欧洲）人住在不同的土地上，却在同一片天空下。他们说着不同的语言，但是生活准则是一样的。"张星曜（1633—1715）也从不抱有夜郎自大的心理。他在《天学明辨》的引言中写道："东海西海，心同理同。"更重要的是这句话是张星曜引自著名理学家陆象山（1139—1193）的表述，表示张星曜并不认为自己的思想是原创，而是遵从孔子之道作了古老智慧的传薪者。① 如果清帝国时期不属于汉文化中心主义的话，同样道理，元帝国时期更不属于汉文化中心主义的模式，因为汉人和汉文化比之于清帝国时期地位和影响力更低。而两宋时期，周边民族政权林立，辽、夏、金、蒙均先后虎视眈眈，屡屡进犯中原，两宋政权则节节败退，割地、纳贡、

---

① 转引自［美］孟德卫《1500—1800：中西方的伟大相遇》，江文君等译，新星出版社 2007 年版，"序言"第 2、6—7、33 页。

称臣、求和，汉族中心地位更是荡然无存。明朝时期，中国对北方，也始终处于防御的地位。即使在汉族建立的最强势的大唐文化，汉文化中心也并不明显。唐朝文化是兼收并蓄的，不受汉代那种定于一尊的正统思想的束缚，尊儒、尊佛、尊道并重，伊斯兰教和基督教共生，汉化与胡化并存，容纳不同思想意识背景的文化形态。"胡服胡食竞为时髦，胡医胡药广为流传，胡乐胡曲飘散朝野，胡风胡俗盛极一时"。[1] 那是一个世界性的、高度发达的、对于非汉族人种——无论是从中亚来的土耳其人还是阿拉伯的穆斯林——广泛认同的文明。[2] 素有贬义之称的夷、狄、胡、蛮等词也并不总是带有贬义，并不总是体现出汉族中心主义的观念。商务印书馆 2000 年版《王力古汉语字典》"夷"字条目，无一处提到"夷"有"野蛮"的含义。从"夷"的最初意义看，是"东方各民族泛称"，"狄"是北方少数民族，确无明确的褒贬义。刘禾的《帝国的冲突》认为，"夷"的意思就是"foreigners"——外国人，确无贬义。刘禾等人对"夷"的质疑有助于从文化误解、翻译和语义学的角度重新理解近代中外关系，并挑战以往一概认为中国人自大的刻板印象。[3]

孟德卫指出，要从西方历史中发现西方对中国的敬意，我们必须回到 1500—1800 年这一时段，它比相对较近的历史时期（1800—2000）更有借鉴意义。近年来的历史已经见证了西方世界如何看待中国问题上的观念转变。这一新的观念的态度特征是以相互尊重而不是

---

① 转引自张倩《从后殖民主义理论看文化翻译》，《军事经济学院学报》2006 年第 3 期。

② ［美］孟德卫：《1500—1800：中西方的伟大相遇》，江文君等译，新星出版社 2007 年版，第 43—44 页。

③ *The Clash of Empires：The Invention of China in Modern World Making*，Harvard University press，2004；参见伍国《不仅仅是翻译问题——"夷"是不是"barbarians"?》，《学术周刊》2006 年 7 月 B。

一方对另一方居高临下。我们可以清楚地看到未来的中西交流将不同于1800—2000年西方的傲慢与中国的屈辱之间的对立，未来的中西交流将更多地呈现出1500—1800年中西方的互动与互惠。① 与孟德卫相对，王铭铭则有下面的结论：中国既不征服他者，也不以他者为尊，而隐含着其第三种选择：在天下观之下衍生出来的"多元一体格局"。它展现出优于近代国族观的种种方面，对于我们在历史时间意义上的"远处"反观"近处"，有重要启迪。在天下观之下，还存在比族群"混居"这一实际群体生活样式更高的层次，这是一种常被我们忽视的理解世界的知识体系，一种不局限于"国"而以"天下为己任"的世界图式，一种中国知识分子可以借之重新定位自身的思想方法。这一图式与思想方法，有助于我们在摈弃西方中心主义的世界观之同时，以认识主体为依托，保持一种普遍主义追求。在华夏世界，有过"帝国之眼"，更有过"他者为上"的世界观，经过慎重的选择，中国知识人，依旧可能在不久的将来，造就一种真正有益于知识互惠的平台。②

孟德卫和王铭铭两位学者对西方中心主义世界观形成的历史时期稍有出入，前者认为17世纪之前，欧洲中心主义尚未形成，不曾出现欧洲文化优越论，西方持有平等主义理念。后者认为以15世纪为界，15世纪以后欧洲与世界其余部分不同观念体系之间不平等关系形成。从二人的观点来看，西方中心主义的世界观、殖民和后殖民都是一定历史时期的产物，近代之前是不存在所谓殖民和后殖民表征观的，且

---

① 参见［美］孟德卫《1500—1800：中西方的伟大相遇》，江文君等译，新星出版社2007年版，第15—16、188页。

② 参见王铭铭《西方作为他者——论中国"西方学"的谱系与意义》，世界图书出版公司2007年版，第166—167、157—158页。

这种表征观今后也不会永远存在。孟德卫对中国中心主义的反思，与王铭铭关于"帝国之眼"表征观的分析也是相一致的，都否定了这一表征观的一成不变性，都没将之本质化。西方对中国的态度在变化之中。西方对东方的知识与想象，多面而含混、复杂而矛盾，不是一种帝国主义意识形态的权力话语能说明的。后殖民文化表征危机论对权力有过度的依赖性。表征危机的利益决定论、征服论都具有片面性。

文化殖民是文化地位与文化表征观共同作用的结果。自我中心主义是一种文化表征观，不是文化殖民的决定性因素。因此，西方中心主义、汉文化中心主义及形形色色的种族中心主义都难以独立构成文化殖民。仅有自我中心主义观念而无实际的强势地位，是无法实现文化殖民的。同样，没有自我中心主义观念，而仅有实际强势地位也不会产生文化殖民。只有高文化地位而没有"帝国之眼"式的文化表征观，或者只有"帝国之眼"式的文化表征观而缺少高文化地位，都难以形成文化殖民。文化地位不平等也不意味着一定产生后殖民，更不用说两种文化地位相当时候的情形了。这样一来就修正了后殖民的内容。

博岱指出，考察西方与世界的关系，应该注意到两个层次与两个层次之间的关系。第一个层次是物质的、现实的、政治经济层次，第二个层次是观念的、文化的或神话的层次，这两个关系层次彼此独立又相互关联。[①] 在西方与世界的关系上，现实层次与观念层次的倾向完全相反，但又相互促进。相互矛盾而又相辅相成的两种东方主义，

---

① Henri Baudet, *Paradise on Earth: Some Thoughts on European Images of Non - European Man.* trans. By Elizabeth Wentholt, Yale: Yale University Press, 1965, pp. 74 – 75.

才构成西方文化的全面的东方态度甚至世界观。[①] 上述观点同样适用于东方的西方主义。根据赛义德的界定，"任何教授东方、书写东方或研究东方的人——不管是人类学家、社会学家、历史学家还是语言学家，无论面对的是具体的还是一般的问题——都是'东方学家'，他或她做的事情就是'东方学'。"[②] 那么，东方（西方）学是关于东方（西方）的研究工作及其成果，从事东方（西方）研究的人就是东方（西方）学家。因此，无论是西方还是东方，无论是帝国之眼还是他者为上，任何的表征都是"幻想地理"与"真实地理"的综合体，都是相对虚幻性和相对真实性的综合体。西方国家眼中的东方形象并非都是没有真实根据，凭空想象出来的，其对中国的再现未必都是无中生有的恶意杜撰。即使是负面的描写也未必就是误现，不能笼统地归于后殖民范畴；而正面的再现也未必就是客观再现。文化交流中存在误现是正常的现象，只有直接服务于政治军事征服和经济掠夺的恶意误现才是应该批判的表征观。欧洲启蒙运动确实是为自身需求才赞扬并利用中国文化，其对待中国无论是较为客观中肯的评价，还是扭曲较大的评价，都属于文化平等主义的态度，都与后殖民表征不可同日而语。后殖民表征危机论的核心问题不在于能否客观再现，即表征的非客观性，而是在于它故意对另类表征观的忽略和遮蔽，只强调帝国之眼和恶意的表征观。纠正后殖民表征危机的途径就在于摆脱对权力的恶意操纵，摆脱自我中心主义，以谦虚、尊重、包容、平等的心态善待他者，以他者为上的心态，努力做到近真。

那么，我们能否客观反映世界，认识事物，掌握规律，把握真理？

---

① 周宁：《另一种东方主义：超越后殖民主义文化批判》，《厦门大学学报》2004 年第 6 期。

② Edward Said, *Orientalism*, New York: Penguin Books U. S. A. Inc. , 1995, p. 2.

答案是肯定的，这在自然科学里反复得到证明。当前，地域性文化的重建逐渐兴盛，虽然说强势文化对弱势文化的压抑还普遍存在，但对本土感的寻求也越来越普遍，文化求真的呼声也越来越强烈。这种求真既有对建立在差异基础上"真正的现在的我们"的追寻，也有对建立在"差异的同一"基础上"共有的文化集体的'一个真正的自我'"① 的追求，二者无论差别多大，毕竟都是对"真"的追寻和表征。无论哪种方式的求真似乎都与所谓的表征危机不合拍。

第三节　翻译研究的历史转向及其反思
——从西方的伊斯兰表征史和翻译史说起

一　后殖民翻译研究历史转向及其针对性

本节从后殖民翻译研究历史转向的角度，论述新历史主义意义上的历史转向。历史意识对殖民、后殖民情境下的翻译实践是至关重要的。殖民主义对非西方历史的"翻译"是建立在黑格尔式的历史哲学之上的。黑格尔认为，东方文明因缺乏真正意义上的历史。黑格尔根据精神自我运动、自我实现的原理，将人类历史比作天上的太阳，从东方漫游到西方。这样，东方就只有处在史前时代，处在自由尚未觉

---

① Stuart Hall, "Cultural Identity and Diaspora", in P. Williams and L. Chrisman eds., *Colonial Discourse and Post - Colonial Theory: A Reader*, London: Harvester Wheatsheaf, 1994, pp. 393 - 394.

醒的阶段。① 正如史学家拉纳吉特·古哈所指出的那样，穆勒于其
《历史》的开篇一章说的是印度人的古老历史，然后便中断行文，用
了近500页（或9章）的篇幅来谈论印度人的"天性"（也就是说，
他们的宗教、习俗、生活方式等）。这九个章节普遍用的是现在时，其
作用是把印度人的处境非历史化，从而既为他们在文明的等级上找到
了一个位置，也确立了他们永恒不变的本质。② 在西方人看来，东方
人是处于初级阶段的"野蛮人"，西方人是处于高级阶段的文明人。
杨亚东指出，西方向东方进行殖民扩张的历史，就是西方到东方传播
文明和福音的历史，是西方解放和拯救东方的历史，是西方将东方从
黑暗带向光明的历史。非西方民族的历史是西方殖民主义"制造"出
来的历史，完全是用西方话语改写的民族史志。③

后殖民翻译研究的历史转向始于20世纪80年代末。在这方面，
代表性作品是尼南贾娜的《为翻译定位》一文。她提出了一种后殖民
的翻译和历史观，并在其"重新翻译"和"重写历史"的渴望中强调
翻译和历史的关联。论者强调翻译的历史性，认为历史性一词包含了
翻译/重译在过去/现在是如何起作用的，为什么这个文本过去/现在被
移译，以及过去/现在是谁在译这些问题。论者关注的"局部的"种
种翻译实践，也就无须什么大一统的理论来涵盖，所以她用历史性一
词来避免勾起人们对大写历史的联想。她研究英国东方学家威廉·琼
斯的文本，主旨并非一定是要拿琼斯的《沙恭达罗》或《摩奴法典》
的译本去与所谓的原著做一番比较。确切地说，她要做的是研究琼斯

---

① 转引自张倩《从后殖民主义理论看文化翻译》，《军事经济学院学报》2006年第
3期。

② 参见［印］特贾斯维莉·尼南贾娜《为翻译定位》，许宝强、袁伟编《语言与翻
译的政治》，中央编译出版社2005年版，第136页。

③ 杨亚东：《历史叙事与后殖民主义》，《四川教育学院学报》2006年第11期。

译作的"外围文字"——如前言、他每年向亚细亚学会作的演讲，他给加尔各答大陪审团的指示、他的信件以及他写下的"东方"诗章——以展示他是如何参与建构一个历史决定论和目的论的文明发展模式的。这种模式与以透明再现为先决条件的翻译观汇合一处，协助建立起了关于"印度人"的强大描述。① 尼南贾娜的这一历史观与新历史主义思想如出一辙，这也是笔者将她的这一理论层面涵盖在新历史主义之下的原因。该文以印度的殖民史为例论述了历史学对翻译研究的意义，认为翻译的问题系与历史写作具有不可分割的联系，殖民者总把东方文化视为一成不变，非历史的。印度文化被再现为静态不变的，没有历史或者只有东方专制的历史。所谓印度人"胆小怯懦"，"女人气"，受着亚洲专制统治者的压迫，最终将不可避免地为西方所征服——这种看法乃是黑格尔式历史哲学的一个组成部分，这种历史哲学不仅召唤殖民主体，而且为殖民翻译所支撑认可。黑格尔谴责印度人狡猾奸诈、欺骗偷窃，这与威廉·琼斯等东方学家的译述是一致的。她深入探讨了翻译与殖民主义霸权的历史共谋关系，将翻译视为"东方主义殖民话语的一部分"以及"英国为获得东印度公司商人治下的庶民之信息所作的努力"。论者认为，琼斯在 18 世纪末翻译的《沙恭达罗》和《摩奴法典》里，通过一系列的翻译策略把对印度文化的溯古或称颂之辞作为胡编乱造通通删掉，而对某些堕落的东西却大做文章，构建出来的印度人都是一副懒懒散散、逆来顺受的样子，整个民族无法品尝自由的果实，却期盼被专制独裁所统治。② 在琼斯的事业里，翻译明摆着是要为"归化东方，进而使其成为欧洲学术的

---

① 参见［印］特贾斯维莉·尼南贾娜《为翻译定位》，许宝强、袁伟编《语言与翻译的政治》，中央编译出版社 2005 年版，第 146、126 页。

② 同上书，第 117、126、137 页。

一个分支领域"服务的。[1]

面对被抹杀歪曲的历史，后殖民主义者提出要夺回话语权，使处于失声状态的人们获得表征权，用被殖民者的血泪史对抗殖民者的开化史。[2] 后殖民翻译是一种历史重写活动，通过重写历史来重写现实。从后殖民的视角解读东方主义的历史学就可以发现翻译抵抗的历史，即抵抗东方主义的历史观与翻译的"共谋"及翻译的不光彩历史。通过对殖民史学研究的逆向解读，读者可以发现对立和无声抗拒之处。这些地方一经辨别出来，便可用于对抗关于被殖民者的霸权形象。"在阅读现存的翻译时采取一种反其意而行之的方法，也就是要从后殖民的视角解读殖民主义的编史学，一个批评家如果对于殖民话语之诡计有所警觉，他就能够呈现本雅明所说的第二个传统，即抵抗的历史。"[3] 尼南贾娜认为，殖民时代虽然已经结束，当今的翻译要走出殖民主义的历史阴影必须采取抵抗的翻译范式，这种抵抗式翻译也意味着新的历史范式。[4] 因此，尼南贾娜主张"重译"以改写殖民主义的东方形象，把以前原始迷信的文化，改写为具有深刻的宗教底蕴的印度文化。

后殖民翻译的历史转向论确有一定的针对性，对西方的伊斯兰表征史及翻译史也有一定的说服力和适用性。在很多人看来，历史上西方对伊斯兰的扭曲从来就没停止过，宣传穆斯林威胁论是西方文化的一个传统。从 11 世纪开始的十字军东征把反伊斯兰宣传视作一个系统工程，把丑化穆斯林当作一项重要的战争鼓动来支持。西方将穆斯林

①　Edward Said, *Orientalism*, New York: Penguin Books U. S. A. Inc., 1995, p. 78.

②　参见杨亚东《历史叙事与后殖民主义》，《四川教育学院学报》2006 年第 11 期。

③　转引自刘禾《跨文化研究的语言问题》，许宝强、袁伟编《语言与翻译的政治》，中央编译出版社 2005 年版，第 232—233 页。

④　张景华：《新历史主义与翻译研究》，《当代文坛》2008 年第 4 期。

捏造成固定的形象，如伊斯兰教是阿拉伯人的宗教；伊斯兰教压迫妇女，强迫她们戴盖头，与社会隔离；伊斯兰教靠强暴征服国土；穆斯林都好色、贫穷、落后、思维迟钝，等等。从1798年拿破仑入侵埃及时起，西方国家掀起了新一轮的征服狂潮。从二战之后开始的现代历史，世界进入以西方为主导的国际政治时期，西方国家对地域辽阔、人口众多、资源丰富的穆斯林地区，一方面贪图那里的财富，另一方面提防那里的人造反。因此，西方对伊斯兰教仍旧坚持丑化、贬低、歪曲的宣传政策。根据赛义德等后殖民理论家，西方学术界、大众传媒眼中的伊斯兰部分是虚构，部分是意识形态标签，最小的那部分是指一个称为伊斯兰的地区。西方媒体对伊斯兰化约为单一定型的形象，其实穆斯林的几十个部族，16亿人口，分布在几十个国家和地区，不同穆斯林社团不同的历史、地理特征、文化习俗等绝不是西方观念中单数的、笼统的"伊斯兰"所能概括的。他认为，西方媒体对伊斯兰的报道是别有用心的错误再现，并不是真正意义上的阐释，而是权力的表现。美国舆论妖魔化伊斯兰的核心原因与美国大资产阶级的国家利益有密切的关系。西方媒体无法摆脱来自主流的官方意识形态的影响和制约，无论它是否有超越的意图，最终仍然不能摆脱东方主义的桎梏，伴随着这种报道的，是大量的遮蔽，在其中找寻不到一点客观现实，所有的一切不过是"辞藻的政治"。① 通过对伊斯兰与西方冲突的动态考察可以发现，正是由于西方国家对伊斯兰世界咄咄逼人的挑战和由此产生的"相对剥夺"（Relative Deprivation）感，才激起伊斯兰民众回应性的反抗。只有真正消除国际政治中的霸权主义和强权政

---

① Edward W. Said, *Covering Islam*, New York: Vintage Books, a Division of Random House Inc., 1981, p. xii.

治，不同文明间的和平共处才有可能。①

《古兰经》早期被译成西方文字，是中世纪基督教教会势力为寻找瑕疵，批驳《古兰经》，歪曲丑化伊斯兰教，为配合十字军东征，向伊斯兰教发起进攻而开始的。他们将《古兰经》翻译成西方语言，并非为了传播伊斯兰教义，而是通过宗教翻译设法找到"敌对文化"的力量与弱点，并且为基督教教义的正确性辩护提供证词。② 在 1141—1143 年，法国克律尼修道院院长彼得神父（Peter the Venerable）（1084—1156），主持翻译《古兰经》的动机就是反对伊斯兰教，其中有九个章节竟然是译者擅自加上去的。意大利天主教神父马拉齐 1698 年的《古兰经》拉丁文译本，是献给神圣罗马帝国皇帝列奥波德一世的。译者通过自己的一篇驳斥《古兰经》的绪论，企图"使欧洲人对伊斯兰教得出一个最坏的观念"。据法国《古兰经》研究者勃拉希尔说，该译本在出版后的一个多世纪里，一直被西欧传教士和神职人员看作批判伊斯兰教的依据。③《古兰经》第一个英文译本由亚历山大·罗斯 1649 年出版。罗斯站在基督教立场上，对伊斯兰教进行歪曲。罗斯还写了一篇名为"致基督教读者"的序言介绍他这本英文译本，把《古兰经》描述为"错谬的大杂烩"："它十分粗俗而且又呈现出不协调的状态，内容充满了矛盾、亵渎的话、淫秽的言辞以及荒谬的神话……毫无疑问，它是毒药、有着巨大的影响力、却是世界上最不可靠的书籍之一。"④ 1734 年出版的乔治·萨勒（George Sale）的《古兰经》译本，也对伊

---

① 参见田文林、林海虹《伊斯兰与西方的冲突：一个自我实现的文化预言》，《世界经济与政治》2002 年第 1 期。

② Jean Delisle & Judith Woodsworth, *Translators Through History*, Philadelphia：John Benjamins Publishing Company, 1995, p. 198.

③ 参照努尔曼·马贤《〈古兰经〉翻译概述》，《中国穆斯林》1987 年第 1 期。

④ 参见《古兰经的英文译本》（http：//www. answering－islam. org/Chinese/project/gbtopic21/A/gb_ 21_ A_ t. htm）。

斯兰教怀有偏见，持批驳态度。该译本在西方殖民主义大举入侵东方的时代，被称为标准的英译本，多次出版，并编入《占多斯丛书》。卡西米尔斯基将《古兰经》译为法文，于1840年编入由保悌尔主编的《东方圣书丛书》，并单独印行，受到东方学家的好评。法国殖民主义者征服北非后，加强了伊斯兰教的研究，此译本被认为是流传最广泛的《古兰经》法文译本之一。①

二　被后殖民翻译研究忽略的史实

如果对西方的伊斯兰翻译史的梳理到此为止，自然就会出现下列印象：西方伊斯兰翻译史是铁板一块的，西方—伊斯兰关系史就是西方对伊斯兰的侵略史。但是，历史显然有着不同的侧面。

某种程度上，伊斯兰世界也存在着一种妖魔化西方的不良倾向。在许多穆斯林看来，伊斯兰及其与西方交往的历史都是受西方压迫和奴役的屈辱史。在当前的基督徒与穆斯林的对话中，或者说在西方人与来自伊斯兰地区的人之间的对话中，人们在很大程度上丧失了对西方发展中历史性的感知。对话中关于西方世界的历史，基本上只剩下了对殖民主义和帝国主义的谴责，尽管这种谴责是完全合理的。② 有论者批评指出，这种意识形态化的、总体式的认知模式，倾向于把对方看成是铁板一块的整体，而很少对种种问题具体地加以区分和辨别，很少对事件背后的根源进行理性的反思。其结果，往往是通过一种偏颇的文化过滤机制，有选择地处理加工外部信息，以便把那些有助于验证既有假设或符合历史记忆的信息保留下来。这种"选择性的因而

---

① 参照努尔曼·马贤《〈古兰经〉翻译概述》，《中国穆斯林》1987年第1期。
② 参见［德］迪德·森格哈斯《文明内部的冲突与世界秩序》，张文武等译，新华出版社2004年版，第176—177页。

也是偏颇的分析，增加了我们的愚昧而非知识，狭窄了我们的事业而非拓宽了我们的理解，加剧了问题而非为新答案开辟了道路"。由此使问题变得复杂化，使矛盾更加难以化解。①

后殖民主义的历史观同样受到激烈批评。在 1982 年的《东方主义的问题》中，刘易斯指责赛义德"毒害"和"污染"了东方主义真正的历史和意义；赛义德对东方主义的批评并非为相互理解做贡献而是为了恶意攻击犹太复国主义、犹太学术、西方尤其是美国。他指责赛义德随意选择东方主义者而忽略土耳其、波斯和闪米特研究，将阿拉伯研究脱离了其历史和语文学语境。总之，《东方学》反复无常地选择国家、个人和作品，随意重新安排历史背景，轻视事实、证据甚至可能性，着迷于搜寻敌对动机和词汇上的"矮胖子"。毫无疑问，某些东方主义者服务于帝国主义并从中牟利，但作为解释东方主义事业这个整体，赛义德的分析"荒诞得不足"。② 赛义德试图超越具体历史，将自己置身于普遍化的情势中，以文本代替历史，并将某些文本特权化，而无视其他文本。③ 因而陷入了历史学家时常提醒的陷阱：将现在的价值观加入过去，将判断传向前代，未能区分意图与效果等。赛义德的历史主义"本身实际上就是非历史主义"。④ 赛义德在对东方主义的界定中表现出"普遍化的历史主义"，为了表现东方主义话语的内在一致性而不惜对历史事实进行主观裁剪，忽略了东方主义的正

---

① ［美］J. L. 埃斯波西托：《伊斯兰威胁：神话还是现实?》，东方晓等译，社会科学文献出版社 1999 年版，第 257 页。

② Bernard Lewis, "The Question of Orientalism", in A. L. Macfie, ed. *Orientalism: A Reader*, Edinburgh: Edinburgh University Press, 2000, pp. 249 - 270.

③ 张跣：《不得其所：赛义德后殖民主义文化理论研究》，博士学位论文，北京师范大学，2003 年，摘要。

④ John M. MacKenzie, *Orientalism: History, Theory and Arts*, Manchester: Manchester University Press, 1995, p. 11.

面的成就。

每个文化传统内部都有主流和支流、自我和他者，都是多元的而非铁板一块的。西方的东方主义翻译文化也不例外，既有丑化东方的翻译，也不乏美化东方的翻译。东方主义者对东方的了解主要是通过译介，由此也看到了许多真实的伊斯兰情形。即使广受批评的后殖民翻译实例也不乏积极的历史意义。彼得神父的《古兰经》翻译动机是反对伊斯兰教，但是据有的考证者说，按照当时的社会条件来说，此译本的文字还算比较忠实。① 萨勒的译本和初步的论述都非常精确，并且经得起时间的考验，虽然带有浓厚的基督教观点，但仍有一定的学术价值。历史地看，早期翻译《古兰经》的非穆斯林先行者，姑且不论其动机如何、意图怎样，客观上他们对宣传伊斯兰文化有社会影响，对穆斯林学者的译本起了刺激、推动和催生促长的作用。

即使是广受批评的东方学家如威廉·琼斯都对如何建立东西方之间的联系而不是制造双方之间的差异更感兴趣。琼斯所受偏见的影响并不像后殖民（翻译）理论所提的那样深。他提出一种理论，认为"任何民族在任何时代，对于人类的知识有特大贡献的，它的语言都应当学习。"之所以有这种主张，是琼斯与中国文化接触后的结果。琼斯对孔子十分崇拜，称孔子是"中国的柏拉图""中国的苏格拉底"。他在 1770 年 7 月给波兰学者瑞微兹基的信中说："当我读着柏应理他们译的孔子之书，对于其中高古的情感，以及那位哲学家议论里点缀着的片段诗歌，深为感动。这些诗歌片段系选自中国诗歌最古的集子，特别是叫作《诗经》的那部书。那部书，巴黎的图书馆里有一个很好的本子。我就立即打定主意去翻阅原书。我找到了那部书，经过一段

---

① 参照努尔曼·马贤《〈古兰经〉翻译概述》，《中国穆斯林》1987 年第 1 期。

长时期的研究，居然能把其中一首诗与柏应理的译文彼此对照；我就把这首诗的每一个字，或者说得更妥当些，把每一个图画分析了一下，现在我把直译稿寄给你。这首诗非常庄严，又非常简洁，每行只有四个字，因此省略是常有的事，但是风格上的晦涩，却增加它的壮丽。此外，我还附上一个诗的翻译，使每行译文与孔子原来的意思能够对得起来。我是否成功，请你裁夺。但是只要你看了高兴我也就满足了。你知道，这位哲学家可以说是'中国的柏拉图'，大约是在耶稣纪元之前六百年，他引的这首诗，就在当时来说也是一首很古的诗。所以这首诗，可以说是远古文明最有价值的瑰宝。这也可以证明，诗在任何民族、任何时代，都被重视，而且在任何地域，都采用同样的意象。"从中可以看出，琼斯对中国语言文字的热忱。当瑞微兹基看到琼斯的译稿时，感到十分惊讶，因为他没想到琼斯已经学会了汉语。他对译稿击节叹赏，说它高雅，是一篇不寻常的作品。[1] 虽然琼斯对印度等东方文化有些不敬之处，但总的来说，他那大量、严谨而卓有成效的翻译实践极大地促进了东西文化交流。

黑格尔对东方国家多有批评和歧视，在他庞大的哲学体系之中，伊斯兰世界、中国等被置于历史之外。但黑格尔赞美中国的文学："我们所有的中国的诗，其中曾描写了最温柔的恋爱关系，其中曾存在了谦逊、羞耻、退让、深切的感觉图样，并且人就能把它同欧洲文学里所表现的最好的东西相比较。"对于中国艺术，他更是赞美有加："它在这里所表现的艺术，例如以极精的技术雕空薄薄铜板所仿造的昆虫是卓越的。从它那很大的冶金铸造的才能里，曾选出了一座十五级高

---

① 李平《西方人眼中的东方文学艺术》，上海教育出版社 2004 年版，第 134—135 页。

的塔，这座塔系从一种铸晶里修出了通过九层的许多装饰品。它的瓷器工作之精美，是人人皆知的；它的爆竹照英国人的报告来看，应该是技术的，是有光辉的。舞蹈成了一种主要的研究，并且是很有成就的。它的园林艺术是著名的，这应该是最美的花园，特别是围墙的那边，湖、河、别墅、浴场等，都是富于趣味的关系：人已以艺术自然化了。"① 黑格尔对待东方的态度不宜一概否定。

现代以来，随着科学文化的发展和东西文化交流的加强，一些东方学家对伊斯兰教和《古兰经》研究加深，逐渐采取了较为公正的态度，随之出现了不少较为客观并具有学术价值的《古兰经》译本。1920 年出版了一个被广泛接受的版本，即由穆尔维·穆罕默德·阿里（Maulvi Mohammed Ali）翻译出版的《神圣的古兰经》。1930 年出版了一个名为《荣耀古兰经》的英文译本，由一名皈依伊斯兰的英国人毕克夫翻译的。1934 年，又有另外一部由作家阿卜杜拉·优素福·阿里（Abdullah Yusuf Ali）翻译的版本，并且命名为《神圣的古兰经》。这些在伊斯兰世界里成为深受欢迎的英文版本，经历了时间的考验。1937—1938 年出版于爱丁堡的贝尔的译本，被重视伊斯兰研究的东方学者誉为最佳的英译本。较为著名的英文译本还有：英国东方学者阿泰尔·杰·阿勃利 1955 年根据大英博物馆收藏的一部古本《古兰经》译本；1956 年出版了由大卫用现代英文译出的《古兰经》，等等。西方为了对外侵略，的确投资部分学者进行"东方学"研究，但整体上看，东方学学者搞研究的动机多数只是对东方文化的真诚热爱，只有少数利益集团及其代理人才刻意帮助殖民政府奴役当地人民。尤其值

---

① 转引自李平《西方人眼中的东方文学艺术》，上海教育出版社 2004 年版，第 246—247 页。

得注意的是，许多东方学家在研究伊斯兰教和穆斯林之后还皈信了伊斯兰教，成为西方内部最有学识和教养的知识穆斯林。这批具有双重认同的学者在西方——伊斯兰文化交流中起到了巨大的积极作用。

伊斯兰与西方之间的敌对观念并不是固定不变的，可以得到逐步改变。当代伊斯兰世界出现一大批深谙各种语文的穆斯林学者，他们用英文、法文、德文、俄文、西班牙文等文字写作，学习西方的宗教、哲学、文学和历史，以自己的虔诚信仰主动向西方介绍和解释真实的伊斯兰。在西方资本主义发展中，民主观念的加强，知识的普及，信息的公开，普通人的良知、开明、理性和公正，孕育了一批批新学者群。他们踏实的学术研究、对历史和人类文明认真负责的精神，在修补西方与伊斯兰的历史鸿沟，促使两边文明的接近与友好方面，做出了巨大的历史贡献。如今在任何一个西方国家，要求入教归信伊斯兰的人与日俱增。世界很多国家都建立了基督教与伊斯兰的信仰交流协会，促进彼此了解和互相尊重，提倡和平共处，团结与和谐的精神，建立民间的友好关系。世界人民普遍的愿望是和平，各种信仰的人或不同文化的民族，都可以和平地生活在一起，人民要求和平的正义力量将战胜邪恶、压迫和欺凌。①

再转向历史。其实，伊斯兰文明吸收同化了希腊—罗马文化的精华。阿拉伯人绝不只是简单地转译希腊文的著作。欧洲在中世纪的文化和科学，正是通过翻译才在伊斯兰文明中获得继承与发展。希腊—罗马文化的几乎所有重要文本都被阿拉伯人翻译。从西方的伊斯兰翻译史来看同样如此，12 世纪，西方掀起一个翻译阿拉伯文著作的高

---

① Mohd Yusuf Hussain，"Correcting the Distorted Image about Islam"，Speech at the International Islamic Conference in Auckland New Zealand，June 22，2003.

潮。据不完全统计，从公元 11 世纪下半叶到 13 世纪末，欧洲翻译家把肯迪、法拉比、伊本·西那、安萨里、伊本·鲁西德、花拉子密、拉齐、白塔尼、贾比尔·本·哈扬、扎赫拉维、比特鲁吉等 50 多位阿拉伯学者的 253 部阿拉伯著作译成拉丁文、希伯来文、西班牙文和葡萄牙文等西方文字。① 穆斯林的科学著作受到广泛翻译，意大利人杰拉德翻译了约 87 部穆斯林的科学著作，包括《托莱多星表》与《托勒密天文学大成校正》等天文学著作，巴努·穆萨、花拉子密、阿布·卡米勒等数学家的著作，以及医学家扎哈拉维的外科论著等。扎哈拉维的《医学手册》的外科部分由杰拉德翻译成拉丁语，分别于 1497 年在意大利，1541 年在瑞士，以及 1778 年在英国出版，成为欧洲外科医学的基础。西方翻译的各类穆斯林医学著作可谓数不胜数，成为欧洲医学知识的源泉。此外，《秘典》等化学著作、《光学之书》等物理学著作也被译成西方文字。肯迪和法拉比、阿森维那的著作《治疗论》关于世界形成、人神关系、理性与灵魂的思想对中世纪基督教神学形成巨大冲击，对后来反对禁欲主义、提倡理性也产生了深刻影响。这场翻译运动对于中世纪末期欧洲的文化产生了深远的影响，促进了西欧的哲学、文学和科学技术的发展。欧洲学者对希腊、阿拉伯学术著作的翻译和研究，为欧洲文艺复兴的兴起和近代自然科学的建立奠定了基础。

正是基于历史事实，西方对伊斯兰文化作积极客观评价的历史学家和东方学家不乏其人。美国学者基佐在《欧洲文化通史》中所说：

---

① 参见李荣建《中古时期阿拉伯文化与西方文化的交流》，《河南师范大学学报》2007 年第 4 期。

"伊斯兰世界涌来的知识潮流，带来了向心灵解放的大跃进，促进了发展自由思想的伟大进步。"① 美国东方学家和历史学家希提指出："在 8 世纪中叶到 13 世纪初这一时期，说阿拉伯话的人民，是全世界文化和文明火炬的主要举起者。古代科学和哲学的重新发现、修订增补、承先启后，这些工作都要归功于他们，有了他们的努力，西欧的文艺复兴才有可能。"希提还指出："中世纪时代，任何民族对于人类进步的贡献，都比不上阿拉比亚和说阿拉伯话的各族人民。"② 除上述言论之外，法国学者勒本在其所著《阿拉伯文化》一书中写道："直到十五世纪，欧洲学者没有一个不受阿拉伯学术影响的。"③ 德国东方学家赫伯特·戈特沙尔克认为，伊斯兰时代"不是中东的中世纪，而是那种从古代东方拯救出来的已延续了千年之久的、具有平民色彩的文化最发达最辉煌的时代。……伊斯兰时代是一个伟大时代的继续"。④ 上述正面的史实和西方学者对伊斯兰文化的肯定为反思后殖民翻译历史转向提供了支撑。

三 历史转向反思

从新历史主义对翻译研究领域的开拓来看，新历史主义的历史观念具有明显的双重性，既可能产生怀疑一切和随意解构和颠覆历史的倾向，同时往往消解了那些应当消解、改写了那些应当改写和重塑了那些应当重塑的历史事件和历史人物。⑤ 尽管新历史主义带有非历史

---

① 转引自［美］锡德尼·芬克斯坦《艺术中的现实主义》，赵澧译，上海文艺出版社 1985 年版，第 5 页。

② ［美］希提：《阿拉伯通史》上册，马坚译，商务印书馆 1990 年版，第 2 页。

③ 转引自纳忠《伊斯兰教对世界文化的贡献》，《中国穆斯林》1981 年第 2 期。

④ ［德］赫伯特·戈特沙尔克：《震撼世界的伊斯兰教》，阎瑞松译，陕西人民出版社 1986 年版，第 137 页。

⑤ 陆贵山：《新历史主义文艺思潮解析》，《中国人民大学》2005 年第 5 期。

化的倾向，但对扩展人们的历史理论思维，打开人们的历史视野是有益的，为全面、完整地理解历史真实、历史结构、历史过程和历史发展规律提供了重要的参照系统。如强调正史时，适当地重视野史；表现大历史和对大历史进行宏大叙事时，不应忽视小历史和对小历史的微小叙事；坚持历史的决定因素时，要考虑到历史的中介因素；凸显历史的必然性时，应关注历史的偶然性；描写历史的中心领域、主导性、同质性和历史过程中的正面因素时，要努力发掘和表现历史的边缘地带、异质性和历史过程中的负面因素，把这些显示历史结构和历史过程的各种因素视为合理的可资借鉴的思想资料，运用辩证思维的方式加以整合创新，有利于建构一种开放而又科学的历史观念。① 历史转向为翻译研究提供了宏观视角，突破了结构主义翻译研究的非历史倾向，将历史之维引入翻译研究，为翻译研究的"文化转向"提供了历史的背景。它发现了翻译与历史的共性，使翻译研究与历史研究可以互为镜像，推动了解构主义翻译观尤其是后殖民主义翻译观、女性主义翻译观、阐释学翻译观等翻译理论的发展，扩大了它们的影响力。新历史主义从广度和深度上拓宽了翻译研究的领域，有人甚至提出"文化史就是翻译史"的观点。

但新历史主义还存在不少问题。比如，勒翰认为，新历史主义已经脱离了其所标榜的中立的学术态度，而具有太过强烈的政治意识形态性。为了适应其意识形态，适应其权力隐喻，总是力求从中发掘出本来不明显、不突出的东西，加以夸张、放大，使其具有浓厚的政治意识、权力意识和意识形态性。在新历史主义中，充斥着斗争阶级、

---

① 王丽：《试谈海登·怀特的"历史书写理论"对当代文学研究的现实意义》，《宁波大学学报》2007 年第 1 期。

斗争、霸权、颠覆等术语。为了其意识形态的目的，而不惜将它叙事的对象在修辞层次上加以重组，使得一些"叙事"资料本身所不具有的火药味在新历史主义的笔下，成为一种历史的政治隐喻，来证明自己的斗争观念和国家民族观念。这一批评抓住了事情的关键。在伯特看来，新历史主义的一个盲点，是"新政治化"（New Politicization）问题。新政治化就是将历史抽象出来，使它变成合法性和反合法性、政治和反政治之间的一种斗争历史，借此模式来说明权力本身制造出它的内涵及其颠覆性，并把这种权力斗争和政治模式置于所有历史文化的研究中。于是，强调边缘、次等文化的政治性表述，过分重视轶文趣事，以此作为颠覆大历史叙事模式的政治解读方式。① 这样一来，整个翻译史"就是一种文化对另一种文化进行塑造的权力史"。② 翻译研究的历史转向，过分注重权力、政治、意识形态等外部因素对翻译的影响，权力对翻译的影响被无限扩大化而走向了另外一个极端。

历史不应过于文本化。新历史主义认为，历史文本只是对历史的解释与描述，而不是客观知识。新历史主义的理论兴趣已完全转向叙事本身而非历史真实。事实只是一些被动的、毫无意义的、孤立的事件，只有被编入某种情节才能获得"真实性"。历史学家的工作就是先精简事件，然后视一些为因、另一些为果，再按情节结构编织，从而凸显某种历史意义。他们工作的意义不在于发现真实，而在于对已编码的事件解码后再次编码，从而发现多种可能性。但是，新历史主义者自豪的互文性表达"文本的历史性和历史的文本性"只是一种理想状态。我们不该忘记，历史文本并不是一个关于虚无的文本，并不

---

① 参见王岳川《新历史主义的理论盲区》，《广东社会科学》1999 年第 4 期。

② Susan Bassnett and André Lefevere（eds），*Translation，History and Culture*，London and New York：Pinter Publishers，1990，p. ix.

是一个可以任意阐释的文本，而是一个对于曾经实实在在发生过的事件的记录、叙述和阐释。[①] 因此，新历史主义翻译观并非一种辩证的历史观，过分注重翻译史的文本化和外部因素对翻译的影响，否认翻译的客观性。

同时历史具有多维性，不能只抓住一维而忽略其他维度。在西方，一直到中世纪的托莱多以及文艺复兴时期的德、英、法等国，翻译都是弱势文化召唤强势文化。西方的伊斯兰翻译，在很长的历史时期是正常的文化交流，对双方都有着积极意义。后殖民学者对西方殖民的揭露和批评具有极大的学术和社会价值，但他们为建构自己的学说而有意无意地剪裁重组史实的做法是不足取的。这样的历史转向具有巨大的误导作用，反而不利于文化间的交流和古今对话。历史转向通过对历史剪裁和拼贴，以自己的观点对史实任意取舍，夸大西方对伊斯兰翻译史中的权力维度，忽略非权力维度的分析和西阿的正常交流及相互的正面影响，以至将西阿关系史化约为纯粹的殖民关系和冲突关系。西方殖民者为了利益，利用权力重组史实；后殖民翻译理论家同样如此，为了重建翻译抵抗的历史，尼南贾娜主张"重译"以改写殖民主义的东方形象。于是，后殖民翻译理论家将东方主义翻译进行了历史简约化，并针对殖民史拼贴了一部反殖民史。在后殖民历史转向看来，西方的东方学家通过翻译扭曲丑化了伊斯兰，主张反对这种大历史观，并采用抵抗的小历史观。笔者认为，其实这两部历史都是残缺的，都只是历史的一部分，是对历史的有意剪裁和拼凑。对历史进行选择性记忆，最终只会导致历史的失真。而同时大量的翻译史实证

① 李蕊、卜玉伟：《新历史主义文学批评概说》，《阿坝师范高等专科学校学报》2006 年第 1 期。

明，西方的翻译具有客观公正的一面，这也是一种史实。如果用一部分史实就结论说，翻译从来就是殖民扩张的工具，是帝国事业的一部分，那么，可否用另一部分史实结论说，翻译从来就是人类相互学习借鉴、取长补短的重要方式呢？丑化东方的翻译虽然在西方是客观存在的，但不应将其扩大为整个西方翻译史。要历史地看问题，就不能对早期西方伊斯兰翻译等求全责备。我们不能将殖民史扩大为东西方交流史，不能把殖民史与反殖民史当成东西方关系史的全部，还有很多正面交流的史实，而翻译在其间同样起到了"共谋"作用，从中也可以看出一个多维的、比较真实的文化交流的过程。把翻译史看作殖民翻译史与反殖民翻译史是对历史的简化，意味着后殖民语境的扩大。

第四节　战略本质主义与后殖民译者身份定位
——文化认同危机的出路

翻译是文化的相遇，在相遇的过程中冲突、对话、融合。而融合型的文化就是"和而不同"的异质文化。正是基于此，后殖民翻译为文化多元化的发展奠定了基础。几千年来，不是一种文化，而是多种文化传统始终深深地影响着人类社会。世界文化并未因经济科技的一体化而同质化，反而更加具有多样性，并在新的基础上产生新的差异。在消除中心、贯彻多元化和平等精神的过程，战略本质主义（Strategic Essentialism）翻译观具有极大的可行性。

在后殖民翻译研究中，主要理论家的观点各有侧重，其中不乏相互冲突的地方。当前，人们在对后殖民翻译研究的理解中，多倾向于把译者定位在对抗的立场上，不是征服的殖民者姿态，就是抵抗霸权的弱势群体的姿态，似乎非此即彼。笔者认为，这种二元对立的定位使得译者的身份僵化，进而致使后殖民翻译研究走向极端，这在多民族多文化的国家内部尤其明显。而佳亚特里·斯皮瓦克提出的战略本质主义的概念，为我们重新回归正确的路线提供了思路。斯皮瓦克认为，本质主义是个陷阱，需要加以反对，但是在战略上又不能这样做，而需要战略性地运用本质主义。① 斯皮瓦克虽然反对本质主义，但又不得不承认，会时不时地成为本质主义者。她认为，如果没有一种最低程度的本质，就不会有相互之间的交流。② 可以这样说，战略本质主义能够充当一种强大的政治工具，允许某个团体为了某种政治目的团结一致，而暂时接受本质主义的立场。

为了使自己跳出"没有政治的后结构主义"和"没有后结构主义的政治"的两难境地，埃德温·根茨勒把目光投向了斯皮瓦克，指出斯皮瓦克"战略性本质主义"对翻译理论家具有很强的借鉴意义，认为其"战略本质主义"翻译观更接近解构主义，反映了后殖民主义和第三世界女性主义的诉求。斯皮瓦克的翻译理论政治性很强，但她不像劳伦斯·韦努蒂那么偏激。她那建立在后殖民女性主义上的解构主义翻译观追求的更多的是对身处殖民状态的贱民话语的等效理解，而不是对原文的本真体现，因为在她看来，那是不可能翻译出来的。③ 徐贲因此而指出，斯皮瓦克的战略本质主义使得我们意识到，无论是

---

① G. C. Spivak, *The Post-colonial Critic Interviews Strategies Dialogue*, New York & London: Routledge, 1990, p. 11.

② G. C. Spivak, *Outside in the Teaching Machine*, New York & London: Routledge, 1993. p. 18.

③ Edwin Gentzler, "Translation, Poststructualism, and Power", in Mariam Tymoczko, Edwin Gentzler (eds.), *Translation and Power*, Beijing: Foreign Language Teaching and Research Press, 2007, pp. 195–218. xv–xvi.

第三世界还是后殖民都是对我们的生存状况的一种策略性描述,并不排斥第三世界内部的差异性和压迫关系。① 战略本质主义使得各种后殖民主体得以求同存异,实现非殖民化得共同目标。在斯皮瓦克看来,后殖民批评既要警惕本质主义,又要重视其对具体社会政治矛盾和结构性压迫所起的描述作用。正如郝琳认为的:今天,无论对于翻译,还是其他智性工作而言,采取一种反对各种文化霸权的政治正确性的立场其实都并不困难,甚至反倒是一种时尚,但如果没有"策略上的本质主义"两面出击的政治智慧,翻译等智性工作就都只能滑向一种新的霸权话语,导致集体行动高度统一的同质化;抑或走向另一个相反的极端,沦为一种"无根而快意的漂流"与"游移",干脆无法形成任何共同的政治行动。而策略性地运用本质主义的后殖民翻译,则有望指向一种求同存异(Unity In Diversity)、复数的作为警告的胜利的政治运动。② 而这种所谓的求同存异,与中华文化的多元一体格局(Unity In Diversity)并无二致。

任何一种文化都不是纯而又纯的铁板一块,即使再原生态的文化也是如此。因此,对自我文化身份的追寻就要避免这种本真主义的诉求。战略本质主义的理念使得人们建立复数的、多元的身份认同成为必然,这在多民族、多文化的国家内部尤其如此。一方面,中心文化不能为建构统一的国家身份而消除泯灭边缘文化的身份认同,另一方面,边缘的少数民族文化也不宜为彰显建构自身认同而一味追寻本真虚幻的自我。而"策略"意味着注重根据具体的语境灵活变通自己的身份,而不是一成不变、墨守成规地执着于僵硬的单一的文化身份。

---

① 徐贲:《走向后现代与后殖民》,中国社会科学出版社 1996 年版,第 185 页。
② 郝琳:《翻译"他者中的他者":一种策略上的本质主义——透视斯皮瓦克的后殖民翻译诗学》,《中国比较文学》2009 年第 1 期。

也就是说，既建构大文化圈的身份认同，又建构其内部具体文化的身份认同，形成多元一体的和合局面。费孝通指出，高层次的认同并不一定取代或排斥低层次的认同，不同层次可以并存不悖，甚至在不同层次的认同基础上可以各自发展原有的特点，形成多语言、多文化的整体。所以，高层次的民族可说实质上是个既一体又多元的复合体，其间存在着相对立的内部矛盾，是差异的一致，通过消长变化以适应于多变不息的内外条件，而获得这共同体的生存和发展。① 费孝通的这个论断不仅是对中华文化历史事实的总结，更是对中华文化现状的描述。

中华文化内部的翻译实践丰富多彩，从各个民族之间的翻译到宗教翻译，都时时体现着译者的多重认同。中国回族文化是汉文化和阿拉伯—伊斯兰文化经过了长期历史积淀而成的混合结构和复合型文化，在中国文化中居于独特的地位，对于战略本质主义和多元一体文化格局的关联具有突出的指示作用。回族文化内部存在各种差异，比如云南的回民与西北的回民，其风俗习惯就存在不同，各地回民在认同各自的局部亚文化的同时，又认同着伊斯兰文化和汉文化，认同着独特的整体的回族文化。中国穆斯林在翻译伊斯兰经典过程中，积极宣传伊斯兰教同中国儒家文化和谐而不相悖，已经形成了稳定的双重认同。中国穆斯林译者，正是凭着他们对伊斯兰信仰和文化融会贯通的理解与对中国传统文化方面的深厚功底，才恰当地吸收、运用中国文化的概念、术语和思维方式，深入浅出、通俗易懂地阐述伊斯兰文化的内涵和深奥哲理，并在广大群众中产生强烈共鸣。中华知识分子在一种多元语境中确立自己的文化认同，甚或一种双重的或多元的文化认同，

---

① 费孝通：《简述我的民族研究经历和思考》，《北京大学学报》1997 年第 2 期。

并非仅限于穆斯林，伊斯兰典籍汉译现象的解析同样适用于中华文化的其他翻译实践。中华文化多元一体的格局是多重认同、复合身份形成的肥沃土壤和坚实基础。①

中国传统翻译文化观念的一大特点就是和合调谐、圆满调和。这种圆满调和的理念从玄奘就已经形成，无论是信达雅、化境、神似、三美等都没有离开圆满调和的理念。中国穆斯林的儒化与"化儒"策略也是这种理念的体现。通过翻译体现出来的中国主体文化的他者观及其文化关系不是单纯的归化或殖民化所能涵盖的，更确切地说是文化融合，是和而不同之上的多元一体格局。"文明冲突论"也谈到中西方文明可能的冲突，但在中国语境下，各种文化是可以和平相处相互融合的。比如，佛教在中国的传播，与中华文化磨合的时间固然很长，但最终融合得非常好，并没出现谁吃掉谁的结果，而是双重的认同，双重的吸纳，进而形成新的亚文化样态。任东升指出，在中国历史上，历代统治阶级对宗教大都采取宽容态度，既不过多关注民众对信仰的选择，也不刻意发展或者制约某一宗教。这种政治与宗教的关系，使得各大宗教之间得以平等往来，互补长短。官员、文人、百姓同时尊奉儒释道的情况不足为怪。因此，中国历史上几乎没有发生过宗教迫害，更没有发生过宗教战争。……中国的社会文化语境对于外来宗教所表现出的宽容性，成为中国宗教多样化的文化土壤。……中国的翻译传统从一开始就形成了一个公平而开放的格局，对佛经翻译和圣经汉译等外来"助力"几乎没有强大的排斥，它也是兼容的，因而在唐代出现了景教传教士景净和佛教徒般若三藏合作翻译佛经之

---

① 关于更多文化认同与翻译的关联，可参阅本书第三章第二节"文化认同与归化策略——从中国伊斯兰汉译说起"。

举。①中国文化主张不同文明应该互相吸收对方的长处，大家和平相处，形成一种文化融合，对西方文化具有普适性。

后殖民理论家赛义德认为不可能存在纯粹的、价值中立的学术活动，同时他时刻以客观公正的立场进行自己的政治与学术活动。他时而以西方高雅文化的理论家坐而论道，时而以巴勒斯坦阿拉伯人的代言人起而行事，相互之间存在诸多矛盾的言行。这种多重而又分裂的人格②，如果从战略本质主义的角度来解读，似乎可以说得通。从话语的层面上，无论是后殖民理论家还是后殖民翻译理论家都有着相同的文化立场，即以对抗的方式挑战西方文化霸权，消解东西方文化间的二元对立，最终实现弱势文化的非殖民化。因此，应该采用后殖民式的文化立场，不偏袒任何文化，而是从战略本质主义的角度出发，站在弱势文化的立场上——无论这种弱势文化是相对于西方文化的中华文化，还是相对于汉文化的少数民族与周边小国文化，坚决反对任何形式的文化霸权。没有哪一种文化在一切方面、在一切交流中都永远是强势文化。所谓强弱始终是相对的。因此笔者只强调流动的弱势文化概念，不强调具体的某个文化实体，最终目的是反对和抵抗霸权本身而非固定的某个文化，倡导多元文化主义，通过对话建构和谐的文化关系，而非单纯地激起汉文化与少数民族文化、西方文化与中国文化之间的对抗与仇恨。

---

① 任东升：《圣经汉译文化研究》，湖北教育出版社 2007 年版，第 395 页。
② 参见拙文《论赛义德的分裂人格》，《求索》2005 年第 8 期。

第二章　权力转向中的翻译研究

第一节　权力转向

从第一章可以看出，除了语言表征危机论外，文化表征危机论、认同危机论和历史转向论都有权力因素的参与。本章承接表征危机论，从罗世平先生的《后殖民语言势差结构理论》① 一文（以下简称"罗文"）出发，着重论述和反思翻译研究中的权力转向。

一　论后殖民语言现象中的权力因素
——兼与罗世平先生商榷

20 世纪中叶，许多殖民地国家在经过长期艰苦的反殖民统治斗争之后，纷纷获得了独立。按理获得独立后的它们本该消解殖民统治期

---

① 关于语言势差、语言势位、语言势能、语言势流的含义及主要观点可参考罗世平：《后殖民语言势差结构理论》或本章第二节相关内容。

间使用的西方殖民语言，代之以本民族的语言，但实际情况却是，这些独立后的东方国家仍然使用西方殖民语言，继续保留它们的强势地位。西方殖民语言非但没被消除，反而更广泛、更深入、更持久地影响着殖民地人民的语言文化。后殖民国家中的这种语言文化现象，被称为"后殖民语言现象"。这一语言文化现象，不仅引起过后殖民国家的政府、学者及作家们的思考，而且引起了西方国家的后殖民主义学者研究的兴趣。他们都从各自的角度和立场做出了自己的解释。中国学者罗世平先生，则从后殖民语言势差结构理论出发来加以阐释，应该说他对于后殖民语言结构的分析比较精彩，也不乏新意，很有启发性，但对于他完全否定权力在后殖民语言现象中的作用的观点，笔者却不敢苟同。基于罗先生在权力问题上的诸多不足，笔者觉得，有必要对权力在后殖民语言现象中的作用及其作用的方式做一深入的探讨。

首先，语言文化认同的产生与语言文化的发展高低有一定联系，但同时与权力存在密切关联。罗先生认为，"认同"来自民众社会，运作于民众社会、服务于民众社会，是民众自发、自愿、自觉"认同"，它不需要采用劝诱或强制手段对别人施加故意的、可预见性的影响。从运动方向和范围来看，"认同"是从民众社会到民众社会，它没有超出民众社会的范围，不像"统治"那样，从政治社会到民众社会，并对其进行直接控制。故而，认同不是权力的存在方式。然而，笔者认为，认同背后仍然有着权力的运作。当前，对于第三世界来说既是一个非殖民化的时代，又是一个新殖民化时代。西方为了经济、政治目的，常要进行意识形态灌输，其政治、经济霸权常与文化霸权相辅相成。文化帝国主义的冲击会使弱势文化迷失自我，成为西方文化拙劣的副本和附庸。西方主导第三世界的媒介，对第三世界的文化、规范及价值观带来了钳制性的影响，在诸多方面取代了第三世界本土文化。在后殖民时代，西方帝国主义利用自身政治、经济、科技的优势，推行文化殖民和文化霸权。据统计，互联网访问量最大的100个网站中，有94个设在美国境内。英文网页占互联网全部网页的80%。西方资产阶级运用统治机器尤其是各种媒体千方百计地宣传资本主义价值观，制造其永恒不灭的神话。他们主动输出人权、民主、自由观念，积极推行自己的文化、生活方式、价值观。人们在无意中接受，视为当然，并在市民中广为传播，形成资本主义文化认同。这种认同，果真与有意影响无关吗？在殖民统治时期，殖民语言凭借统治与认同的双重保护在殖民地独占鳌头。但殖民统治的结束并不意味着殖民认同也随之消失。无论是从殖民帝国统治内部无形施压，还是从后殖民统治外部无形施压，资本主义价值观、主导话语都会对本国的市民阶层以及后殖民地人民产生认同。所以，虽然殖民国家从殖民地撤出，但其权力只是部分地撤出，其语言文化认同和话语主导权依然存在，并随着西方国家在外部继续施加影响而得到加强。因此，罗先生所谓的殖民地人民认同西方语言，完全是"语言势能"在起作用，是来自语言自身力量作用的结果，这一说法很难站得住脚。

其次，在罗先生的一些阐述中就逻辑地包含了承认权力在后殖民语言现象中的作用。比如，他说：东西方语言的势差、势能早在西方对东方进行殖民扩张、军事入侵、政治控制、经济垄断之前就已经存在了，只因西方强势语言与东方弱势语言相去甚远而没有释放出来罢了。"西方殖民者通过军事侵略和政治统治而将西方的高势语言带到了东方殖民地，与当地的低势语言发生了近距离或零距离的接触或冲突，释放出强大的能量，作用于东方低势语言，从而实现了对东方国家的语言殖民。"①这不是很明确地说东西方语言之所以能够接触或冲突，是因为有殖民者的军事侵略和政治统治作为前提吗？语言势位当然属于文明势位，同时与不同语言背后的政治、经济、军事等权力差异即权力势位密切相连。罗文以亨廷顿的文明冲突论和达尔文的进化论为依据证明语言文化势位不等于权力势位，殊不知"殖民主义者自己相信也希望被殖民者相信泛进化论观点，被殖民者在这样的理论洗礼中，或心悦诚服或满腹狐疑或不由自主地进入了西方列强预设的政治秩序"。②更重要的是，连塞缪尔·亨廷顿自己也主张权力势能与文化势能的一致性："文化在世界上的分布反映了权力的分布。贸易可能会也可能不会跟着国旗走，但文化几乎总是追随着权力。历史上，一个文明权力的扩张通常总是伴随着其文化的繁荣，而且这一文明几乎总是运用它的这种权力向其他社会推行其价值观、实践和体制"。③罗文的严重失误在于忽略当前西方仍然居于经济、政治、科技、军事等方面的绝对优势，而将西方强势语言隔离于西方强势的军事、政治、经济之外。邵建认为，后殖民理论的最大失误，还是在于其文化主义的思想方法即把产生社会问题的决定因素归结为文化问题，因而它关注的是文化，是话语的解构与重建，把殖民问题当作文本来处理，满足于学院式的研究，即使对抗也只是"理论的对抗"。④语言文化岂能与这些真切而又隐蔽的权力形式相脱离？既然罗文论及后殖民语言势差结构，首先要考虑的就是全球范围的后殖民语境，而不应将权力讨论压缩在东方后殖民政权之内，或者简单地称西方殖民权力已经撤出东方

① 罗世平：《后殖民语言势差结构理论》，《四川外语学院学报》2006年第4期。
② 吴戈：《中、美戏剧交流的文化学意义》，《民族艺术研究》2005年第4期。
③ ［美］塞缪尔·亨廷顿：《文明的冲突与世界秩序的重建》，周琪等译，新华出版社2002年版，第88页。
④ 邵建：《东方之误》，《文艺争鸣》1994年第4期。

国家了。

以英语为例。英语的霸权地位是殖民历史造成的。英语在 19 世纪之前，被看作不如拉丁语和法语等纯正，需要吸收拉丁语法。随着英国逐渐发展为世界上最强大的殖民帝国，英语也被推到了最优等语言的地位。英语当前的霸权地位很大程度上更是因为有一个当今世界唯一的超级大国——一个说英语的美国，而不完全因为英语是先进的语言。而且英语也分为三六九等。比如，英国伦敦口音被看作最标准的，其他地区的英语被视为低等英语。其根本原因是人们给语言附加上了其他价值，如财富、经济地位、身份、教育程度，甚至智力高下等。这种现象是语言帝国主义的表现之一。① 牛津大学教授琼·艾奇逊指出，一种语言的成功或失败与语言的内在特性并无大的关联，而与使用这种语言的人的力量有很大关系。②英语强势并非语言本身促成的，并非只是因为这种语言本身的高势能。

权力不但在后殖民语言现象中发挥作用，而且其发挥作用的方式，也随着殖民统治方式的改变而改变。在殖民统治时期，权力以传统的统治权的形式在发挥作用。这时，西方殖民者利用自己掌握的政治统治权，通过自己控制的各级行政机构，各实体单位，如企业、学校、报社等，自上而下地强制推行西方语言在殖民地的使用。久而久之，就使西方殖民语言成为殖民地人民处理日常事务须臾不可少的语言交际工具。第二次世界大战摧毁了帝国主义的殖民体系，西方国家转而采用间接的隐蔽的形式维护其殖民利益：在政治上，培养或扶植代理人；经济上以提供援助的形式，控制前殖民地的经济命脉；军事上以

---

① 参见吴文安《后殖民写作与后殖民翻译研究》，《文艺理论研究》2007 年第 4 期。

② Jean Aitchison, "A World Empire by Other Means: The Triumph of English", in *Christmas Special of the Economist*, December 22 2001, p. 65.

提供军事援助的形式,实行变相的军事控制或占领。这些被统称为新殖民主义。除此之外,殖民者还通过摧毁和改造第三世界国家的文化体系,来实现殖民。森格哈斯指出,当缺乏其他权力资源,而语言、宗教和历史等被用于鼓动和作为工具时,文化冲突就产生了。在这种情况下,回归文化本源不是出于寻根,而是出于争取权力的考虑;对本源进行阐述不是为了注释经文本身,而是在于为权力作注解。鉴于由某些国家代表的西方曾是现代殖民主义、帝国主义以及新殖民主义的策源地,所以,只要出现了后殖民时期的反殖民方案并且没有取得成果,在世界各地的文化斗争中就总能看到西方的存在。文化冲突过去是、现在仍是西方介入的一个基点。① 殖民者文化入侵的最初目的当然并不像他们宣传的那么冠冕堂皇。真正的理由是对政治、军事失败的不甘心和在文化上长期控制受殖民者的企图。②

殖民统治结束后,西方帝国又是怎样来实施权力以维护其语言在后殖民国家中的强势地位的呢?总体来看,他们是在用福柯所说的"规训性权力"方式来施行的。"'规训'既不会等同于一种体制,也不会等同于一种机构。它是一种权力类型,一种行使权力的轨道。它包括一系列手段、技术、程序、应用层次、目标。它是一种权力'物理学'或权力'解剖学',一种技术学。"③也就是说,规训性的权力是一种微观的权力技术、策略、机制,一种精心计算的、持久的、轻便精致、迅速有效的权力技巧。它主要不是通过对暴力、财力的控制,也不是通过意识形态的控制来运作,而是通过规范化的监视、检查、

---

① [德]迪德·森格哈斯:《文明内部的冲突与世界秩序》,张文武等译,新华出版社2004年版,第145页。
② 齐园:《从后殖民文学看文化的非殖民化》,《求索》2006年第3期。
③ [法]米歇尔·福柯:《规训与惩罚》,刘北成、杨远婴译,生活·读书·新知三联书店1999年版,第241—242页。

管理来运作，并以一种无形的、隐蔽的方式来支配和控制人，但它的效果又比国家机构、法律制度这些宏观的政治权力好。

以福柯的"规训性权力"观念来比照西方帝国与后殖民国家之间的关系，我们就可以发现，其间充斥和渗透着"规训性权力"。首先，通过经济关系及其影响力来间接地维护其语言的霸主地位。后殖民地国家虽然获得了政治上的独立，但经济上还是很依赖西方帝国的，因为在殖民统治期间，西方帝国出于掠夺殖民地资源与财富的需要，在发展殖民地经济时存在着畸形的结构失衡现象，他们片面发展原料型经济。这样，殖民地与宗主国之间就形成了这样一种经济关系：殖民地生产原材料，获取初级价值；宗主国利用这些原材料进行深加工，获取高附加值。这种经济结构很容易受制于人，而且并不随着帝国的撤出、殖民地的获得独立而马上得到改变。既然依赖没有结束，帝国权力就有继续发挥的空间。就语言方面来说，帝国就可以依靠这种经济依赖关系，继续维持殖民语言的权威性，因为他们在经济交往中只用西方语言，这样后殖民国家就只能跟上，况且经过长时间的殖民统治，后殖民地的人已熟知西方语言，因此，呼应、跟上也很容易，而且还很自然。在这样的情境下，后殖民国家想抛弃西方殖民语言自然是不可能的。可见，西方帝国只需通过看起来很正常的经济手段和经济活动，就可以很轻松地达到继续维护自己殖民语言的霸权地位的目的。其次，由于后殖民国家在科技、文教、卫生等方面，对西方存在着依赖。西方帝国就可以依靠这种关系，在与后殖民国家的交流、合作中，来继续维护他们的语言对后殖民国家文化的影响力和控制力。具体表现在，他们不仅在日常的人员交往与交流上用自己的语言，而且提供的资料、书籍也都是用自己的语言书写的。由于后殖民国家的人原先也用过这种语言，因此，也都看得懂。在这种情况下，自然也就直接地阅读和使用了，而用不着再费力地硬将其翻译为本国的民族语言。如果这样的文化交流与合作比较多的话，那么，通过这样的文化交流方式，西方国家就可以很轻松地让自己的语言在后殖民地国家继续使用。另外，在制度层面上，西方帝国可以通过施行比较宽松的移民、留学和签证制度，来继续保持与后殖民地国家之间的亲密接触与往来，而且只要这种往来还保持在一定的频度上，那么，西方帝国维持殖民语言的霸主地位也很容易，因为如果你想移民或留学，那么，西方殖民语言是万万不能不用的。西方帝国还可以利用自己在国际上的威望以及在相关的国际组织中占据的领导权，施加自己的无形影响力。只要他们坚持在与这些后殖民国家的接触与交往中继续使用他们的西方语言，后殖民国家也只能跟上。这样，他们很轻松地就维护了自己西方语言的支配地位。

可见，在后殖民时期，西方帝国在维护自己语言的权威地位上，所用的权力策略的确发生了变化，权力的运用变得更精巧、更隐蔽、更有效，也更自然了。尽管西方帝国的统治权撤出了，但他们还会有许多办法来保证他们的语言继续在后殖民地使用，因为它们与后殖民地国家之间还存在着复杂而严密的权力关系网。这些权力关系网又构成了一个必须继续使用西方殖民语言的严密的语境，如果你不使用就会觉得很不方便，而且这一语境还使翻译的存在，显得非常多余与可笑。这种情况表明，西方语言实际上早已在不知不觉中成了后殖民地国家的"普通话"。尼日利亚作家阿契贝所言确实是大实话："我无暇学会六七种不同的尼日利亚语言？我想我做不到。那么，是否有某一尼日利亚语能够单独撑起整个民族文学？恐怕没有。这些分散的尼日利亚语言只能作为'贡品'去供养全民族通用的中心语言。无论好歹，今天的中心语言就是英语。"① 但造成这种情况的原因，并不仅仅像罗先生说的完全是语言的高势位在起作用和用英语写作则读者比较多的缘故，而是西方帝国编织的一个无形而又严密的权力关系网在起作用。正如乐黛云指出的，旧帝国有明显的疆土界线，"新帝国"不是由疆界而是由多层次网络构成的，它没有界限，可以无限扩大；旧帝国把殖民地纳入主权范围，实行宗主国对殖民地的有形统治，有明显的侵略性和对他种文化的毁灭性，新帝国通过经济政治手段，不断更新调整，于无形中进行控制；旧帝国进行地区性管制和垄断，新帝国控制的生产力没有场域，新技术很快普及全球，组成网络，只有帝国可以掌握全局。② 在这种全球后殖民语境下，东方后殖民国家是无法完全摆脱西方强权的束缚的。语言也是如此。西方帝国远没消失，文化帝国主义似乎比以往任何时候都更强大。西方世界掌控一切的愿望远未消退，而且显得比任何时候都强烈。③

通过上面的论述可知，罗世平的语言势差论，不能完全解释后殖民语言现象，不应该与权力论对立起来。后殖民语言现象模糊了强制同化与自然同化的界限，糅合了各种因素。语言势差并非是后殖民语言现象形成的唯一因素，尤其在当前后殖民语境下，权力势差才是更重要的因素。在它的作用下，语言势差和文明势差的作用才得以发挥和实现出来，才使后殖民语言现象得以产生和持存。第三世界对欧美文化的巨大的向心力和认同力是权力势差和语言文化势差合力作用的结果。所以，罗先生否定权力在后殖民语言现象中的作用是错误的。

---

① Chinua Achebe, *Morning yet on Creation Day*：*Essays*，London：Heinemann，1975，p. 58.
② 乐黛云：《文化霸权理论与文化自觉》，《解放军艺术学院学报》2004 年第 2 期。
③ 吴戈：《中、美戏剧交流的文化学意义》，《民族艺术研究》2005 年第 4 期。

在考察现代的后殖民语言现象时，我们不应犯语言势差决定论的错误，而应对各种因素进行综合分析。

二 翻译研究的权力转向

经过语言论转向之后，翻译研究开始了文化转向。以往始终处于边缘的文化已逐渐成为关注的中心和考察的对象。研究的对象转向了为正统思想所不容或官方话语所淹没的各种社会文化现象，突出了阶级、抗争、反权威的主题。而在这些主题之中权力是最重要的因素。福柯首次将权力与话语结合起来，提出著名的权力话语理论。在福柯看来，权力是由一切支配力和控制力构成的一种网络关系。它们形成一个庞大的网络，任何人都不能独立于这个网络而存在。权力从政治学或社会学的角度来看，可能是一种机制，一种结构或一种关系，但权力与意识形态紧密相连，意识形态与话语关系密切。所谓"话语"，指的是"权力"的表现形式，所有权力都是通过"话语"来实现的。因此，福柯认为话语就是权力，它不仅是施展权力的工具，也是掌握权力的关键。权力与话语不可分割。① 他指出，人文科学本身只是一种权力与知识相结合的产物，而作为人文学科之一的翻译研究自然也摆脱不了与权力话语的关系。

福柯1971年发表的《话语的秩序》②，是一篇后现代语境下间接讨论翻译政治的经典著作。在福柯眼里，翻译的政治就是关注话语的秩序，关注那种"微妙的、独特的、隐藏于个别下的各种各样的痕迹"以及由此导入的本土知识精英权力乃至利益的分配关系和知识精

---

① 参见朱耀先《论翻译与政治》，《中国科技翻译》2007年第1期。

② ［法］米歇尔·福柯：《话语的秩序》，许宝强、袁伟编《语言与翻译的政治》，中央编译出版社2001年版，第1—31页。

英与政治之间错综复杂的纠葛。① 在福柯看来，翻译活动绝不是一种私人事务，而是一种操控行为，所有的翻译都是在一定程度上、为某一目的对原文进行的操控。"翻译并不是一种中性的、远离政治及意识形态斗争和利益冲突的行为，更不是一种纯粹的文字活动、一种文本间话语符号的转换和替代，而是一种文化、思想、意识形态在另一种文化、思想、意识形态环境里的改造、变形或再创作。"② 也正是在这种思想启发下，当代西方的许多翻译研究者如赫尔曼斯、勒斐维尔等人纷纷把翻译研究放到社会、权力等大背景下展开研究。西方解构主义、女权主义和后殖民主义等文化理论均涉足翻译研究，揭示翻译寓含的权力问题。

最早将翻译研究与权力联系起来进行研究的是多元系统派。该派提出"不同文学形式之间的抗争"的概念，认为各种社会符号现象都是一个个开放的多元系统，每个多元系统都是一个较大的多元系统即整体文化的组成部分，各个系统内部的元素之间既相互依存又彼此竞争。"多元系统理论将文学和文化生活看作是各种利益集团之间为权力而进行永恒斗争的场景。"③ 操纵学派则进一步深化了翻译研究的权力问题。赫尔曼斯把翻译界定为"操纵"："从译语文学的角度看，翻译意味着为了某一目的对原文进行某种程度的操纵"。④

集中研究权力与翻译的关系始于 20 世纪 90 年代早期，译史和译

---

① 参见费小平《翻译的政治——翻译研究与文化研究》，中国社会科学出版社 2005 年版，第 74 页。

② 吕俊：《翻译研究：从文本理论到权力话语》，《四川外语学院学报》2002 年第 1 期。

③ Theo Hermans, *Translation in Systems: Descriptive and System - oriented Approaches Explained*, Shanghai: Shanghai Foreign Language Education Press, 2004, p. 42.

④ Theo Hermans ed., *The Manipulation of Literature: Studies in Literary Translation*, New York: St. Martin Press, 1985, p. 11.

法的讨论都开始突出权力问题。文化学派的代表人物巴斯耐特和勒弗维尔在 1990 年合编的《翻译·历史·文化》一书的导论中，号召翻译学者必须"深入研究社会中权力的兴衰更替和权力实施过程中的扑朔迷离，更要深入研究文化生产中——翻译是文化生产的一部分——权力所发挥的作用"。① 而所谓的"翻译史就是一种文化对另一种文化进行塑造的权力史"。② 之后勒弗维尔发展了操纵理论，认为翻译就是改写文本的一种形式，即译者对文本的操纵。"改写"使原文的生命得以延续，而"改写"就是"操纵"。他在《翻译、重写以及对文学名声的操纵》（1992）一书系统提出了充满权力色彩的操控者中心的改写策略，阐述了关于操纵翻译的"三要素"：诗学（Poetics）、意识形态（Ideology）、赞助人（Patronage）。总之，翻译是一种操纵行为，是一种重写手段，受意识形态、诗学、赞助人的控制，是为权力服务的工具。

解构主义翻译理论家劳伦斯·韦努蒂认为，归化的翻译为了迎合接受者的口味，总是依照译入语的特定的政治、文化、意识形态的规范对译入文本进行调整，控制或占领其他文化，成为帝国的主要工具。韦努蒂批判英语翻译中的归化策略，提出了异化翻译策略，抵抗以目的语文化价值为主体的霸权主义。异化策略是对当今世界事务的一个聪明的文化干预，是对民族中心主义、文化自恋主义和文化帝国主义的一种抵制，有利于在全球地域政治关系中推行民主。③

女性主义翻译主张翻译是一种改写和创造，有着强烈的意识形态

---

① Susan Bassnett and André Lefevere, *Translation*, *History and Culture*, London and New York：Pinter Publishers, 1990, p. 5.

② Susan Bassnett and André Lefevere, *Translation*, *History and Culture*, London and New York：Pinter Publishers, 1990, p. ix.

③ Lawrence Venuti, *The Translator's Invisibility.*：*A History of Translation*, Shanghai：Shanghai Foreign Language Education Press, 2004, p. 20.

色彩。女性主义对翻译的社会层面进行了剖析，认为长期以来，由于父权思想的影响，翻译被女性化。它强调译者的主体地位和女性的政治话语权，认为应该努力消除翻译话语中的性别歧视。当代加拿大女权主义批评家谢莉·西蒙《翻译的性别：文化认同与传译的政治》，把翻译实践当作一种政治活动，要让语言为女性说话，从女性翻译理论的角度提出要采用各种翻译策略让女性在语言中可见。女性主义翻译研究的理论目标就是去识别和批判那些将女性翻译逐入社会和文学底层的一团概念，进而通过探讨翻译被女性化的过程来动摇这种联系的权威结构。[①] 因此，女性主义翻译主张，通过翻译对原作进行操纵和改写，以抹去其父权主义的痕迹，消除性别歧视，体现了一种专使语言为女性说话的政治权力行为。

后殖民翻译理论被称为国际政治学派，其理论基础是两种文化的权力差异，其权力特征更加明显。后殖民翻译理论关注隐藏在译文背后的两种文化之间的权力争斗和权力运作，揭示译本生成的历史条件与权力关系，以及翻译暴力的存在。翻译成为后殖民语境的竞技场与实验场，是传输霸权机器的话语之一，从属于殖民规则的意识形态建制。翻译从根本上讲是一种带有颠覆性的政治和文化侵略，是强势文化对弱势文化征服和控制的工具。殖民统治者利用自身的权力话语，通过翻译文本巩固霸权，帮助西方文化建立和保持在其他文化之上的优越性。后殖民主义视翻译为帝国征服和殖民扩张不可缺少的渠道，对殖民地人民进行精神控制的工具。翻译具有压制功能，但也具有反抗功能。被殖民者或弱势文化也通过翻译自建强权来反抗侵略、压迫、

---

① ［加］谢莉·西蒙：《翻译理论中的性别》，许宝强、袁伟编《语言与翻译的政治》，中央编译出版社 2001 年版，第 310 页。

剥削和殖民，以改变其文化受压抑和无声的地位，凸显民族特色和重写文化身份。翻译已成为（后）殖民地人民建立本民族文化、追求民族文化身份的一种方式。①

总之，纵观翻译研究文化转向以来的发展，"权力"是一个挥之不去的焦点话题，翻译与权力之间存在着纷繁错杂的交织关系，这为翻译研究的新方向提供了巨大的动力。推动翻译研究"文化转向"的真正动力是"权力"因素。与翻译研究的文化转向相交织，翻译研究也开始向权力转向发展。翻译的权力即"翻译的政治"。这样，权力问题被带到翻译史和翻译策略的讨论的前沿，知识与知识的体现被理解成了权力的中心。② 翻译研究的"文化转向"实际就是"权力转向"（Power Turn）。"文化转向开始转向权力。……权力转向的时代已经来临。"③ 可以说，"权力转向"实质是"文化转向"的升华和发展。

第二节　高权势低语势文化对低权势高语势文化的翻译
——语言势差论下翻译的非殖民性

一　语言势差论

据笔者所知，罗世平《后殖民语言势差结构理论》是目前学术界唯一一篇专论语言势差的文章。该文在马克思主义和进化论基础上，

---

① 参见黄焰结《论翻译与权力》，《天津外国语学院学报》2007 年第 3 期。
② Mariam Tymoczko, Edwin Gentzler（eds.）, *Translation and Power*, Shanghai: Shanghai Foreign Language Education Press, 2004, p. xxviii.
③ Ibid., p. viii.

弥补了语言势差方面的理论空白，为进一步研究打下基础。第一节对罗世平否定后殖民语言现象中的权力因素进行了商榷，但这并不能完全否定罗文的合理成分。本节即试图解析和利用这些合理成分。罗先生认为，语言势位等于文明势位，产生于语言内部结构，来自民众社会，是人类文明的长期积淀和文明力量的语言积蓄；它不需要外部强制力量而自发地作用于他者，并得到他者自愿或自觉的"认同"。他认为文明势位高的民族，其语言的势位也比较高，因为决定语言势差的决定因素——文明势差"是人类进化的不平衡造成的，它受自然力量的支配和控制，而人类社会的政治权力无法对它形成根本意义上的控制或支配"。当语言势位不同的两种语言接触的时候，就会释放出强大的语言势能，使高势位的语言作用于低势位的语言，并实现对低势位语言的支配。西方殖民语言之所以仍然在后殖民国家占主导地位，就在于西方的文明势位高于后殖民地国家的文明势位，因而，语言势位也就高于后殖民国家的语言势位。任何政治权力都无法从根本上改变高势语言与低势语言之间的、由人类发展长期积淀而成的既定的文明势位关系。①

后殖民语言现象，与语言势差、文明势差有一定联系。以英语为例。当前，世界上2/3以上的科学家用英语写作，世界邮件的3/4用英语书写，因特网上的英语内容约占90%之多。高势能的大写英语（English）繁衍出很多低势能的小写英语（english）即被殖民地国家和地区所使用的变异的英语，如克里奥语、洋泾浜英语等。由于美国在当代属于高文化势能的地区，所以，美国的思维方式、娱乐方式，尤其是美式英语都在向其他地区，尤其是低文化势能地区渗透。当今英

---

① 罗世平：《后殖民语言势差结构理论》，《四川外语学院学报》2006年第4期。

语风靡全球，确与其充分发展性相关，不能完全归咎于殖民权力而将后殖民语境无限扩大化。在相当长的历史时期，语言势差在文化认同中的确发挥了重要的作用，是权力势差无法取代的。

权力势位与语言势位的非绝对对等性，在古罗马与希腊、日耳曼与西罗马、中国少数民族与汉族的关系上也可以得到证明。以汉语言文化与其他语言文化的关系为例。中国古代的北方少数民族在军事上征服了汉族，但文化上却被汉语言文化给同化了。南北朝时期，征服中原的所谓"五胡"，都与汉族自然同化。他们进入中原地区以后，受到汉族先进生产方式的影响，逐渐地接受了汉文化，最后丧失了本民族的特征，成为汉族的一部分。两晋南北朝时期曾鼎盛一时的鲜卑族，建立强大的北魏政权，然而其文化势能极其低下。于是，魏孝文帝强令鲜卑全族人改习汉语，采用汉俗，最后慢慢消融于汉族。女真族，在彻底征服灭亡了北宋，南宋向其俯首称臣的若干年后，仍然被汉语言文化严重同化。蒙古铁骑几乎踏遍了整个欧洲，蒙古帝国强极一时。满洲民族继承和发扬了其先祖女真人的尚武进取精神，入主中原，建立了庞大的清帝国。无论蒙、满统治者如何采取最直接的政治手段实行民族等级分化、强令剃发易服等政策以从精神上征服其他民族，也无论其如何推行蒙古语、满语使之成为帝国"国语"以保持其文化的延续和发扬，最终都不可避免地被高势能的汉语言文化所征服。这也证明了马克思关于"野蛮的征服者总是被那些他们所征服的民族的较高文明所征服"的论断。① 这种高文化势能在汉文化与中华文化圈其他文化的关系中也能得到体现。他们多出于敬仰的态度，主动学

①　[德]马克思：《不列颠在印度统治的未来结果》，《马克思恩格斯选集》第二卷，中共中央马克思恩格斯列宁斯大林著作编译局译，人民出版社 1972 年版，第 70 页。

习吸收汉语言文化。这一方面在于古代汉族高度发达的物质文明，另一方面更在于汉语言文化对周边民族和国家具有强烈的吸引力和认同力。文明势能实际上是一个国家或民族的吸引力或魅力之所在。汉语之所以对周边语言产生深远影响，形成汉字文化圈，主要在于汉语的高势能。汉语言文化很大程度上是对周边语言文化的自然同化而非强迫同化。下面，笔者着重从古罗马与古希腊、伊斯兰与西方、中国各少数民族与汉文化之间的翻译关系来具体论述语言势差在翻译中的作用及与权力势差的相互关系。

二　古罗马的希腊翻译是文化殖民吗
——对道格拉斯·鲁滨逊"后殖民翻译"的重新阐释

公元前2世纪（146 B. C.），希腊遭到罗马征服。在希腊灭亡、希腊政治势力完全消亡的情况下，罗马自然接受希腊文化，希腊语与拉丁语长期共存，成为罗马帝国的通用语言。当然，罗马对希腊的态度也有个微妙的转变过程。"罗马势力刚刚兴起，希腊文化依然高出一筹，或者说罗马文化才进入模仿希腊文化的阶段，希腊的作品为罗马的译者奉为至宝，因而在翻译中亦步亦趋，紧随原文，唯一目的在于传递原文内容，照搬原文风格。比如恩尼乌斯所译欧里庇斯的悲剧，普劳图斯和泰伦斯所译的希腊喜剧，都突出地反映了这种态度。随着时间的推移，罗马人意识到自己是胜利者，在军事上征服了希腊，于是以胜利者自居，一反以往的常态，不再把希腊作品视为至高无上的东西，而把它们当作一种可以由他们任意'宰割的'文学战利品。"① 征服与被征服的不平等关系奠定了民族间语言交流的基础。罗马人凭

---

① 谭载喜：《西方翻译简史》，商务印书馆1991年版，第22页。

借其政治、军事上的优势，将希腊文化当作自己的战利品，对希腊文化采取利用和掠夺的态度。在罗马的政治霸权统治下，他们用拉丁语翻译希腊人的作品，对原作随意加以删改，丝毫不顾及原作的完整性。他们用极其归化的策略翻译希腊文本，任意宰割原文，加以利用和掠夺。哲罗姆（St. Jerome，347—420）宣称，译者将原文的思想内容视为囚徒，用征服者的特权将其移植入自己的语言之中。[①] 在他看来，翻译就是征服原文，超越原文，从中吸取灵感，对原文的主题和观点进行再创作。哲罗姆的观点被弗里德里奇认为是"拉丁文化语言帝国主义最严厉的体现之一。"[②] 昆体良（Quintilian，35—100）认为，"我所说的翻译，并不仅仅指意译，而且还指在表达同一意思上与原文搏斗、竞争"[③]。这些翻译理念反映的正是罗马时代各民族之间的社会政治关系。上述翻译史实的论述显然属于典型的后殖民归化翻译，就此而论是很有道理的。目前，学术界也普遍认同这一观点。然而，对希腊和罗马的翻译文化关系的探讨不应就此而止，而应进一步探讨翻译的文化结果、社会影响及其他方面。

这里需要历史地看待罗马人的翻译征服论问题。古罗马翻译征服论不过是意译归化策略的比喻而已。虽然罗马著名翻译理论家西塞罗（Cicero，前106—前43）、贺拉斯（Horace，前65—前8）和哲罗姆都

[①] Douglas Robinson, *Western Translation Theory: from Herodotus to Nietzsche*, Foreign Language Teaching and Research Press, 2006, p. 26.

[②] Hugo Friedrich, "On the Art of Translation", in Reiner Schutle and John Biguenet (eds.) *Theories of Translation*, Chicago and London: the University of Chicago Press, 1992, p. 13.

[③] 转引自葛校琴《后现代语境下的译者主体性研究》，上海译文出版社2006年版，第30页。

主张意译①，但直译仍然非常流行。罗马时代的"字对字"翻译可谓名副其实：人们用拉丁语最切近的语法对等语替换原文（希腊语）的每一个单词，这样罗马人阅读译文时可以把希腊原文与拉丁译文逐字对照。哲罗姆之所以轻视"字对字"的翻译，是因为这种翻译方法会使译文荒谬不经，背离原文的真正含义。相反，"意对意"的翻译方法有利于原文意义或内容的翻译。② 很明显，其意译的最终目的是为了更准确地翻译原文。用哲罗姆自己的话说："当你字对字直译外国文本时，很难不发生失误。你翻译时会在外语中发现巧妙的用语，却很难保存它的优美。……如果我字对字直译的话，就会废话连篇，但如果我在词序和发音上做些改动的话，我就可能被指责作为译者的失职。"③ 所以哲罗姆做的实际上是在直译意译之间寻求平衡点，并不是向意译无限度地倾斜。西塞罗与其说是原创的思想家，还不如说是希腊思想极有才华的传话筒。他翻译时保留与原著同样的内容和形式，即保留同样的"思想的轮廓"，但在语言上却与当时的用法保持一致。"在这么做的时候，我没必要字对字翻译，但我保留了语言的总体风格和力量。"而贺拉斯对"忠实译者"的轻视则常常被指向支持忠实地翻译原著。④ 可见，意译的真正目的是更好地传达原文的真精神和异质性。尽管贺拉斯号召罗马作家建立自己的原创性，西塞罗主张征用希腊文化，哲罗姆将原文视为俘虏，但几个理论家能代表几百年的整

---

① Andre Lefevere（ed.），*Translation/History/Culture*：*A Sourcebook*，Shanghai：Shanghai Foreign Language Education Press，2004，pp. 15，46 - 47.

② Jeremy Munday，*Introducing Translation Studies*：*Theories and Practice*，Routledge：New York，2001，pp. 19 - 20.

③ Andre Lefevere（ed.），*Translation/History/Culture*：*A Sourcebook*，Shanghai：Shanghai Foreign Language Education Press，2004，p. 48.

④ Douglas Robinson，*Western Translation Theory. y*：*from Herodotus to Nietzsche*，Beijing：Foreign Language Teaching and Research Press，2006，pp. 6，9，14.

个翻译史实和文化交流史实吗？译者是征服者还是俘虏，只是理论家们的争论，并非所有人都认为译者是征服者。即使所谓征服论者昆体良也承认原著的权威性及翻译的可能性："需要承认我们所想象的既不比原著更好，也不会与原著相同，但同时也必须承认有接近原著的可能性。"① 归化策略的优点被众多学者所认可，甚至包括异化论最坚定的倡导者劳伦斯·韦努蒂本人。"只有异域文化不再是天书般地外异，而是能够在鲜明的本土形式里得到理解时，交流的目的才能达到。因此，翻译是一个不可避免的归化过程。"② 从直译到意译的转变，是两种文化交流加深的结果。罗马虽然军事上征服了希腊，但他们心里明白，希腊的文化势能的确比粗俗的罗马文化高出一筹。他们希望通过翻译来借鉴希腊文化的长处，吸收希腊文化的高势能，这就意味着译者的中心任务不是对原文的忠实，而是通过模仿原文，创造出罗马人自己的文化作品。西塞罗、贺拉斯和哲罗姆等又是诗人、哲学家或演说家，认为翻译的任务首先是传播新知、展示高超的艺术技巧。译者的这种多重身份是归化策略成为主流的重要原因。在罗马人看来，翻译的重要作用就是丰富本民族的文化系统。通过翻译引进希腊词汇或创造新词成为普遍现象，使希腊文化大量异质成分进入罗马文化。无论是直译还是意译，归化还是异化，改编还是改写，都不能否认罗马人在积极向希腊文化模仿学习的事实。而且，即使在征服论下仍会引进大量异质性的东西，结果仍被严重地希腊化。

总体上看，罗马人入侵希腊时期，他们对希腊文化表现出强烈占

---

① Douglas Robinson, *Western Translation Theory y: from Herodotus to Nietzsche*, Beijing: Foreign Language Teaching and Research Press, 2006, p. 20.

② ［美］韦努蒂·劳伦斯：《翻译与文化身份的塑造》，许宝强、袁伟编《语言与翻译的政治》，中央编译出版社 2001 年版，第 359 页。

有欲和征服欲的同时，又深深折服于高势能的希腊文化魅力。正是由于希腊文化对罗马文化不可逆转的影响及二者的同源性，罗马文明时期又被称为"希腊化罗马时期"。古罗马文化主要是翻译、模仿、继承希腊文化而逐渐发展起来的，其哲学、文学、戏剧、美术无不如此。罗马人不断增加权力势能，却不断吸收继承希腊的语言文化，各种希腊文化也逐渐地变换为罗马的文化，罗马文化自身逐渐地希腊化了。罗马人将希腊神话改编为罗马神话，但除人物名字外，几乎是希腊神话全盘照搬而来的。也就是说，在罗马文明形成的过程中，罗马虽在军事上征服了希腊，具有较高的权力势位，但最终被高势能的希腊文化所征服。征服者最后完全地归依了希腊的文明。甚至连贺拉斯自己也承认，被征服者希腊反而战胜了征服者罗马，使粗鲁的拉丁民族迈向文明开化。希腊化在意大利最大的战利品是罗马。① 这足以说明罗马文化很大程度是希腊化的产物。因此，简单地说罗马文化征服希腊文化（或者罗马译者征服希腊原著）显然不够全面，甚至是错误的、本末倒置的。从上述可以看出，罗马翻译者具有绝对的高权力势能与极其强烈的主体性和征服欲，并在具体的翻译实践中得到体现，似乎高权力势能在扮演着决定性的角色。然而，从翻译的最终结果和影响来看，高权力势能还是让位于高文化势能，二者共同形塑了希腊与罗马的翻译和文化关系。罗马人利用高权力势能，翻译、模仿希腊文化吸纳其高文化势能。这里的权力势能促进了文化势能的提升，而文化势能也维护了权力势能的稳定。

---

① 引自陈恒《希腊化研究》，商务印书馆 2006 年版，第 441、446 页。

三 语言势差论下的翻译实践

除了古罗马对古希腊文化的翻译，语言势差论下的翻译实践依然极为丰富。下面再多举几例。

阿拉伯帝国建立之前和之初，文化根基浅薄，科技水平低下，阿拉伯半岛上的民族几乎全部过着原始的游牧生活，缺乏正规教育，史学界称此时的阿拉伯人处于蒙昧时代。而这个时期被阿拉伯人征服的地区的文化水平要远远超过阿拉伯人。阿拉伯征服者不断向外征服，他们的胜利，仅仅是军事、政治的；他们给予征服地区各族人民的，既非更为先进的生产方式，亦非科学技术和文化知识，唯有军事占领和强权统治。① 高权力势能并未能将当时低势能的阿拉伯文化传到高势能的文化地区。高势能语言文化并未因为阿拉伯帝国的高权力势能而停止进入阿拉伯文化。相反，阿拉伯帝国在征服的过程中，汲取了其他民族的文化营养，接受了被征服人民的文化，也吸收了帝国域外的高势能文化。马克思在谈到印度问题时讲过："相继征服过印度的那些阿拉伯人、土耳其人、鞑靼人和莫卧尔人，总是不久就被印度人同化了。"② 可见，印度文化对阿拉伯帝国的影响之深。阿拉伯帝国对异族文化采取了宽容，支持奖励翻译事业。早在倭马亚王朝（661—750）建立之初，在首都大马士革就集中了许多学者在进行翻译研究工作。该王朝历代哈里发大都支持翻译事业。其第三代哈里发哈立德（705—715 年在位）"奖励翻译希腊作家的著作"，③ 被誉为"是把天文学、

① 金宜久：《伊斯兰文化与西方》，《二十一世纪》2002 年第 2 期。
② ［德］马克思：《不列颠在印度统治的未来结果》，《马克思恩格斯选集》第二卷，中共中央马克思恩格斯列宁斯大林著作编译局译，人民出版社 1972 年版，第 70 页。
③ ［英］W. C. 丹皮尔：《科学史及其与哲学和宗教的关系》，李珩译，商务印书馆 1979 年版，第 122 页。

医学、化学等书译成阿拉伯文的第一人"①。到了阿拔斯王朝（750—1258）时期，最初的几任哈里发，提倡学术翻译，奖励科学文化。在不太长的时期内，吸收了希腊、罗马、波斯、印度的古典文化精华，为麦蒙时代出现的"百年翻译运动"打下了坚实的基础，翻译运动迅猛发展并在麦蒙时期达到鼎盛。② 当政者主动组织翻译了东方（波斯和印度）和西方（古希腊、罗马）的哲学、医学、自然科学、文学等方面的著作。从阿拔斯王朝初期两百年内（主要是阿拔斯王朝第一期，750—844），在巴格达和其他各大城市，形成了一个波澜壮阔的、史无前例的"百年翻译运动"，使穆斯林成为东西方古代文化遗产的继承人。中世纪穆斯林对外来古典著作，不是简单地从事翻译，他们对古籍还进行了大量的考证、勘误、增补、注解、诠释的工作。苏格拉底、柏拉图、亚里士多德及其他人的各类哲学、伦理学、修辞学、逻辑学著作，欧几里得几何学、托勒密天文学和阿基米德的物理学都有阿拉伯文的译文。阿拉伯各民族以翻译这一捷径继承了东西方古代文明丰厚的文化遗产，翻译的学科范围涉及当时东西方文明古国全部的自然和人文科学并开拓了新的领域，有医学、博物学、化学、天文学、数学、哲学、历史等。这场规模宏大成绩卓著的翻译运动奠定了伊斯兰文化高起点创造的基石。阿拉伯民族在继承东西方古代先进文明的基础上，以自己的理性智慧加以丰富发展，创造了富有鲜明特色、涵盖广大地域、独树一帜的文化体系——伊斯兰文化。可以说，没有这场开放、借鉴人类已创造的先进文明的翻译运动，就不会有鹤立中世纪

---

① ［埃］艾哈迈德·爱敏：《阿拉伯—伊斯兰文化史》第一册，纳忠等译，商务印书馆 2007 年版，第 176 页。

② 参见丁瑞忠《阿拉伯帝国翻译运动的成因》，《烟台师范学院学报》2002 年第 2 期。

的无与伦比的伊斯兰文化。这一文化独步中世纪，承前启后，联结东西，踵事增华，为人类文明史缀上了彪炳千秋的一环。① 翻译运动推动了伊斯兰学术文化的全面发展与兴旺，使阿拉伯语成为科学交流的主要语言，将阿拉伯—伊斯兰文化提升到文化的领导地位，在 9—11 世纪达到繁荣灿烂的时期，对基督教文化占有压倒性优势。在这段漫长的历史时期，阿拉伯—伊斯兰文化也曾间歇性地在权力势能和文明势能上占据双重优势，并利用高权力势能向其所征服地区输出自己的高势能文化，属于文化殖民的范畴。但即使如此，阿拉伯帝国也未将翻译《古兰经》作为宣传和介绍伊斯兰教的手段予以运用。②

476 年，正值原始社会末期、经济文化水平较低的日耳曼"蛮族"入侵灭亡西罗马帝国后，具有相对较高的权力势能，却在文化上逐渐放弃了他们原先使用的日耳曼语，改说拉丁语方言，逐步放弃了自己所信仰的原始宗教，改信罗马的基督教，最终被罗马的文明所同化，走上了封建化的道路。但日耳曼"蛮族"对希腊罗马的"异教"文化典籍不感兴趣，没有翻译继承，故而造成希腊罗马文化的中断和其文化势能持续的极其低下，使西欧经历了近 1000 年的黑暗和蒙昧状态。这说明翻译在传承文化方面具有重要作用，低势能语言通过翻译而强大，因不翻译而衰弱。再比照中世纪后期西方对伊斯兰的翻译，可以看出，伊斯兰由主动翻译而势强、由不翻译和被翻译而势弱。欧洲国家从 11 世纪末发动的"十字军东征"，从屠杀犹太人开始，然后军事侵占穆斯林领土，血腥屠杀耶路撒冷居民，侵略战争延续了 200 多年。当时的十字军东征使西欧具有相对较高的权力势能，但日耳曼统治下

---

① 杨文炯、张嵘：《伊斯兰教与中世纪阿拉伯翻译运动的兴起》，《西北民族学院学报》1993 年第 4 期。

② 参见努尔曼·马贤《〈古兰经〉翻译概述》，《中国穆斯林》1987 年第 1 期。

的西欧文化势能极其低下。这个时期，高势能的阿拉伯—伊斯兰文化对西欧具有强大的吸引力。当时西欧的统治者大都支持翻译事业，比如，雷蒙德大主教1125年在西班牙托莱多倡导创建了一所翻译学校，培养出了一大批翻译人才，成为贵族参与翻译的象征。西西里王国的罗吉尔二世（1130—1154年在位）醉心于阿拉伯—伊斯兰文化，被称为"半异教徒的国王"，促进了翻译事业的发展。罗吉尔二世的孙子弗雷德里克二世（1194—1250）热衷于智力探索，保护学术，聘请众多翻译家翻译当时流行的阿拉伯文著作，将西西里的翻译运动推向高潮。大量阿拉伯文著作被翻译成拉丁文、西班牙文等欧洲文字。据不完全统计，从公元11世纪下半叶到13世纪末，欧洲翻译家把肯迪、法拉比等50多位阿拉伯学者的253部阿拉伯著作译成拉丁文等西方文字，并且把200余部译成阿拉伯文的古希腊著作译成西方文字。欧洲由此重新发现了大量希腊学术著作，进而掀起一个研究古典文化的热潮。穆斯林的科学著作也受到广泛翻译，意大利人杰拉德翻译了约87部穆斯林的科学著作，包括《托莱多星表》与《托勒密天文学大成校正》等天文学著作，巴努·穆萨、花拉子密、阿布·卡米勒等的数学著作，以及医学家扎哈拉维的外科论著，等等。仅以医药学为例。西方医学的每一个分支学科都受到翻译运动的影响。在托莱多翻译的各类重要的穆斯林医学著作可谓不胜枚举，那些穆斯林医学著作成为欧洲医学知识灵感的源泉。扎哈拉维的《医学手册》的外科部分由杰拉德翻译成拉丁语，分别于1497年在意大利，1541年在瑞士，以及1778年在英国出版，成为欧洲外科医学的基础。穆斯林对药物学也做出了很大的贡献。根据莱维的说法，在这方面欧洲许多具有影响的、文艺复兴时期的著作，就是根据先前穆斯林的著作编辑或是稍做改编而成的。所有这些，都为欧洲近代医学的产生奠定了基础。这场翻译运动对中世纪末期欧洲的文化产生了深远影响，促进了西欧的哲学、文学和科学技术的发展，欧洲文艺复兴由此拉开序幕。诚如美国学者基佐在他的《欧洲文化通史》中坦言："伊斯兰世界涌来的知识潮流，带来了向心灵解放的大跃进，促进了发展自由思想的伟大进步。"① 经过5个多世纪的翻译、吸收和创新，文艺复兴后的西方文化逐步取代了阿拉伯—伊斯兰文化的领导地位。1798年法国殖民者占领埃及后，伊斯兰世界先后沦为西方各帝国的殖民地。从此以后，西方在权力势能与文化势能上取得了双重优势。随着殖民扩张的进行，西方的后殖民翻译才得以出现。

在中国，高权力的低势文化对高势文化的翻译更为普遍。南北朝时期、五代十国时期、辽宋夏金元及清帝国时期，少数民族政权都处于高权力势位，但其文化势能大都极其低下。高权势低语势文化无不积极翻译吸纳低权势高语势的汉文化。南北朝时期、五代十国时期，少数民族政权甚至直接将汉语言文化作为自己的语言文化，主动推行汉化，以北魏孝文帝最为明显。本节以辽宋夏金元及清帝国时期为例。

两宋时期，经济、文化高度发达，是中国乃至当时世界发展的顶峰。两宋地域远远小于汉唐，但其经济实力和物质文明却大大高于前代，其鼎盛时期的经济总量竟惊人地占世界经济总量的75%—80%。两宋文化的发达是举世公认的。陈寅恪认为："华夏民族之文化，历数千载之演进，造极于赵宋之世。"② 邓广铭认为，宋代文化是"已经达到登峰造极的高度的"，"宋代文化的发展，在中国封建社会历史时期

---

① 转引自 [美] 锡德尼·芬克斯坦《艺术中的现实主义》，赵澧译，上海文艺出版社1985年版，第5页。

② 陈寅恪：《宋史职官志考证序》，《金明馆丛稿二编》，上海古籍出版社1980年版，第245页。

之内，达于顶峰，不但超越了前代，也为其后的元明之所不能及"，并强调这是"无可争辩的事实。"① 两宋文明与周边民族政权相比，势能高低更是一目了然。但正是这一历史时期，周边民族政权林立，除大理、吐蕃、西辽、高丽等与两宋并存外，辽、西夏、金、蒙等政权更是虎视眈眈，屡屡进犯中原，两宋政权则节节败退，割地、求和、纳贡、称臣，勉强自保。辽帝国（916—1125）创立前后，与北宋（960—1127）长期征战。1004年，辽南下进攻北宋，后议和订立"澶渊之盟"。北宋被迫每年向辽缴纳银/绢30万两/匹的岁币，北宋对于辽在形势上始终处于不利地位。党项族建立的西夏（1038—1227）虽然名义上向北宋称臣，但北宋实际上每年必须向西夏"赐"绢13万匹，银5万两，茶2万斤。宋朝以"自欺"的方式，满足了其宗主国心理。金帝国（1115—1234）迅速灭亡北宋（1127），掠走宋徽宗和宋钦宗两位皇帝，中原人民沦为俘虏。到南宋（1127—1279）时，代表中国国家的皇帝，都俯首称臣于金国女真异族，汉政权的正统地位让位于金朝，汉族中心地位和高权力势位荡然无存。而且，这还是仅就辽、夏、金与宋之间的整体关系而言，而具体到辽夏金政权内部，情况则更是如此。因为其统治民族与其国内的汉族是统治与被统治的关系，汉族人数和文化势能都在统治民族之上，但汉族地位和权力势能则更低。其国内的汉人也为其政权服务，为其统治民族的语言文化创制和发展做出贡献。辽夏金的翻译更大程度上属于其国内的统治民族文化与汉文化之间的交流，而非与宋朝汉文化的交流。这样一来，辽夏金的翻译情况实际与罗马、阿拉伯、西欧、元清时期的翻译基本

---

① 邓广铭：《序引》，陈植锷：《北宋文化史述论》，中国社会科学出版社1992年版，第1、7、8页。

一样，都是统治民族文化与被统治民族文化之间的翻译。

辽帝国曾先后创制了契丹大字和契丹小字。契丹大字是在汉人的帮助下以汉字为基础创制的，并被大力推广应用。但辽朝对外的正式公文、国书、诏令、奏议、文牒、学校教育，仍然使用汉字。契丹民族语言时为帝国国语，以其政治之强势渗入华北汉语。但辽兴宗却诏令翻译汉族文化典籍，萧家奴等翻译《贞观政要》为契丹文，供兴宗及其臣下学习。契丹民族语言还翻译过《易经》《尚书》《论语》《孟子》等儒家典籍。辽代曾用契丹文翻译佛经、医学等书籍。比如耶律倍就曾译过《阴佛经》。辽朝积极引进汉法，发展文化，同时修孔庙，置国子监，笼络汉族士人，对臣民开展以忠孝和三纲五常为本的儒家伦理道德教育，"孔子大圣，乃世所尊"，主张以儒家思想作为主导文化，所有制度"一用汉法"。汉语言文化对他族同化之力，显然在居于政治强势的契丹语言文化之上。

西夏文字创造于11世纪。西夏文是仿照汉字创制出来的，与汉字字形相似，被尊为国字。西夏王李元昊试图以"胡礼蕃书，抗衡中国"。1039年诏立"蕃学"，命重臣野利仁荣主持，并下令各州都设立"蕃学"，但是，西夏文化基础薄弱，教育落后，蕃学的发展仍需要借助发达的汉文化。西夏文字大量翻译《孝经》《尔雅》《四言杂字》等儒家经典和启蒙课本。刚传到西夏的《论语》《孟子》也被译成西夏文，而且还对《论语》阐发别义，有所发明。《尚书》被规定为"蕃学"的必读教材。此外，还把渗透着传统儒学君臣道义与治国之旨的《贞观政要》译成西夏文。除了翻译上述经典外，重要著作还有《孙子兵法》《六韬》《黄石公三略》《类林》《十二国》《德行集》《列子》《左传》《毛诗》《孔子语》《易经》《老子》《淮南子》《韵书》，等等。西夏还曾先后用了53年时间翻译了3679卷汉文佛经，大大促进了西夏佛教的发展。大量儒家经典的翻译和刊行，使强盛一时的西夏逐渐接受以儒学为核心的汉文化的影响。西夏历代统治者都尊孔崇儒，特别是仁宗李仁孝执政的 50 年间，更极力推广儒学，尊礼孔子。西夏统治者对孔子的尊崇甚至超过了汉人，尊崇为"文皇帝"，并令各州立庙祭祀，极大地抬高了孔子和儒家文化的地位，以至于"得中国土地，役中国人力，称中国位号，仿中国官属，读中国书籍，行中国法令"。①

金帝国在对辽、宋发动战争的同时，对汉文化表现出了强烈的渴求。金在太宗时期就创制女真文字。女真大字仿照汉字楷书创制而成，又以契丹、汉字偏旁创制女真小字。尊信儒经的金世宗设置译经所，于大定四年（1164）"诏以女真字译书籍"，即用女真文翻译汉文经史。《论语》《孟子》《孝经》《易》《书》《汉书》《史记》《贞观政要》《白氏策林》等汉族的经史著作皆被译成女真文字。金帝国设立了专门以本民族语言施教的女真国子学与女真太学，以教育女真族子弟。学习的内容主要是翻译成女真文字的经史子著作。金熙宗赞扬孔子"其道可尊，使万世敬仰"，大力弘扬儒家文化，使儒家思想成为金朝的统治思想。皇统元年（1141），熙宗亲祭孔子庙，对侍臣说："我深悔少时游侠，不知立志于学问，蹉跎了岁月。"从此，他日以继夜地阅读《尚书》《论语》和新旧五代史。到了大定二十三年（1183），译经所进呈所译的汉籍有《易》《书》《论语》《孟子》《老子》《杨子》《文中子》《列子》及《新唐书》等。世宗下令颁行，并对宰臣说："我所以下令译经，目的是让女真人懂得仁义道德。"但

---

① 转引自马祖毅《中国翻译简史——"五四"以前部分》，中国对外翻译出版公司 2004 年版，第 189 页。

是，女真人在和汉人相处中，受到汉文化影响越来越广泛深入，习用汉语的人数迅速增长。世宗针对这种情况，曾对太子和诸王说："你们自幼习惯汉人的风俗，不知女真的淳朴之风，甚至于文字语言都有不通晓的。这是忘本。"因此规定：皇宫卫士不通女真语的，必须勒令学习，不准讲汉语。然而，女真族学习汉文化，乃是向封建社会进展的一种需要。全国统治者对此趋势难以阻遏，因此往往顺而行之。恩格斯曾经指出，"每一次由比较野蛮的民族所进行的征服，不言而喻地阻碍了经济的发展，摧毁了大批的生产力。但是在长期的征服中，比较野蛮的征服者，在绝大多数情况下，都不得不适应征服后存在的比较高的'经济情况'；他们为被征服者所同化，而且大部分甚至还不得不采用被征服者的语言。"金朝的情况也是如此。① 到了元朝，蒙古统治者将原南宋治下的各族称为南人，而把金、辽、西夏境内的各族统称为"汉人"，女真族、契丹族和党项族的汉化程度可见一斑。

蒙元（1276—1368）是一个征服王朝，蒙古人是其他各少数民族和汉族的征服者，是以一个胜利者的心态临尊中原的，并深深地以自己的语言文化为荣。蒙古人带着这种优越感实行民族等级制度，在这个等级中，汉人和南人处于最低。大蒙古国的草原本位政策，决定了蒙古大汗对汉地只采取间接统治，重搜刮而轻治理，造成"汉地不治"的局面。元代的官方语言是蒙古语。元至元六年（1269）蒙古皇帝忽必烈特命国师八思巴创制八思巴文。为推广这种文字，朝廷在地方上广设蒙古字学进行教授。大批汉人为获进身之阶，入蒙古字学读书。"依蒙族、习蒙语、行蒙俗"等蒙古化倾向已成为汉族社会中并

---

① ［德］恩格斯：《反杜林论》，吴黎平译，人民出版社1956年版，第189页；参见马祖毅《中国翻译简史——"五四"以前部分》，中国对外翻译出版公司2004年版，第175—176页。

不鲜见的事例。蒙古语的语法、词法还渗入汉语当中，形成一种非常有特色的"元代白话"文体，对汉族地区产生巨大的作用力。蒙古族的翻译文化是从 13 世纪蒙古文字的形成开始的。为了适应元朝大一统的需要，还规定用八思巴文"译写一切文字"。官吏普遍不懂当时的汉语，这也就成就了一批衙门里的翻译官。蒙古国字用来翻译汉文的经、史等文献，供蒙古贵族子弟学习。蒙古翻译家们翻译的汉族儒家经典、历史和文学著作种类繁多，主要有《四书》《五经》《资治通鉴》《辽史》《金史》等 100 多部。蒙古语和汉语在长期的交往过程中，汉语对蒙古语的影响较大，蒙古语的许多词汇都是由汉语音译转化而成的，从而极大地丰富了蒙古语的语言系统。随着蒙汉交流的增加，大量的蒙古文人学习和使用汉语文，许多文学作品用汉文创作。历史有它的必然性，在文化上蒙古人不可避免地要被先进的中原文化所征服。这就使得蒙古人在历史进程中渐渐有了汉化的倾向与发展。所谓"汉化"不是汉族把其他民族完全同化，这个"汉化"是一个异族吸收汉族文化因素的过程，是个量变的过程，程度有深有浅。与辽金夏相比，蒙古族的汉化程度显然并不深，并且蒙古族的汉化道路实在是曲折艰难而又迟滞的。忽必烈即位后，大力推行汉法，在汉化道路上迈出了关键的一步。元代统治者大都羡慕汉文化。忽必烈不仅自己积极学习儒家思想，太子真金更是"全盘汉化"。美国学者傅海波甚至指出："如果不是元朝速亡，假以时日，未始不能产生康熙、乾隆那样的精通汉学的蒙古皇帝。"① 在思想文化上，元朝的统治者与辽、金等少数民族统治者一样，他们积极吸取、接受汉族文化传统，以

---

① ［德］傅海波（Herbert Franke）：《元诸帝能读汉文吗?》，《大亚洲学报》新辑第三卷，1952。

"武功定天下，以文德治海内"，并以儒家学派为正统思想。朝廷还设立官学，以儒家的四书五经为教科书，"自京师至于偏州下邑，海陬徼塞，四方万里之外，莫不有学"。元朝的最高统治者还亲自带头学习经史，表示对于儒学的重视。朝廷下令翻译儒家著作，请著名儒学大师讲授汉文经典，要求皇室成员、群臣百官都必须习读儒经。在朝廷中，统治者任用赵复、许衡、姚枢等一大批汉族儒林名士。在他们的宣传、影响之下，儒学在元代得到广泛的传播。元朝中期大德十一年（1307），元成宗加封孔子为"大成至圣文宣王"，并对孔子的家族、弟子等加封了种种称号。延佑二年（1315），元仁宗下令恢复科举制度，将儒家学说中的程朱理学定为考试的主要内容。从此，程朱理学成为元朝的官方思想。另外，蒙古语翻译为汉语则以直译为主，保留蒙语的差异性。但直译抵抗不了蒙人汉化，汉地蒙古人在元亡后最终汉化。

汉文化的蒙译在清代继续发展，这时蒙古族的权力势能还是略高于汉族。元清时期的汉族与少数民族的互译都不属于所谓的文化殖民之列。19世纪至20世纪初，汉文大量古典名著如《诗经》《论语》《三国演义》《水浒传》《红楼梦》等被翻译成蒙古文，在蒙古地区广为流传。这个时期，大量的汉文小说被译介到蒙古地区，对蒙古本土文学产生了深远的影响。汉族章回小说如《三国演义》《西游记》以及唐宋传奇故事等为蒙古人所喜爱，出现了这些小说的译本或改写本。19世纪中后期，蒙古人恩和特古斯开始说唱《五传演义》①，艺人们的说书传统书目有170多部。汉文小说蒙古文译本的广泛流传，改变了蒙古民族的文学欣赏理念，化解了蒙古族文学传统的创作与欣赏之间

---

① 他自己将《隋唐演义》翻译、整理、改编成《五传演义》，由《全家福》《苦喜传》《荡妖传》《羌胡传》《契僻传》组成。

的循环结构，使书面文学和受到书面文学制约的本子故事，成为文学欣赏活动的主流。文学欣赏习惯和文学欣赏心理的改变，为尹湛纳希的长篇小说创作，奠定了广泛的基础。① 在清朝前期，大批蒙古人接受汉文化教育，产生了一个汉文作者群，如法式善、梦麟、博明，等等。19世纪蒙古族文学结构变迁，汉文小说的翻译活动发挥重要的推动作用。如果没有对汉文小说的积极介绍和借鉴，蒙古族文学就不可能在这个时期产生如此重大的历史性变迁。如果在蒙古族文学史上忽略汉文小说的蒙译，那么就无法准确地把握19世纪蒙古族文学史发展的客观情况。②

　　作为文化势能较低的军事征服者，清帝国（1644—1912）的统治者，具有强烈的主宰意识。为了巩固国家政权，保持满族本色，清帝国前几位皇帝都用强制手段推行"满洲化"的文化政策（如剃发易服），想满化汉人，把汉族改造成满族，把中原文化改造成满族文化。努尔哈赤时代创制满文后，中经皇太极时代的改革，在顺治、康熙、雍正三朝普遍推行。满语文吸收了大量音译汉语借词，丰富了满语的词汇。清统治者以行政手段加强满语的推广应用。在清朝，满语称"清语""国语"，满文称"清文""国文"。满文在清政权所及之处，全面、广泛、迅速、彻底地推广开来，成为清王朝的国书。满族统治者设置翻译汉文的机构，在科举考试中添加翻译科，举行翻译会试，在八旗当中选择最精通满文的学者入值翻书房，使清朝统治集团有了

---

　　① 尹湛纳希（1837—1892）将汉文《红楼梦》《中庸》和《纲鉴通目》翻译成蒙古文。这些译本，忠于原著，并尽量用通俗易懂的蒙古语言来表达，在语言的运用和选择上，从容不迫、富有见地。参见扎拉嘎《比较文学：文学平行本质的比较研究——清代蒙汉文学关系论稿》，内蒙古教育出版社2002年版，第285—293页。

　　② 王浩：《Ts·达木丁苏伦与蒙古族文学关系研究》，《民族文学研究》2005年第4期。

更多的满族成分，确保中央政策的贯彻实施。他们将汉族的文化典籍翻译成满文，学习汉族的经验。清帝国，满族人全面地翻译汉文化的经典著作。比如，儒家著作有《四书》《五经》《孝经》《三字经》《性理大全》《朱子全书》等，广及经、史、子、集；史书有《三国志》《资治通鉴》《辽史》《金史》《宋史》《元史》等；文学作品如《三国演义》《水浒传》《西游记》《金瓶梅》《封神演义》《隋唐演义》《聊斋志异》《列国志演义》《两汉演义》《南宋演义》《西厢记》《连城壁》《十二重楼》《八洞天》等；科学技术著作如《御制三角形推算法论》《几何原本》《西洋药书》《王叔和脉诀》《药性赋》等，真是洋洋大观，无法胜数。汉文著作对从奴隶制向封建制飞跃的满族统治者来说，具有特别重要的意义，因为通过阅读那些译籍，可以大大丰富满族统治者的文化知识、政治统治经验和军事上的战略战术，可以知彼知己，吸收汉族的先进文明。① 清朝崇儒重道，提倡理学。清朝历代帝王都崇奉孔子。满族还利用居于最高统治的主导地位，采取积极主动的姿态，在把汉文化有益部分拿来为我所用的同时，对那些与本民族历史意识、文化传统相抵触，阻碍自己前进和发展的东西加以批判和重新塑造，将自己的主体性发挥到了极致。但是，从满族登上历史舞台的那天起，其语言文化就受到汉族语言文化的直接影响。高势能的汉语像磁石一样吸引着低文化势能的满族人民。在长期的相互接触过程中，由最初的相互影响，到汉语言文化逐渐占据上风，以致最后满族人放弃自己的语言，接受了汉族语言。到乾隆时期，臣僚的奏折中已经多用汉文，用满文的越来越少，连满族的发祥地盛京（今

---

① 马祖毅：《中国翻译简史——"五四"以前部分》，中国对外翻译出版公司 2004 年版，第 307 页。

辽宁）的地方官员都不能用满语奏对，满洲人才"习汉书、入汉俗，渐忘我满洲旧俗"。① 乾隆帝注意到八旗子弟的汉化倾向，便主张必须坚持说满语。乾隆又下令取消旗人参加翻译举人进士考试，还规定臣僚奏折及来往书函、行文要以满文为主。但是，这些措施最终也难以扭转满文日渐衰落的趋势。汉文化的伦理观念、道德准则、治国方略、立身处世经验等逐渐地渗透到满族文化系统之内，潜移默化地改变着他们的文化心理。"满族虽说是征服者，但他们已经脱离了自己的根，与被征服的汉人相比，在人数上处于绝对劣势，在文化上则往往陷于恐惧和钦羡、有心抵拒却又难于摆脱其诱惑的尴尬境地。"② 尽管清朝统治者从维护其统治地位的需要出发竭力推行满语满文，但"马上得天下"的满洲贵族，亦与历代征服者如鲜卑、契丹等民族一样，从此踏上融合于中原文化的不归路。③ 这也是获得统治权必要的文化代价。可以看出，清帝国前期的权力势能同以上各例一样，促进了文化势能的提升，文化势能反过来维护了权力势能的稳定。但清帝国中期以后，权力势能与文化势能的关系出现了变化，权力势能再也无法维持和促进满族文化势能的提升，而是以牺牲语言文化来维护权力的稳定，以语言文化为代价换取政治统治权力的稳固。

四　语言势差论下的后殖民翻译再定义

上述翻译案例中，低势文化主动翻译高势文化导致高势能流向低势进而被同化的原因在于文化势能使然；而低势文化主动翻译高势文

---

① 阎立新：《满语文综论》，《满族研究》2003 年第 4 期。

② 郭成康：《也谈满族汉化》，《清史研究》2000 年第 2 期。

③ 胡小伟：《纳兰词到〈红楼梦〉——试论满汉文化融合的"青萍之末"》，故宫博物院、北京大学《明清论丛》1999 年 12 月创刊号。

化之后也可能会变为高势。翻译实践证明，在翻译过程中，低势文化通过翻译变强和变弱的例子都有，高势文化因为翻译而保强、因不翻译而变弱的例子也有。高权力势能有可能促进也有可能阻碍文化势能的提升，关键在于如何使用权力。经过比较发现，罗马被希腊化后，以拉丁语承载希腊文化，拉丁语因翻译古希腊文化由弱势变强势，主导整个欧洲，直到18世纪。而满族语却因翻译汉文化由低势霸权被严重地同化融合。古罗马对古希腊的态度与日耳曼对古罗马的态度截然相反，拉丁语和日耳曼语的发展态势由此也截然相反，翻译与不翻译竟会产生如此巨大的差距。低势语言不翻译只有落后，而进行翻译则要防止被同化。因此，对低势语言文化翻译高势语言文化的历史经验教训要有辩证的态度。从上述来看，一方面，翻译有助于高文化势能流入低势能文化，促进低势文化的发展；但另一方面，翻译使低势文化在与高势文化交流中逐渐被边缘化，又不利于低势文化的生存。低势文化可以利用翻译积极的一面来缩短文化势差，促进自身的文化发展，提高自己在文化交流中的地位。这是语言势差论留给我们的有益启示。

目前，学术界对后殖民（翻译）内涵的理解和使用很混乱，有关后殖民研究领域的界定一直颇有争议。根据鲁滨逊的观点，根据鲁滨逊的观点，后殖民研究的范围可分为三个层次。一是对欧洲前殖民地独立后的研究，指20世纪下半叶殖民主义结束之后的文化。二是对欧洲前殖民地被殖民以来的研究，指16世纪以来殖民主义开始后的文化。三是对所有文化/社会/国家/民族之间权力关系的研究，指所有人类历史有关政治与文化权力关系的研究。大多数翻译家采用第一种和第二种定义。① 而后殖民翻译的含义也存在争议："'后殖民翻译'一词在当代研讨会和讲习班已获得流行，但言说者/学术界对其意思和含义似乎很少取得一致看法。……按我的理解，'后殖民翻译'既是指一种方法论，依靠当前的翻译理论来衍化为一种被称作后殖民的激进实践，又是指为持续系统传播非英语后殖民文学文本而对其进行的翻译。"② 这大致相当于鲁滨逊指的一二种状况。但鲁滨逊对自己所总结的关于后殖民的第二、第三个定义也有顾虑：他引用雅可比（Russell Jacoby）的话说，第二个定义的领域包括南美洲、非洲、亚洲部分地区、加拿大、澳大利亚、新西兰、美国等。世界 3/4 都遭受殖民主义之害。那么，剩余的还有什么？非常少。而第三个定义的领域更大：一种文化从来就没受到其他文化控制过，这种现象在历史上有过吗？答案显然是否定的。尽管如此，他还是承认了后殖民译论的普适性："当我们着眼于帝国主题而转向翻译理论史的时候，我们开始强烈意识到后殖民方法的有用性。"③ 因而，他直接将古罗马文化征用古希腊文化视为对希腊文化的殖民，明显采用第三种定义。

因此笔者认为，后殖民（翻译）的含义有必要重新界定，以防后殖民语境和后殖民翻译适用范围无限扩大化。仅仅以翻译服务于帝国无法准确定位后殖民翻译的内涵，因为翻译作为文化的一部分，必然与政治相联系，为国家政权和主导意识形态所利用，因而不是判定后殖民翻译的决定性因素。如果有归化意图就可称为文化殖民的话，那

---

① Douglas Robinson, *Translation and Empire*: *Postcolonial Theories Explained*, Beijing: Foreign Language Teaching and Research Press, 2007, pp. 13 – 14.

② Swati Ganguly "Translation as Dissemination: A Note from an Academic and Translator from Bengal"（http://www. anukriti. net/tt/translation. asp）.

③ Douglas Robinson, *Translation and Empire*: *Postcolonial Theories Explained*, Beijing: Foreign Language Teaching and Research Press, 2007, pp. 14, 46, 54.

么文化殖民将不仅是强势文化对弱势文化的事情，文化殖民将变得宽泛而无意义。如果将后殖民翻译定位在高势能语言文化向低势能语言文化的流动，那么后殖民将是无所不在，也无从避免的。本书所论"后殖民"是指某高势能文化在其政治、军事和经济等霸权下主动推行的文化侵略主义。正如美国学者史莱辛格所指出的，文化侵略或者文化帝国主义是存在的，这就是"一种文化有目的地反对另一种文化的思想与价值观念的侵略"。但这种侵略必须在政治、经济及军事压力同时存在的前提下才能实现。① 而某文化积极主动与强势文化的交流具有主体性，不能归于文化殖民。只有高势文化在高权力势能操纵下进行的征服性翻译，以及与之相对应的低势文化为抵抗高权力势能的征服而进行的翻译才是经典的后殖民翻译，即双高对双低的征服和双低对双高的反抗。这样既有利于消除上述定义在时间和地域上的争论，也有利于消除其意义上的模糊。政治和军事处于高势的低势文化在征服高势文化时反被同化，这既不属于文化殖民也不属于文化被殖民，而是属于非文化殖民范畴，虽然这里包含某种征服，某种暴力。也就是说，低文化势能虽然可能拥有高权力势能，但无论是吸纳高文化势能以自我提升，还是同化融合于高势能文化，带来的都不是文化殖民。这样一来，当前第三世界主动翻译西方文化也不能称作后殖民，虽然这与西方文化霸权的推行不谋而合。至于弱势文化对于霸权的认同则要具体分析，有的属于自然同化，有的属于强制同化，不能一概而论。就目前西方语言文化霸权而言，一方面是其政治经济军事霸权的表现，另一方面是文化文明势能高的表现，单独一方面都难以全面解释，因

---

① Arthur Schlesinger, "The Missionary Enterprise and Theories of Imperialism". in John K. Fairbank, ed., *The Missionary Enterprise in China and America* [C]. Harvard：Harvard University Press, Cambridge, Massachusetts, 1974, pp. 363 - 364.

此，面对这种状况，我们也就不能一味地以反霸权来对待，毕竟还有主动向高势能文化学习的一面。就近现代中国所处时代而言，确实与19世纪以前不同，既有权力势差和后殖民语境问题，也有语言文化势差问题，因此也应从两方面进行应对，一方面积极翻译学习西方先进文化科技以弥补缩小文明势差，另一方面要进行权力抵抗，消除后殖民主义影响。也只有在这样界定下，我们讨论后殖民才有意义，才不至于将后殖民语境无限扩大化。这样做，并不是要竭力忽视后殖民问题，西方的确有不少人强调通过文化、知识、语言加强对第三世界国家的控制，而这种控制也因西方文化的强势性而客观存在，只不过对待这一问题应该把握好一个"度"。①

从翻译的结果来看，上述几个案例虽各有不同，但有一点是一致的，即高低文化之间翻译的非殖民性。后殖民论者忽略的恰恰是殖民动机与殖民结果的背离，而结果才是判断后殖民翻译的最终标准。后殖民不仅需要殖民动机，更需要殖民后果，低势文化在军事政治霸权下有殖民动机，但无殖民后果，因而不能称为后殖民。罗马、元清等本想利用翻译来巩固其权力，最终却引发了颠覆性的后果。更何况，哲罗姆他们只是将自己的征服论视为比喻，并不是真的主张运用翻译去奴役实际的人们，而且即使这样的比喻在哲罗姆之后到16世纪之间也几乎销声匿迹了。② 按此推论，12世纪前后西欧对阿拉伯文著作的翻译，译者征服论即使在理论上也几乎不存在。更重要的一层是，在近现代殖民主义看来，殖民者与被殖民者之间是先进与落后、高等与

---

① 尹丹：《民族主义——弱势文化的借口》（http：//cn. cl2000. com/edu2/school/discourse/wen13. shtml）。

② Douglas Robinson, *Translation and Empire：Postcolonial Theories Explained*, Beijing：Foreign Language Teaching and Research Press，2007，p. 56.

低等、文明与野蛮的对立关系，且对立二元的地位不可逆转；而在上述几个案例中，这种二元对立并不明显，对立二元的地位甚至是相反的，而且是可以相互逆转的。统治民族文化对被统治民族文化同时具有他者为上和征服性的双重矛盾心态。虽然统治民族都以自己的语言为国语，以己为尊，但同时对其他文化依然可以尊重、虚心学习和接受。正如刘宓庆指出的，在西方，翻译始于强势文化（古希腊文明）对弱势文化（古罗马文明）的"精神征服"，因而不存在"宗主文明"（译入国文化）对翻译文化（译出国文化）的抗拒，或"翻译文化"对宗主权势的臣服。翻译之在罗马犹如雅客临门，为的是解救罗马莽蛮于精神荒芜和文化匮乏。这种情形一直持续到中世纪，在中世纪的托莱多以及文艺复兴时期的德、英、法等国，翻译都是弱势文化召唤强势文化。① 罗马帝国、阿拉伯帝国、中世纪的西欧、元清帝国等虽有推行文化殖民的主观愿望和具体实践，但从最终结果看，都不成功。从翻译主体性、翻译意图与翻译结果的背离可以清楚看出征服者的征服心态与非文化殖民的实质。这样的低势文化与高势文化之间的翻译是后殖民翻译理论无法涵盖的，单纯用后殖民翻译理论套用上述翻译案例显然不准确。如果仅仅靠一个译者的某句话、某个观点、某个翻译细节就将他归入后殖民之列，而不将他的整个翻译史实及其影响作为考察对象，其结论必然是偏颇的。如果勉强用后殖民翻译理论来解释这些翻译实践，必然会有很多捍格不通之处，使丰富繁杂的翻译现象趋于单一化。一句话，翻译现象极其复杂，并非后殖民翻译理论能涵盖，将所有翻译活动都视为后殖民行为显然有失偏颇。而语言势差理论正好提供了方法论上的一种补充。后殖民译论只是研究翻译现象

---

① 刘宓庆：《中西翻译思想比较研究》，中国对外翻译出版公司 2005 年版，第34页。

的一种视角、一家之言而已，不能因此遮蔽其他视角，而应将其研究范围作严格限定，不能扩大化。通过上面的论述可知，在相当长的历史时期，语言势差在翻译中的确发挥了重要的作用，是权力势差无法取代的。语言势差论，有一定道理，可以部分解释语言文化之间的翻译现象，为反思当前翻译研究的泛权力论和权力决定论，区分语言文化之间的自然同化与强迫同化，防止后殖民语境无限扩大化提供了理论支撑。

第三节　权力转向反思

权力转向理论更注重翻译的宏观研究，拓宽了翻译研究的路径，使翻译研究更为全面和客观，为翻译学的研究掀开了崭新的一页。权力转向论虽有很多精彩论述，但如果整体联系起来，就会发现有很多前后不一致之处。权力转向理论本身存在很多自相矛盾之处，也有很多的例外、漏洞和强烈的负面效应。

一　泛权力论

虽然人们经常使用"权力"一词，但它很难加以准确定义。美国学者约瑟夫·奈把权力比喻为爱情、天气，说它易于体验，却难以定义或者衡量，有关权力的定义很多。政治学家罗伯特·达尔（Robert Dahl）给"权力"下的定义是：权力是指那种让别人做他们不愿意做的事情之能力。而奈认为，权力是达到自身目的或者目标的能力。在福柯看来，权力是由一切支配力和控制力构成的一种网络关系。① 关于泛权力论，以福柯和约瑟夫·奈最为典型。福柯的有形权力和无形权力与奈的"硬权力"和"软权力"是基本对应的。现以奈为例进行分析。在奈看来，"软权力"与"硬权力"都是通过影响他人行为以达到目的的能力。"硬权力"指的是通常同诸如军事和经济力量那样的具体资源相关的"硬性命令式权力"，"软权力"指的是与诸如文化、意识形态和制度等抽象资源相关的、决定他人偏好的"软性同化式权力"。硬权力是指通过威胁或者奖励，让别人做他们不想做的事情之能力。而软权力则是指通过吸引力而非强制手段，让他人自愿追求你所要的东西之能力。②

其实，约瑟夫·奈的"软权力"说并没有获得学术界的广泛认同。"软权力"理论从提出至今，始终存在一些根本性的困境。正如有学者所言："把权力一分为二的做法就有简单化的倾向，把融为一体的东西分为两个部分后，再去探讨两者之间的关系，只能是徒劳无功！"假设"软权力"真的存在，那么作为权力的一个方面，"软权力"到底怎样发挥它的作用呢？这是奈的理论的又一个困境。人们很难相信一场电影、一个电视节目或一首流行歌曲就可以发挥权力或实力的效力。不少主流国际关系学者如保罗·肯尼迪甚至否认"软权力"的存在和作用。③ 实际上，后殖民时期的社会发展政策根本没有追随欧洲的发展道路，没有按欧洲发展的轻重顺序来进行。④ 这就说明，西方的软权力并未起到其理想化的作用。

---

① 参见朱耀先《论翻译与政治》，《中国科技翻译》2007 年第 1 期。
② 参见《软权力》（http://baike.baidu.com/view/322544.html）。
③ 同上。
④ ［德］迪德·森格哈斯：《文明内部的冲突与世界秩序》，张文武等译，新华出版社 2004 年版，第 146 页。

从上述对软权力、无形权力和语言（文明）势能的界定和描述，可以清晰地看出，三者基本上是同一所指。应该说，语言文化势能是权力的源泉，包含有丰富的权力因子，但并不能等于权力本身。语言文化势能库中只有一部分才可以转化为真正的权力。软权力只有具体到福柯的"规训性权力"才能真正发挥权力的功能。权力要有明确的施行者及施行对象和目标，也就是说，语言文化势能（软权力）只有在为着某一明确目的而运用操纵之后才可能转化为权力，正如在无数个器具中，只有故意用来伤害人的才可以称为凶器。

二　翻译研究权力决定论

权力转向论从文化地位、赞助者、意识形态、主流诗学等方面讨论权力因素对翻译的制约，认为翻译从选材到译本发挥作用都受到权力因素的影响。勒弗维尔三决定论最终衍化为文化权力决定论。他认为在翻译过程的每一个层面上，当译者对语言的考虑与对意识形态和诗学观的考虑产生冲突时，总是后者胜出。① 意识形态更是决定着翻译作品的形象和翻译策略的选择。"意识形态决定着译者将要采用的基本翻译策略，因此也决定着翻译问题的解决方法。"② 赫曼斯认为，勒弗维尔的论述作为理论架构仍然"粗略""肤浅""草率""不够一致""片面"。③ "操纵"是翻译实践中不可避免的现象，但不能据此得出"翻译即操纵"的结论。如果以操纵抵消对等而把操纵看作贯穿翻译始终的普遍规律，就其内涵而言，这似乎比语言学派还狭隘。基

---

① Andre Lefevere, *Translation*, *Rewriting and the Manipulation of Literary Fame*, Shanghai: Shanghai Foreign Language Education Press, 2004, p. 39.

② Ibid., p. 41.

③ Theo Hermans, *Translation in System*: *Descriptive and System - oriented Approaches Explained*, Shanghai: Shanghai Foreign Language Education Press, 2004, pp. 124 – 129.

于不完全归纳而得出的"翻译即操纵"的结论有失偏颇。① 这种偏颇同样存在于东西方异质文化之间的即后殖民意义上的翻译实践。

"硬权力"与文化势能的合力构成一种文化的实际地位。文化地位对翻译的影响不是绝对的。权力转向论过分强调了源语与译入语两者之间的文化地位的对立，并将它绝对化。文化对于翻译的影响不是来自两种文化地位的强弱，译入语与源语之间好比贸易的双方，虽说这种贸易在许多情况下，不是"公平的"，但贸易之所以能进行不是因为它们的地位悬殊，而是源自各自的需求，翻译是两种语言间互通有无的过程。② 文化地位不平等并不意味着后殖民翻译一定发生。

在后殖民翻译理论看来，存在权力差异的不同文化、不同社会、不同国家、不同民族之间的文化交流总是不平衡的，总是存在强势文化对弱势文化的侵略。强势文化总企图以自己为中心，控制或占领其他文化。这种文化霸权在翻译中是非常隐秘但又是无处不在。因此，两种文化之间的翻译，必然是强势文化对弱势文化进行殖民，翻译史即后殖民史。这就是后殖民翻译理论的核心问题之所在，太过绝对化，也无限扩大化了。权力转向理论像一架显微镜那样，在将翻译中各种原先在传统翻译理论的框架下看不到的斗争和权力关系逐渐放大。而"翻译史就是一种文化对另一种文化进行塑造的权力史"③。整个的文化转向实际上竟成了权力转向。这样看来，权力转向理论过分注重权力、政治、意识形态等外部因素对翻译的影响，凡事都要放到政治上去加以衡量。权力对翻译的影响被无限扩大化而走向了另外一个极端。

---

① 参见赵彦春《翻译学归结论·绪论》，上海外语教育出版社 2005 年版。

② 张齐颜：《论多元系统理论对文学翻译的解释力的不充分性》，《四川外语学院学报》2005 年第 1 期。

③ Susan Bassnett and André Lefevere（eds.），*Translation*，*History and Culture*，London and New York：Pinter Publishers，1990，ix.

正如根茨勒和蒂莫志科所说，假如我们永远被所处时代的话语所建构，那么人们又何以能够引发文化变革？我们何以能够沟通文化的鸿沟，去体验新的或不同的事物？我们何以能够冲破具体化的世界观，尤其是西方的世界观，把真正的文化差异放进来？① 权力转向论深受以解构主义的影响，深陷于反叛、颠覆之中，把翻译完全看作一项国际政治活动，过分强调翻译的文化和政治功能，出现文化帝国主义的倾向，把翻译研究引入漫无边际的政治、意识形态、权力等研究取向，导致了理论的绝对化。

三 杂合中的权力反思

后殖民翻译理论的核心思想是对差异的张扬。霍米·巴巴文化差异和"第三空间"理论对后殖民翻译研究起到了推动作用。在翻译过程中，巴巴提倡译者像媒婆一样把两种文化带到第三空间，让两种文化都放下自我中心主义的架子，在这个第三空间进行协商、对话，译者的文化身份也因此在新的空间里获得了定位。在第三空间里，如果两种文化处理得当，抛去双方不平等的权力地位的影响，可以达到矛盾冲突的理想化解，最终杂合产生一个和谐、统一、公平的"他者"，既可避免强势文化对弱势文化的吞并从而使强势文化日益贫瘠，使全球文化因对弱势文化差异性的忽视而变得千篇一律，失去文化的丰富色彩，也可避免弱势文化持有狭隘的民族主义和其他形式的本族文化中心主义，变成新的强势文化。许多后殖民地翻译理论家，如尼南贾娜、温森特·拉斐尔，都是此理论的提倡者和支持者。② 根据杂合的

---

① Mariam Tymoczko, Edwin Gentzler（eds.）, *Translation and Power*, Beijing：Foreign Language Teaching and Research Press, 2007, xxviii.

② 参见张建萍《霍米·巴巴与后殖民翻译理论》，《长沙大学学报》2007 年第 4 期。

观点，宗主国原本想使翻译文本与其殖民利益保持一致，但实际上只是得到了一个杂合体。这样的杂合体里包含着与殖民主义相对立的成分。尽管这种翻译不是在平等的基础上进行的，两种文化之间的输入与输出远远不能达到平衡。但是，这是一种双向的过程，不仅弱势（或殖民地）文化中有杂合，强势（或宗主国）文化中也存在杂合。即使是在最严峻的压迫下，被压迫者文化中还是有很多的差异性得以保存下来，并在文化冲突的过程中成为新生文化中必不可少的组成部分。① 应该说，杂合论极具启发意义，但并非无懈可击。

既然后殖民理论承认，自古以来所有的文化都是杂合的，杂合状态千百年来都未曾能完全成功地消除霸权，那么，到了后殖民者手中就可以实现了吗？解构主义翻译理论的尊重差异、女性主义翻译理论的雌雄同体和后殖民翻译理论的杂合被认为是平等对话和交流的场所②，是后殖民翻译理论所谓超越二元对立的一种努力。韦努蒂天真地认为："翻译在殖民和后殖民环境下释放的杂交性的确侵越了霸权的价值，使其服从于一系列局部变体。"③ 但正如刘象愚所说："在文化杂交中，显然是原宗主国文化杂交入原殖民地文化，而不是相反。由于起作用的不仅是市场，还有强权政治等许多因素，因此作为商品的文化并没有取得平等的地位。从更深的层次上说，抽去所有文化的历史性和具体性，将它们简约为可以随意杂交、置换、位移的最小公分母，不仅不能保持所有文化的平等地位，而且会将所有的文化、文化消费和批评家统统置于从属的地位，使他们陷于詹姆逊所谓的晚期资

---

① 参见张建萍《霍米·巴巴与后殖民翻译理论》，《长沙大学学报》2007年第4期。

② 何高大、陈水平：《翻译——政治视野中的女性主义和后殖民主义的对话》，《外语与外语教学》2007年第11期。

③ Lawrence Venuti, *The Scandals of Translation*: *Toward an Ethics of Difference*, London and New York: Routledge, 1998, p. 178.

本主义的文化逻辑也即后现代主义的无深度和疯狂中不能自拔。许多批评家都看到巴巴这一'文化杂种'理论反历史主义的局限性。"① 这种批评对巴巴、韦努蒂乃至巴西"食人主义"翻译理论在内的后殖民的乌托邦式杂合观都是沉重一击。应该说，语言势流不仅仅从高语言势位到低语言势位作单向移动，如汉字在英语中的直译并成为英语的一部分，越来越多的西方学者精通东方语言更能说明这种逆向流动。说杂合是双向的，这没错，问题在于，认为这种双向性一定能够颠覆霸权。高低语言势能可以相互流动和杂合，但这与反抗霸权的成功与否没有必然联系，也就是说，语言势流可以从低语言势位小量地向高语言势位流动，但未必能阻止被殖民化或自然同化的趋势和命运。这种小流量可以补充和丰富高势位语言，显然无法取代高势位语言，而大流量则最终可能会同化低势位语言。当然，也存在不少弱势文化通过翻译杂合而成功地抵抗了强势文化的同化，使自身得到发展壮大。因此，杂合本身不能确保抵抗霸权的成功，关键还是在于如何运用这种杂合。也就是说，通过翻译必然产生文化杂合，但有的弱势文化通过杂合增强了自身的活力，抵抗了霸权，得到了发展，而有的弱势文化却屈从于强势文化霸权，逐步同化于强势文化，成为强势文化的一部分。后殖民翻译理论显然对杂合过于盲目乐观自信了，而将其对霸权的颠覆作用想当然化了。

以英语为例，当前的英语与殖民前的英语大相径庭，已经很大程度上实现了全球化，增加了无数的异质成分，业已形成各种混合语言。各种语言的使用者可以加入自己的独特异质的经验从而破坏英语的纯

---

① ［英］拉曼·塞尔登编：《文学批评理论——从柏拉图到现在》，刘象愚等译，北京大学出版社 2000 年版，"译序"第 35 页。

洁性。杂合论的预设是：英语被杂合了，所以就被颠覆了。但是英语被杂合乃是英语具有被杂合的机制，正是这种机制保证英语可以不断吸收新的语汇，使英语得以长盛不衰，而一个语言如果没有吸收养分或者说没有杂合的机制，则注定要灭亡。这样，"第三空间""第三条道路"的可行性就可疑了。王东风说得好，后殖民主义理论说的第三空间或第三条道路其实也同样是乌托邦，因为一旦我们把家园建立在第三空间了，一旦我们走上了第三条道路，就会建立一个中心，又同样会成为以解构中心为己任的解构主义的活靶。① 这些正是巴巴和韦努蒂没有看到的，也说明非殖民化的难度以及文化杂合的困境所在。这样一来，基于尊重差异、雌雄同体、杂合等观念之上的翻译理念也有可疑之处。

四 权力转向中的二元对立与反抗霸权的艰巨性

如果说操纵派还考虑到译者个体的主动性，那么解构主义以来翻译理论则完全把译者当成是某个集团的一分子，完全受到该集团意识形态的控制而失去了自己应有的多样化状态。它们将译者分为霸权的维护者和反抗者，如异化者和归化者、殖民分子和被殖民分子、男性霸权的维护者和反抗者等，而中间分子完全不存在。对于异化和归化僵硬的二元对立的区分会陷入极端主义的窠臼。比如，权力转向论认为，在某一文化内，只有一种占主导地位的翻译策略取向，要么异化，要么归化。在强势文学系统内，译者往往采用归化策略，而在弱势系统内，则多采用异化策略。中国近代以来相对于西方明显处于弱势，却采取归化翻译策略，那么是谁在操纵谁？是汉文化在操纵西方文化

---

① 王东风主编：《功能语言学与翻译研究》，中山大学出版社 2006 年版，"序"第 6—7 页。

吗，还是强势文化对弱势文化的殖民？这些显然比上述论断复杂。韦努蒂用解构的利刃肢解了传统的归化翻译理论之后，显然又建构了一个异化中心论。尽管他一再声称，异化之中有归化，归化之中有异化，但有意无意之间，他已经陷入了解构主义批判的二元对立之中了。①因此，"后殖民翻译研究重点在于超越非此即彼的僵硬二元对立的文化冲突，从而在翻译的平台之上形成对话、互渗、共生的新型关系"，也终究带有很强的虚拟性。后殖民翻译理论最终仍然没能跳出自我与他者、颠覆与反颠覆、权力与反权力、强势与弱势、历史与反历史等一系列二元对立的束缚。实际上，译者的角色非常复杂。译者常发现自己同时陷入两个阵营，既代表掌握权力的体制，又代表寻求权力的人们。翻译的伦理学限制译者代表两方，这使译者处于几乎不可能的境地，就好像一个律师在同一个案件中同时代表原告与被告一样。但翻译常常根据语境同时面向两个方向。翻译策略的转换在翻译史上也是常见的事，没有单独的哪个翻译策略能与压迫或抵抗的实施相联系。没有单独的哪个翻译策略是权力的策略。②也就是说，同一个翻译、译者和翻译策略可能会同时服务于两个文化阵营，在殖民化和解殖民化方面同时起作用。这是对后殖民翻译理论中殖民翻译与解殖民翻译、殖民译者与被殖民译者、归化策略与异化策略等一系列二元对立的致命颠覆。

我们不能不深刻体察霸权的强大同化能力。尽管鲁滨逊呼吁，翻译研究应该多听听"贱民"的声音。可吊诡的是，翻译研究领域内殖民和反殖民的权力斗争却主要发生在西方国家之内。斯皮瓦克认为，

---

①　王东风主编：《功能语言学与翻译研究》，中山大学出版社 2006 年版，"序"第 7 页。

②　Mariam Tymoczko, Edwin Gentzler（eds.）, *Translation and Power*, Beijing: Foreign Language Teaching and Research Press, 2007, xxxi. xxxii.

语言在国际上的地位从来就不是平等的，第三世界的知识分子容易以反对我族中心论和文化本质主义的名义坠入强势话语帮凶这一陷阱："在别种语言大量译成英语的时候，民主的理想可能会遭背弃，沦为强权的法则。"① 连一向对西方文化渗透保持高度警惕、呼吁前殖民地作家和民族主义者抵抗西方文化侵略的法侬也无可奈何："他们却仍然无法摆脱对于殖民主义的依赖。与过去一样，民族理想和文化价值观往往都要按照西方的形象加以熔铸。"② 这样看来，霸权与反霸权似乎形成了无休止的循环怪圈，霸权的消除遥遥无期。也就是说，我们尚未找到消除霸权的万灵药，反霸权的完成任重而道远。

五　权力差异与文化平等之间的悖论

后殖民理论认为，不同文化间存在着权力差异，从未有过平等对话。它把翻译看作殖民文化的产物，是强势文化和弱势文化在权力差异语境中不平等对话的产物，进而否定传统翻译理论中关于语言平等、文化平等这类带有乌托邦性质的理论预设。③ 翻译是在语言之间进行的，而在后殖民理论看来，语言是有等级的，两种语言从来没有平等过。问题是，这种等级能够完全消除吗？况且，权力差异是包含在文化差异之内的，权力转向论把语言文化势差视为权力差异，这就注定了权力差异的不可消除性，因为人类文化的发展总是不平衡的，只要存在不同的语言文化就会存在语言文化之间的势差。人们无法消除语言文化的高低强弱差异，一旦接触，强势的语言文化势

---

① ［印］伽亚特里·斯皮瓦克：《翻译的政治》，许宝强、袁伟《语言与翻译的政治》，中央编译出版社 2001 年版，第 281 页。

② ［英］艾勒克·博埃默：《殖民与后殖民文学》，盛宁、韩敏中译，辽宁教育出版社 1998 年版，第 213 页。

③　王东风：《翻译研究的后殖民视角》，《中国翻译》2003 年第 4 期。

能必然会流向弱势语言文化，并带有天然的杂合倾向，势不可当。因此，只要有高低强弱之别，就会有权力差异，就会产生杂合。这就造成了它的内在矛盾：既想彰显和尊重文化差异，又想消除文化差异中的强弱差异和权力差异，而要消除强弱差异和权力差异又是不太可能的。

既然平等从未存在过，将来也不会，这种不平等似乎永远不会消失。杨晓林认为，不甘心当今在事实上处于后殖民境遇的民族，渴求在国际事务和社会生活中摆脱失语和无言境况（但这种境况又不易摆脱），不愿永远有种低下的感觉，于是总要提出一个奋斗目标。不平等者追求平等，但差别和不平等是永恒的，一种不平等消失，另一种不平等就会出现。[①] 既然文化平等是乌托邦，那么，对文化平等的追求也是建立在乌托邦之上的。如果承认未来存在平等的可能性，就不能否认现在和过去存在平等的可能性。这又造成后殖民理论的内在矛盾。按照文化传播学阐述的一般规律，强势文化必定向弱势文化流动，以至于淹没、取代弱势文化，对这一观点的认同使得许多学者认为任何文化交流不可能真正地具有平等性质，并推定文化传播必然导致文化冲突，真正的会通与融合是不可能的；但若承认历史上曾有过平等的文化交流，那么"水往低处流"就不再是文化传播的铁定规律，强势文化取代弱势文化也不再是文化传播的通则。[②] 但是，从哲学上讲，一切事物都在变化之中，没有什么是永恒的，每个事物都经常变成其他事物或消失，跨文化对话中的不平等现象同样如此。女性主义者和后殖民主义

---

① 杨晓林：《质疑，解构，能否颠覆？——论后殖民主义理论的悖谬、误读、误用与滥用》，《伊犁师范学院学报》2002 年第 1 期。

② 王晓朝：《中西文化传播的双向互动与文化转型——兼评张西平〈中国与欧洲早期宗教和哲学交流史〉》，《博览群书》2002 年第 1 期。

者就是要颠覆男性与女性、西方与东方之间存在的权力差异，使翻译成为各种族群能够在尊重各自差异基础上进行平等对话和交流的场所。① 问题是，在所谓后殖民语境之中，在失语的状态下，弱势语言文化是没有能力与强势语言文化进行真正平等的对话、协商和交流的。

既然翻译的本质不再是一种以价值中立、文化无涉为前提的纯语言转换活动，而是一种以价值选择和意义阐释为前提的政治，既然翻译就是弱势文化和强势文化在权力差异语境下不平等对话的产物，无法消除权力差异及其带来的利益不均，翻译为某一集团谋利的工具本质就不会改变，所谓的"翻译史就是一种文化对另一种文化进行塑造的权力史"，到了后殖民时代也无法彻底改变。矛盾之处在于，权力转向论一方面主张权力无所不在，另一方面又要抵抗权力；一方面强调强势单向流动的绝对性和主导性，另一方面又自毁前提，主张杂合的双向性和抵抗性；一方面强调平等的不可能性，另一方面又以这种不可能性为终极目标；一方面主张后殖民语境的无限扩大性，另一方面又主张多元的可能性，等等。一句话，权力转向提出的权力差异的立论基础与文化平等的理想之间有着难以逾越的鸿沟。也就是说，后殖民翻译理论推崇的消除权力差异、实现文化平等交流，与其立论基础存在着不可调和的矛盾，其破论与立论之间无法顺利过渡。权力转向理论及其影响下的翻译理论都具有深刻的悖论性。只有摆脱权力转向论的虚拟空间，破除其僵硬的立论基础、绝对的理论理想和以他者为上的心态，寻求相对平等才是唯一出路。多元文化主义面临的现实是多元多极，即多个文化之间的相对平等或实力均衡，而不意味着所有文化都绝对平等。我们追求的不是绝对消除中心及其凝聚力，而是多元一体的和合格局。

---

① 张景华：《女性主义对传统译论的颠覆及其局限性》，《中国翻译》2004 年第4 期。

第三章　后殖民翻译策略反思

第一节　仅以伦理态度能区分异化和归化翻译吗

——评劳伦斯·韦努蒂的异化归化论

一　归化异化论

翻译到底是以异化（Foreignization）为中心，还是以归化（Domestication）为中心，长期以来在翻译界一直争论不休，成为争论的焦点之一。这两个术语最初是由德国哲学家施莱尔马赫（Friedrich Schleiermarcher，1813）提出的，认为要帮助译作的读者在不脱离译入语的情况下正确而完全地看懂原作，只有两种途径。一种是尽可能地不打扰原作者的安宁，让读者去接近作者；另一种是尽可能地不扰乱读者的安宁，让作者去接近读者。①

---

① Andre Lefevere（ed.），*Translation/History/Culture*：*A Sourcebook*，Shanghai：Shanghai Foreign Language Education Press，2004；p. 149.

劳伦斯·韦努蒂在此基础上进一步将翻译的归化/异化放在后殖民语境下来考察，认为归化翻译的最大特点就是采用流畅地道的英语进行翻译，译者被流畅的译文所掩盖而隐形。归化翻译的策略，遵守目标语文化当前的主流价值观，公然对原文采用保守的同化手段，从而达到让译文符合本土典律（Canon）、出版潮流和政治的需求。① 正是在这样一种背景下，归化的翻译依照译入语的典律、出版潮流和政治的需求对译入文本进行调整，以自己为中心，企图控制或占领其他文化。这种文化霸权在翻译中是非常隐秘却是无处不在的。归化翻译成了殖民者进行文化殖民的"共谋"，使英美文化发展成为侵略性的、排除异己的单一文化。韦努蒂将归化异化上升到种族中心主义的高度来认识，认为以归化翻译为主的英美翻译史，就是以此策略来强化西方中心主义，巩固西方文化的地位，以及控制或占领其他文化的。在此认识的基础上，韦努蒂进而认为，归化翻译是一种民族中心主义的简约，实际上也是一种文化帝国主义的行为②，因而难以起到真正的文化交流的作用，丧失了作为跨文化交流媒介的作用。韦努蒂指出，他写《译者的隐身》一书的目的是要对翻译中的种族中心主义进行反思。翻译目的应该是文化传播，而不是文化蒙蔽。韦努蒂主张在英美国家采用异化翻译，向英美输入文化他性或差异，冲击其主流价值体系，颠覆其霸权。异化是对当今世界事务的一个聪明的文化干预，是对民族中心主义、文化自恋主义和文化帝国主义的一种抵制，有利于在全球地域政治关系中推行民主。③ 韦努蒂把异化翻译看作抵抗民族

① Lawrence Venuti, "Strategies of Translation", in Mona Baker, *Routledge Encyclopedia of Translation Studies*, Shanghai：Shanghai Foreign Language Education Press, 2004, p. 240.

② Lawrence Venuti, *The Translator's Invisibility*：*A History of Translation*, Shanghai：Shanghai Foreign Language Education Press, 2004, p. 20.

③ Ibid. , p. 20.

中心主义的翻译，因为它在翻译的时候，有意保留原文中的异域/异质文化因素，以达到推动本土或本民族文化变革的目的。

二　韦努蒂归化异化论质疑

韦努蒂归化异化论反映了一些后殖民主义学者的观点，导致译学界出现"扬异化，贬归化"倾向。但是，后殖民翻译理论内部也不是铁板一块的，并非所有后殖民翻译学者都赞同异化策略，比如巴西的"食人主义"翻译理论就主张归化策略。皮姆认为，目前翻译通常都是归化的，与源语和目的语文化的相对权力无关。[1] 皮姆对韦努蒂的数据表示异议，认为韦努蒂有目的地误读数据，以得出"受操控的"研究结论。尽管英美出版的翻译书籍所占比重很低，但其代表的书籍的数量却很大，远远超过译为法文和意大利文的出版物数量，英语读者也有机会接触更多的翻译文本。韦努蒂担心翻译中的贸易失衡，但从未告诉我们翻译贸易绝对平衡的世界到底是什么样的。韦努蒂对"抵抗式"译者的笼统号召作为"对知识分子的把戏"被社会重重围困，而在学术小圈子之外实际上引不起任何变化。[2] 根茨勒和蒂莫志科指出，翻译策略的转换在翻译史上也是常见的事，没有单独的哪个翻译策略能与压迫或抵抗的实施相联系。没有单独的哪个翻译策略是权力的策略。[3] 美国的后殖民翻译学者鲁滨逊对异化策略也提出质疑，认为在韦努蒂的理论及其论证过程存在严重冲突：他一方面拒绝流畅

① Jeremy Munday, *Introducing Translation Studies*: *Theories and Practice*, Routledge: New York, 2001, p. 155.

② Anthony Pym, *Method in Translation History*, Beijing: Foreign Language Teaching and Research Press, 2007, pp. 72 – 73, 121.

③ Mariam Tymoczko, Edwin Gentzler (eds.), *Translation and Power*, Beijing: Foreign Language Teaching and Research Press, 2007, xxxii.

以抵抗翻译研究中的霸权话语规范，另一方面又以流畅的文笔毫不抵抗学术写作中的话语霸权。韦努蒂的异化论是一种文化精英主义，他是一位十足的主流理论家，无法真正庆祝"边缘"。① 论者认为异化翻译不一定更有益："似乎不可能化约地假定所有的归化翻译对所有的读者只有负面作用，而所有的异化翻译对所有读者只有正面作用。""难道用同化的方式进行翻译就会使殖民化的意识形态作品永垂不朽了吗？当然不是。"他又针对韦努蒂只片面地盯着英美翻译规范不放的局限指出：当异化论派攻击同化翻译时，它们实际上是在谈论霸权文化对受制文化的翻译。如果是受制文化用同化方法翻译殖民文化的文本，则应被视为一种积极的反应。② 鲁滨逊同时提出了四点批评：第一，异化与归化翻译对目标语的影响是否像其宣称的那样迥异；第二，其一类型的翻译（如果此类幼稚的划分可行的话）的影响像其假设的那样铁板一块吗；第三，异化翻译并非一定是精英的；第四，在同化、异化区分中的源语、目标语的稳定分离是否站不住脚。③

根据上述批评反思可知，韦努蒂归化异化论是有一定适用范围的。这首先体现在以强势文化为预设背景，以弱势文化译入强势文化为讨论对象。但在以强势文化为翻译对象的情况下，如果仍采取异化为主的方法，很可能会成为强势语言文化的帮凶，使弱势语言文化在不经意之中被同化甚至被吞噬。它的适用范围，还体现在翻译的文类上。巴斯内特指出，异化策略只与文学翻译有关。当我们把注意力转向非文学文本时，这样的争辩就会变得难以理解，异化归化之争也会变得

---

① Douglas Robinson. *What Is Translation*？：*Centrifugal Theories*，*Critical Interventions*，Beijing：Foreign Language Teaching and Research Press，2007，pp. 102，104.

② Douglas Robinson，*Translation and Empire*：*Postcolonial Theories Explained*，Beijing：Foreign Language Teaching and Research Press，2007，pp. 110－111.

③ Ibid.，pp. 111－112.

完全不切实际。新闻翻译中流行的规则是以文化传入为目标的同化规则，新闻报道中的同化翻译是绝对必要的，在这种情况下，异化翻译并不利于理解，并不是什么阻抗式翻译，而是一种对原文文本的歪曲，而这种歪曲应该通过同化翻译加以避免。技术翻译、法律翻译和科学翻译都把同化作为最佳策略，而交流因素在口译中总是压倒美学因素，在口译中同化就是准则。[①]

　　而且，韦努蒂归化论对翻译实践的解释力也是有限的，存在着很大的悖论性。从19世纪70年代到20世纪80年代（二三十年代除外）的100多年间，中国的外国文学翻译以归化为主，但这段时期正是中国文化迅速西化的时期。也就是说，即使是以归化为主的翻译史，也改变不了一种文化整体上的异化倾向。归化仍然而且更好地保留了差异。还有，单德兴在谈到美国文学译丛的汉语译本尽可能贴近汉文的风格时说，根据韦努蒂的逻辑，可以把这种现象解释为汉文也是强势文化，具有侵略性，但实际上，站在更有效传播美国霸权的视角，该译丛使用的归化策略，"其实是另一种英语独大与宰制的现象，因为它让中文读者在看似自然的情况下，不设防地接受'具有侵略性的单语'的美国文学与文化，达到其教化与围堵的目的"。[②] 这样看来，向汉语的归化反而成了"美国中心主义"，为美国霸权服务。由此可见，文化殖民与否的关键不在于翻译策略，而在于翻译策略背后的真正用心和翻译的实际效应。翻译策略不是后殖民翻译的唯一评定标准。再比如，韦努蒂异化归化论不能解释为什么处于强势文化的人也会提倡"异化"翻译策略。19世纪中后叶，中国面临内忧外患的危机，列强

---

　　①　［英］苏珊·巴斯内特：《把消息带回家：同化策略与异化策略》，史忠义、辜正坤主编《国际翻译学新探》，百花文艺出版社2006年版，第158页。
　　②　单德兴：《翻译与脉络》，清华大学出版社2007年版，第126页。

各国加紧侵略中国，而英国则是当时的第一强国。根据韦努蒂，中国的文学翻译到英国，应该采用归化策略，而理雅各（James Legge，1815—1897）在翻译《中国经典》时，"以忠实存真为第一要义，一以贯之的方法是直译加注，传达原文信息丝丝入扣，保存原作形式不遗余力"①。这样的背反例证在弱势文化译入强势文化时屡见不鲜。"科学的准确性"的确是绝大多数东方学家兼翻译家在翻译实践中奉行的圭臬。② 而韦努蒂却对此视而不见，只强调西方翻译史中使译者隐身的透明的翻译。王东风则淋漓尽致地道出了韦努蒂的悖论：韦努蒂没有考虑到，以异化策略进行的抵抗可能会使霸权的英语更加强大。英语如今的霸权，除了政治因素之外，与其对新的表达方式拥有巨大的吸纳机制也有很大关系。英语拥有难以计数的外来语。因而，要抵抗英语霸权，最好是让它一成不变，断绝其吸纳新鲜血液的途径，也就是异化策略，"按照这个思路推导下去，抵抗英语霸权的最好办法似乎就成了归化翻译了"③。这就颠覆了韦努蒂全书的主要观点。总之，利用翻译策略进行颠覆语言文化霸权，并非是异化归化非此即彼就可以实现的。两种策略的融合在弱势文化译者的翻译上尤其显得重要。

当施莱尔马赫最早提出异化归化思想时，就认为这两种策略截然不同，只能二取一，但这在翻译实践中几乎是不可能的。韦努蒂本人甚至在《译者的隐身》的意大利语译本的绪言中，也并不把异化归化看作对立的二元："两种策略有一种非本质的可变性"，会随时间和地

---

① 参见王辉《理雅各与〈中国经典〉》，《中国翻译》2003 年第 2 期。

② Jacquemond, R., "Translation and Cultural Hegemony", in L. Venuti（ed.），*Rethinking Translation*, London：Routledge, 1992, p. 149.

③ 王东风：《韦努蒂与鲁迅异化翻译观比较》，《中国翻译》2008 年第 2 期。

点的改变而改变。① 异化翻译要依赖于本土文化材料来建构异国情调，异化翻译中也就会有归化的运作。② 既然归化和异化是一对动态的概念，就必然落入相对主义的陷阱。比如，20 世纪二三十年代，梁实秋力主译文语言的归化性和纯洁性，极力维护传统的语言价值观。其实，拿文言文或严复、林纾时代的标准来衡量，梁实秋的译文已经是非常西化了，但在当时他的译文却符合通行的语言规范，可以称为归化派。

而且，"异化"的界定并不清晰，很容易导致混乱。韦努蒂的异化策略首先包括选材，即"翻译什么"，然后才是语言转化策略，即"如何翻译"。用韦努蒂自己的话说，翻译总是涉及归化的过程，涉及源语与目的语之间可理解信息的交换。但归化并不意味着同化，即外国文本向国内主导价值观的保守归并。它也可能意味着抵抗，通过恢复旧有观念或与边缘文化相联系，选择主流翻译方法或当前外国文学经典不容的外国文本进行翻译，迫使一个方法论的改进和经典的更新。③ 在韦努蒂看来，为了达到"异"的效果，译者可以选择具有挑战主流文化规范的文本，即主题在目的语文化中处于边缘地位的外国文本，用流畅的语言翻译，即选择与主流题材不一致的译本本身就是异化策略。译者也可以选择符合目的语文化规范的外国文本，但是要用边缘、不易懂的语言来翻译。二者都可以达到"异"的效果，但是产生的译文却不同：前者译文通顺，后者则充满了术语、方言，晦涩难懂。这时，通顺的翻译会不会同样让译者在一定程度上隐身呢？

---

① Jeremy Munday, *Introducing Translation Studies*: *Theories and Practice*, Routledge: New York, 2001, p. 148.

② Lawrence Venuti, *The Translator's Invisibility*: *A History of Translation*, Shanghai: Shanghai Foreign Language Education Press, 2004, p. 29.

③ Lawrence Venuti, *The Translator's Invisibility*: *A History of Translation*, Shanghai: Shanghai Foreign Language Education Press, 2004, p. 203.

　　而且矛盾的现象比比皆是。泰戈尔的原著显示出他是印度民族主义者，而他的英译策略却是归化的，他译的英语诗歌中，我们见到的是"另一个泰戈尔，他是殖民主义和霸权文化的一个可鄙的追寻者，以一种仆从对主人的口吻译他的诗歌"①，反映出英美的种族中心主义及强势文化对弱势文化的征用和入侵，说明他是西方种族中心主义的同谋。庞德（Ezra Pound）在翻译《华夏集》时，断章取义地对中国文化进行严重扭曲，可以说是归化到极致了。但庞德保留汉诗的意象和独特诗学形式，把唐诗制造成权威的"反抗诗"，对西方主流审美观进行挑战，对抗当时的主流诗学思想，同时是典型的异化的翻译策略。庞德的翻译理论与实践是多样而矛盾的，其汉诗翻译是异化与归化策略的统一。那么，泰戈尔、庞德到底指向哪种民族中心主义呢？再比如，韦努蒂本人对严复、林纾翻译策略的定位也模棱两可，前后矛盾。他先是认为严复、林纾等晚清译者使用归化流利的翻译策略②，后来又辩解说严复的翻译本身不是归化翻译，因为其传播的思想与中国传统思想根本不同。他的翻译传播的是外国的影响。因为这思想挑战了中国传统的价值观——儒家的价值观，以致引发了义和团运动，甚至林纾在一定程度上也对中国传统文化的价值观提出了挑战。③ 照此看来，无论是严复还是林纾的翻译策略，都可以称得上异化。鉴于他们在具体策略上的归化技巧，他们也可以称为异化与归化相结合。也就是说，将严复、林纾的翻译定位于异化或归化都不准确，而是两

---

　　① Mahasweta Sengupta, "Translation, Colonialism and Poetics: Rabindranath Tagore in Two Worlds", in Susan Bassnett and Andre Lefvere (eds.), *Translation*, *History and Culture*, London and New York: Pinter Publishers, 1990, pp. 61 – 63.

　　② Lawrence Venuti, *The Scandals of Translation*: *Toward an Ethics of Difference*, London and New York: Routledge, 1998, pp. 182, 184.

　　③ 参见郭建中《韦努蒂访谈录》，《中国翻译》2008 年第 3 期。

种策略的融合。一个译者不可能始终如一只坚持同一种翻译策略。或者他在一个译本中采用异化策略，而在另一个译本中采取归化策略，那么他属于哪种种族中心主义呢？我们完全可以得出我族中心主义与他族中心主义在同一个人身上并存的矛盾结论。其实，异化和归化的翻译策略在翻译中不是绝对的和单一的，而是相对的和多重的，二者具有对立统一性。因此，与其把翻译选材和语言策略选择这两种策略视为异化翻译的两种情形，远不如说是异化、归化两种策略的融合更贴切。

　　由此看来，翻译话语在实际操作中存在两个误区，即我族中心主义和他族中心主义。如果"归化"以译入语文化为中心，"异化"则在一定程度上以出发语文化为中心。如果归化策略是我族中心主义的话，异化策略则在一定程度上是对"他者"的妥协，可能会导致他族中心主义。虽然他者为上的心态和适度的异化策略值得提倡，但这一切都是以主体性为前提的，对外来语的全盘接受会使译入语失去自我。凡事都有度，过犹不及。无论是归化还是异化都有其片面性，任何翻译，无论是表现为语言形式的归化异化，还是价值取向的归化异化，都不可避免地向目标语文化输入一种文化他性，都是一种文化侵略。①异化策略和归化策略都可能导致民族中心主义，都在可批判之列。只有非民族中心主义翻译话语才对这两种民族中心主义具有调节作用，对翻译研究和实践具有理论指导意义。非民族主义则要求两种策略的协调和融合。正如苏珊·巴斯内特所说：翻译应该忠于作者，还是那些不能阅读源语言的读者？她的答案是"翻译是协商，即协商作者世

---

① 王东风：《翻译研究的后殖民视角》，《中国翻译》2003 年第 4 期。

界与读者世界。"① 也就是说,译者必须在源语与翻译语之间维持微妙的平衡。所以应该说,归化异化翻译策略不仅不是相互矛盾的,还应该是互补的。

面对外界的"误解"和批评,韦努蒂辩解说,异化归化不是一对对立的概念。异化不能恢复原文的文化,不是以源语和源语文化为归宿,也不是一种策略,而是对外语文本和文化的伦理态度。② 在韦努蒂看来,归化异化至少在导致我族中心主义与抵抗我族中心主义之间是对立的。所以问题就出来了,既然他同时承认异化归化的兼容,二者不是对立的,归化中有异化、异化中有归化,那么,如何判断一个译本是归化还是异化呢?如果连严复、林纾的翻译都在韦努蒂眼里成了异化翻译,那么中国翻译史上还有几个是典型的归化翻译呢?照此推论下去,英美翻译史上又有几个是典型的归化翻译呢?他所谓的英美翻译史是以归化翻译为主,又从何谈起呢?如果分辨不出异化归化,又如何断定某译本是导致我族中心主义还是抵制我族中心主义呢?

那么,我们现在回到问题的核心部分:韦努蒂将异化归化简约为是对外语文本和文化的伦理态度。但仅以伦理态度的不同,真能准确界定异化归化吗?殊不知,种族中心主义即一种文化伦理态度。从以上的分析中可以看出,把种族中心主义与归化异化论捆绑起来,是多么的荒诞。韦努蒂同时承认异化归化的兼容,某译者是归化和异化兼备,那么同一个译者岂不是兼有征服性态度和尊重态度了,同一个译本岂不是既导致我族中心主义又抵抗我族中心主义了?这就出现了逻辑混乱。因此,用伦理态度这一过于主观的标准难以准确界定异化和

---

① Purabi Panwar, "Post – Colonial Translation: Globalising Literature?" (http://www. anukriti. net/tt/post_ colonial. asp).

② 郭建中:《韦努蒂访谈录》,《中国翻译》2008 年第 3 期。

归化的内涵。

讲究对外语文本和文化的伦理态度，即尊重他者、以他者为上的态度当然是对的。但他仅以伦理态度之间的不同难以完整区别异化和归化。正如仅有帝国之眼或征服性的表征观即伦理态度难以独立形成文化殖民一样。文化殖民是文化地位与文化表征观共同作用的结果。仅有种族中心主义观念而无实际的强势地位，是无法实现文化殖民的。因此，西方中心主义、汉文化中心主义及形形色色的种族中心主义都难以独立构成文化殖民。只有高文化地位而没有种族中心主义式的伦理观，或者只有种族中心主义式的伦理观而缺少高文化地位，都难以形成文化殖民。

如果非要用韦努蒂的种族中心主义伦理模式来界定归化、异化的话，笔者谬认为，只有高势能文化在高权力势能操纵下进行的征服性翻译才是归化翻译，以及与之相对应的，低势能文化为抵抗高权力势能的征服而进行的翻译才是异化翻译，即双高文化（高权力势能、高文化势能）对双低文化（低权力势能、低文化势能）的征服性翻译为归化，双低文化对双高文化的抵抗性翻译为异化。除此之外，均不是种族中心主义伦理态度模式下的归化、异化翻译。

笔者上文也曾说过，西方学者笔下的中国形象并不一定都是凭空想象出来的，也不一定都是恶意杜撰。即使负面的描写也未必就是误现，不能笼统地归于后殖民范畴。……文化交流中存在误现是正常的现象，只有直接服务于政治军事征服和经济掠夺的恶意误现才是应该批判的表征观。因此，如果从表征危机的绝对论出发，异化的确不能绝对恢复原文文化。但相对于归化，异化无疑又更能准确传达原文文化的差异和他性，更能做到近真。从这个角度看，说异化是以源语和源语文化为归宿也有一定道理。

145

至于韦努蒂否定异化是一种策略，其意在强调异化是一种伦理态度，但造成明显自相矛盾之处：据笔者粗略统计，韦努蒂在《译者的隐身》中明确将归化、异化、流利、抵抗视作一种策略和方法达 50 处以上，仅在第 291 页和第 306 页就分别三次提及。

第二节　文化认同与归化策略
——从中国伊斯兰汉译说起

韦努蒂的这种关于归化、异化翻译的观念，尽管得到了比较多的学者的赞同，但是还是引起了很多的争议，存在着很多漏洞和自相矛盾之处。而且，即使以强势文化为预设背景，以弱势文化译入强势文化为讨论对象，韦努蒂异化归化论也不见得准确。只要把韦努蒂的观念与中国和西方的伊斯兰翻译实际联系起来看，就可以发现，他关于归化翻译是民族中心主义的观念并不具有普遍性，它只适用于解释西方文化圈的某些翻译活动而不能说明其全部，更难以概括其他文化圈的翻译活动。基于此，笔者认为有必要结合中国伊斯兰翻译的具体情况来对归化翻译到底会不会必然导致民族中心主义，以及归化翻译的实质是什么，作进一步的探讨。

一　文化认同与翻译

文化认同与翻译之间似乎有着密切的联系。根据斯图亚特·霍尔（1992），认同并不是个传统的问题，而是翻译的问题（Identity is not so much a matter of tradition，but of translation）。① 关于译者的文化认同对翻译实践的影响，不少学者也有过评价。比如，任东升认为，译者的文化身份指译者对本土文化和异域文化持有的文化心态和立场的固化和体现，在很大程度上决定其翻译目的和翻译策略，左右其翻译实践，他的宗教信仰和文化立场，也会有意或无意地参与译文的生成过程，从译文的字里行间流露出来，甚至决定着译作的面貌，左右译作在目的语文化中产生的效果。② 张坚、蒋林认为，译者的文化身份问题对文本的选择、策略的制定、异域文化的构建、本土主体的创造等方面有着直接的影响。实际上，译者文化身份的复杂性最直接的表现莫过于在翻译策略的选择上——归化和异化的使用上。③ 下面，笔者着重从中国穆斯林的双重认同来探讨伊斯兰汉译的策略问题，借此反思韦努蒂归化论。

二　中国穆斯林的双重认同及翻译策略

信仰伊斯兰教的中亚人、阿拉伯人、波斯人自唐朝时期就迁移到中国。伊斯兰教把这些人的后裔与汉人、蒙古人、维吾尔人等，经过长时间杂居、通婚、交融，凝合为回族。在回族形成过程中，伊斯兰教发挥了不可替代的决定性作用，并潜移默化塑造了回族人的世界观、人生观及思想性格、行为规范等。伊斯兰教的某些教义、教律、伦理要求等，经过长时间的流传与民族化，已成为回族的民族传统。回族

---

① Stuart Hall，"The Question of Cultural Identity"，in Stuart Hall et al. （eds.），*Modernity and its Futures.* London：Polity Press，1992，pp. 273 – 325；António Sousa Ribeiro，"*The reason of borders or a border reason？Translation as a metaphor for our times*". （http：// www. eurozine. com/articles/2004 – 01 – 08 – ribeiro – en. html）.

② 任东升：《圣经汉译文化研究》，湖北教育出版社 2007 年版，第 344 页。

③ 张坚、蒋林：《后殖民视域：文化翻译与译者的定位》，《广东培正学院学报》2007 年第 4 期。

的形成是与伊斯兰文化俱生的，一个合格的穆斯林，世界观必然是伊斯兰化的。可以说，伊斯兰文化作为异邦的一种宗教文化，在中国传播和发展的最大收获之一，就是促成了一个民族（回族）的产生。回族是经过几百年的时间，在中国土地上形成的民族。中国传统文化，从一开始就哺育着它、滋养着它。由于长期处于大分散的状态，中国穆斯林在长期与周围环境相适应的过程中，以开放的心态对待主体文化，主动学习和吸收汉文化，是汉语言文化的自觉接受者。他们穿汉服、说汉语、取汉名、读汉文，从诸多思维方式、认识理念上无不带有汉族文化特征，成为中国各民族中与汉族最为接近的民族。因此，中国文化无疑也是回族文化的渊源之一。汉文化和阿拉伯伊斯兰文化经过了长期历史积淀而在回族人中交融互补，回族文化是二者的混合结构和复合型文化。

回族作为伊斯兰文化与中国文化双向交流、渗透融合产生的结果，天生具有沟通两大文化体系的兴趣和能力，成为中国最早的"阿—汉""波（斯）—汉"之间的翻译者。唐宋以至元明各代，回族先民一直从事汉语与阿拉伯语、波斯语之间的翻译工作。比如，明初洪武十五年（1382），朱元璋令"回回大师"马沙亦黑、马哈麻等人翻译《回回历法》等"秘藏之书数十百册"，即一批阿拉伯文和波斯文书籍。在天文学、数学、医药学等领域，回族先民把伊斯兰世界的有关知识通过翻译引入中国，包括欧几里得的《几何原本》在内的大批科学典籍被从阿拉伯语、波斯语译成汉文，促进了中国在这些领域的发展。①

---

① 参见喇敏智《从汉文译著到外贸市场：阿拉伯语翻译事业的发展》（http://www.norislam.com/html/09/n-5609.html）。

到了晚明之际，多数回族人已不识先民通用的阿拉伯文和波斯文，也很少有人去学习，致使中国伊斯兰教面临信仰出现危机。拯救伊斯兰教走出危机的首先是经堂教育。伊斯兰经学大师胡登洲（1522—1597）深感"经文匮乏，学人寥落，即传译之不明，复阐扬之无自"①，"慨然以发扬正道为己任，立志兴学"②。他用经堂语③进行口译和讲解伊斯兰经典，形成了一整套制度，奠定了中国伊斯兰经堂教育的基础。之后，胡登洲的徒子徒孙们将经堂教育制度进一步加以发扬光大。经堂教育倡兴至今，培养和造就了数以万计的一代又一代"阿訇""伊玛目"和伊斯兰学者，成为 400 多年来振兴和弘扬伊斯兰文化的中坚。同时，正是经堂教育的倡兴和发展，为汉文译著、以儒诠经活动的开展奠定了人才条件，为伊斯兰教的学说化提供了强劲的推动力。④

在胡登洲创建的经堂教育和经堂翻译体系的影响和带动下，回族先贤开始有目地翻译、著述，打破了伊斯兰教在中国的千年沉寂，由此兴起了汉文译著运动，出现了伊斯兰翻译高潮。余振贵指出："汉文译著的两个主要源泉是伊斯兰教义和儒家理学思想，这在当时都是属于封建性质的意识形态，这为二者的交融提供了基础"。伊斯兰文化长期以来与汉文化双向交流渗透，有机结合，促成了以儒家思想阐发伊斯兰教义特征的宗教性思维方式的形成。以王岱舆（约1584—1670）、马注（1640—1711）、刘智（约1655—1745）、金天柱（1736—1795）、马德新（1794—1874）等为代表的穆斯林学者，通晓儒家学说，对佛、道也颇有研究，被人们尊称为"学通四教""中阿兼通"的"回儒"。他

---

① 《胡太师祖墓碑记》，《中国穆斯林》1981 年第 1 期。
② 纳麒：《从回族角度谈伊斯兰教的中国化》，《回族研究》1999 年第 4 期。
③ 经堂语是以汉语语法规则将汉语、阿拉伯语、波斯语词汇糅合而成的独特汉语表达形式。
④ 纳麒：《从回族角度谈伊斯兰教的中国化》，《回族研究》1999 年第 4 期。

们发起的这场汉文译著运动被称为"以儒诠经""以儒解回""以儒释伊""援儒入回""附儒以行"等，即用儒家的思想对伊斯兰教经籍进行意译或转述，把某些伊斯兰的语言转换为儒释道语言。这些译者在译作中既融会了伊斯兰哲学学说的基因，又融合、改造了儒学的某些思想观点，并充分利用了中国社会传统的历史文化资料。其中，以王岱舆的《正教真诠》《清真大学》、马注的《清真指南》、刘智的《天方典礼》《天方性理》《天方至圣实录》、马德新的《大化总归》《四典要会》《道行究竟》等为代表的译著，不仅为回族人民所欢迎，也受到汉族学者的理解、赞赏，是外来思想与传统思想相结合的独特形式，是回族文化在中国学术领域迈出的重要一步。他们在译经、释经中大胆地、积极地引入了中国传统文化，用儒家语言及其思想，比较广泛、深入地研究、系统地整理、归纳和阐明了伊斯兰教义教理。他们赞同宋明理学的唯心主义思想，并加以改造后用来正明伊斯兰教的"真主止一"。纳麒指出，他们以当时中国占主导地位的宋明理学的架构来创建伊斯兰教义学的体系，使其基本的价值取向与中国大环境的整体文化氛围相适应，使伊斯兰具有了明显的中国作风、中国气派，从而也使得伊斯兰教在中国的存在与发展获得了理论的根基，从低谷走上勃兴之道。[1] 前辈回族学者称赞这些著作"实为回教徒以中国文字阐扬回教学术之开端"，"有凿山开石之功绩"。[2] 17 世纪中叶明末清初的汉文译著运动，极大地加速了中国伊斯兰教民族化的进程，使外来的伊斯兰教，不仅最终植根于中国，而且打上了中国传统文化的深刻烙印，成为真正意义上的中国伊斯兰教。因此，此时的中国伊斯

---

[1] 纳麒：《从回族角度谈伊斯兰教的中国化》，《回族研究》1999 年第 4 期。
[2] 王伏平：《傅统先及其〈中国回教史〉》，《回族研究》2007 年第 1 期。

兰教，无论是外部表现形式，还是在深层的教义和伦理上，都表现出了浓郁的中国传统文化的特征。可以说，汉文译著运动，使得伊斯兰教完成了中国化过程。

综上所述，中国穆斯林在翻译伊斯兰经典过程中，积极宣传伊斯兰教同中国儒家文化和谐而不相悖，已经形成了稳定的双重认同。"为了适应中国社会大一统的社会结构和皇权主宰一切的政治需要，回族学者在汉文译著活动中提出了'二元忠诚'的观念，即提倡'忠主忠君'，实现了伊斯兰教在中国从'一元忠诚'到'二元忠诚'的变革，使伊斯兰教儒学化以进一步适应中国社会。""二元认同"思想的提出，不但适应了中国封建统治的要求，也为伊斯兰教与儒家学说更好地结合打开了方便之门，加速了伊斯兰教的中国化进程。① 他们"发扬儒家'和而不同'的原则，一方面承认东西文化的差别，另一方面主张文化之间应该保持和谐。东西方圣人建立起来的思想体系，不仅相互不冲突、不对立，且有共同之处，甚至可以互相补充、互为表里、互为辅翼，'岂知人道华西一体，原无因地而异之理'。因此，遵孔者不必排斥、否定伊斯兰教，信仰伊斯兰教的民众也不必排斥、否定儒家文化，'我教圣人非独优，他教圣人非独细'，进而引导广大回族民众自觉认同伊斯兰教和儒家文化。"② 中国穆斯林译者，正是凭着他们对伊斯兰信仰和文化融会贯通的理解与对中国传统文化方面的深厚功底，才恰当地吸收、运用中国文化的概念、术语和思维方式，深入浅出、通俗易懂地阐述伊斯兰文化的内涵和深奥哲理，并在广大群众中

---

① 丁宏：《从回族的文化认同看伊斯兰教与中国社会相适应问题》，《西北民族研究》2005 年第 2 期。

② 杨桂萍：《天道与人道——马德新关于伊斯兰教与儒家文化的比较研究》，《回族研究》2002 年第 4 期。

产生强烈共鸣。正因为如此，汉族学者评价中国伊斯兰文化时说："清真一教，不偏不倚，直与中国圣人之教理同道合，而非异端曲说所可同语者矣！"① 伊斯兰教在以孔孟思想为正统的国度里深深扎根而不断延续下来，成为中国传统文化的一部分。经过 1300 多年的双向融合，中国穆斯林的双重认同更加稳定和自觉。

中国的伊斯兰翻译几乎全部与穆斯林有联系。"从明代经堂教育的勃兴，到汉译经典，以儒释经的伊斯兰教学说化的过程中，众多回族伊斯兰教学者充当了砥柱中流。"② 以《古兰经》翻译为例。刘智摘译的《古兰经》短篇、马联元（1841—1899）翻译的《亥听译解》、马德新及弟子马安礼的《宝命真经直解》五卷，都是最早的《古兰经》节译本。现代以来，围绕《古兰经》的汉译，出现了一大批回族翻译家。从 20 世纪 20 年代至今，陆续有 14 位译者进行了《古兰经》全译本的翻译：李铁铮、姬觉弥、王静斋、刘锦标、杨敬修、时子周、马坚、林松、沈遐淮、仝道章、周仲羲、马金鹏、马仲刚、法图麦·李静远。在上述译者中，只有两位是非穆斯林，即李铁铮和姬觉弥，其余都是回族穆斯林。但第一位译者李铁铮在译完《古兰经》后不久就皈依了伊斯兰教，而第二部译作是姬觉弥与李虞宸等回族穆斯林合译完成的。穆斯林这种身份认同决定了译者不会恶意歪曲丑化《古兰经》，而是敬而畏之，尽可能地忠实于原著。

《古兰经》被认为是真主的语言，很久以来都主张不可译，传道者仅据经典原文口译讲解，不从事译经工作，而且重教内典籍传播，轻教外文化普及，以至导致经文匮乏，即"传译之不明"的局面。在

---

① 刘智：《天方典礼》，天津古籍出版社 1988 年版，序。
② 纳麒：《从回族角度谈伊斯兰教的中国化》，《回族研究》1999 年第 4 期。

当时中国儒家文化占统治地位，在儒释道强势文化的包围中，采用归化策略，即以儒家观念诠释、摘译、编译、全译《古兰经》等伊斯兰经典，根据目的语的文化规范传达其精神成了更可行的办法，无疑更有利于外来文化的生存和传播。

三　中国伊斯兰翻译与民族中心主义

民族主义是现代民族国家出现之后产生的一种以本民族的利益为诉求的主义。民族主义认为，某一群体尤以当今或历史上的地理边界为界的全体成员拥有某一共同的遗产，如文化、语言、历史等；所有外国的影响，都是有害的，理应抵制；任何种族、人种、文化或语言的杂合都是不纯洁的，理应清除。① 这样的民族主义其实就是我族中心主义或狭隘民族主义。它鼓吹自我民族优越论、因循守旧、盲目排外，具有很大的破坏作用。那么，中国穆斯林的归化翻译是否像韦努蒂说的会体现出我族中心主义呢？我们还是结合他们的具体翻译情况来说说这一问题。

在中国伊斯兰译著史上，第一个系统准确地运用古汉语译述伊斯兰教思想的回族学者，是明末的"真回老人"王岱舆，被称为"以儒诠经"的第一人。他从小学习阿拉伯语和伊斯兰教经典，后来攻读汉文经史及佛教、道教经典，毕生致力于伊斯兰教经籍的研究与译著："以中土之汉文，展天方之奥义"。他精通伊斯兰教和儒教、佛教、道教的要义，当时就被人们称赞为是"学通四教"的回儒。他流传下来的重要译著有《正教真诠》《清真大学》和《希真正答》。《正教真

---

① Douglas Robinson, *Translation and Empire*: *Postcolonial Theories Explained*, Beijing: Foreign Language Teaching and Research Press, 2007, p. 120.

诠》上卷开篇就是"真一"而非对于中国人来说是陌生的"安拉"。
这里没有采用"安拉"的音译,而取其意译,"真一"或"真主"的
意译有利于中国读者接受以及更好的文化适应与融合。《正教真诠》
大量吸收和改造了包括儒释道各家在内的中国文化概念,诸如真一、
无始、善、真赐、五常、真忠、至孝等。用儒家礼教中的仁、义、礼、
智、信等"五常"来比拟、阐释伊斯兰教的念、礼、斋、课、朝等天
命"五功",是王岱舆的一个创举。他解释说,"五常"之首曰念,感
念真主之恩,人就有了仁心;五常之二曰施,施的举动可以称为义;
五常之三曰拜,拜真主,拜君亲,可谓知礼;五常之四曰戒持,懂得
并遵行戒持可以称得上智;五常之末曰聚,这是穆斯林与主的约定,
全约之谓信。① 王岱舆对伊斯兰和儒家思想双重认同,认为"人生在
世有三大正事,乃顺主也,顺君也,顺亲也。凡违兹三者,则不忠、
不义、不孝矣。"② 该译作开启了"以儒诠回"的先河,是系统阐释伊
斯兰教义的最早译述,被称为"清真教中第一汉译本"。清初,何汉
敬在读了王岱舆的《正教真诠》后,就认为王介绍的伊斯兰教思想
"与吾儒大相表里"。后世学者说他"发人之所未发,言人之所不敢
言,正教光辉,因之昭著"。"盖自正教入华以来,一人而已。"还有
的汉族学者称赞王岱舆的著述之功为"先生将不得千秋俎豆乎哉!"③
他在坚持伊斯兰教的基本信仰的前提下,积极向儒家文化靠拢,努力
寻求两种文化的交融点。他将伊斯兰教思想与中国传统文化相融合,
重新全面阐明了伊斯兰教,初步建立起中国化的伊斯兰教哲学与教义

---

① 转引自王东平《明清时代汉文译著与回族穆斯林宗教法律文化的传布》,《世界宗教研究》2002 年第 2 期。
② 王岱舆:《正教真诠》,宁夏人民出版社 1988 年版,第 88 页。
③ 参见王伏平《傅统先及其〈中国回教史〉》,《回族研究》2007 年第 1 期。

学。他的理论紧密结合中国社会实际，表现出伊斯兰教传播过程中与中国传统文化的交融互补。

马注是用汉文译著伊斯兰经典的开创者之一，也是中国伊斯兰教义思想体系创立者之一。马注从小攻读儒书，后来学习阿拉伯文和伊斯兰教经籍。其著作有《清真指南》《樗樵》《经权》等。《清真指南》一书站在宗教与世俗的交结处，熔伊斯兰教伦理与儒家伦理、社会道德与宗教道德于一炉，形成了具有中国特点的伊斯兰教伦理道德体系。马注将儒家以"三纲五常"为核心的纲常伦理与伊斯兰教思想相融通，把儒家伦理道德观纳入伊斯兰教伦理道德信条之中，与伊斯兰教的教义融汇为一。马注在《清真指南》中首次提出了"君王代主宣化"的伊斯兰伦理思想。在他看来，"人极之贵，莫尊于君。君者，所以代主宣化，摄理乾坤，万物各得其所"。"命曰'天子'。天之子，民之父也。三纲由兹而始，五伦由兹而立，九族由兹而分，万民由兹而出。"他把忠君同忠主紧密地联系在一起，展示了"二元忠诚"的政治伦理思想。马注促进了伊斯兰教与中国传统文化的融合，加强了穆斯林与非穆斯林的相互了解，走出一条伊斯兰教义世俗道德化和世俗道德伊斯兰教义化的路子，形成了具有中国特点的伊斯兰教伦理道德体系。

如果说王岱舆的贡献主要是开创了中国伊斯兰学者"文化自觉"与"文明对话"的姿态的话，刘智则将"以儒诠经"的运动推向了高潮，成为明末清初伊斯兰教汉文译著活动的集大成者。他自幼师从伊斯兰经师袁汝琦，学习伊斯兰教经籍，博览经史稗官、天官律数及佛、道典籍，深得儒学精微之旨，会通诸家而折中于天方，主要译著有《天方性理》《天方典礼》等。刘智以自己扎实的语言基础，丰富的伊斯兰教知识，运用中国传统文化的内容，尤其是儒家的思想、语言、体裁整理和研究伊斯兰教义，用儒家的概念对伊斯兰教经籍进行意译，采取了明显的伊斯兰教与儒家文化结合的形式，具有伊斯兰教和儒家学说的双重特征，使伊斯兰教宗教哲学理论化、系统化，从而使其适应于中国穆斯林的时代处境。刘智也具有双重认同意识，认为"君者，主之影。忠于君即所以忠于主也。""一时不心于君，即为不贤，一时不合于君，即为不忠。""王者，代真主以治世者也。"①刘智在《天方性理》自序中明确地指出："天方之经大同孔孟之旨也。"该译作被收入《四库全书总目提要》存目，也是唯一收入其中的中国伊斯兰教著作，足见其重要性和代表性。汉族学者评价说："刘子言性本于天，则合乎儒者之公理；言道归乎有，则合乎儒者之实学。"②还有的汉族学者称赞称刘智的《天方典礼》"殆可与六经并著天壤矣乎！"③他的译著把中国宋明理学、佛家禅学和伊斯兰教苏非主义融为一体，又将儒家的伦理道德用伊斯兰教信仰加以概括，给人们万教归一的指点。其译作在中国穆斯林中影响深远，被尊为"汉克塔卜"（汉文经典），刘智（字介廉）被赞誉为"圣教功臣""大伊玛目"，在西北门宦中则尊崇为"介廉巴巴"。刘智之所以具有世界级思想家的地位，是因为他同时在中国传统哲学和伊斯兰哲学两个领域达到了一定的高度，既是两个学术传统的继承人，也是两种文化融会贯通的实施者，更是伊斯兰哲学在中国达到的最高境界和集中代表。刘智在认同儒家基本价值观的前提下，倡导与儒家文化进行对话，为今天的回儒对话提供了可能性和借鉴。

马德新与王岱舆、马注、刘智被并称为中国"四大经学家及译著

---

① 刘智：《天方典礼》，天津古籍出版社 1988 年版，第 12、229 页。
② 同上书，序。
③ 参见王伏平《傅统先及其〈中国回教史〉》，《回族研究》2007 年第 1 期。

家"。他一生著译编删的书籍有《四典要会》《大化总归》《醒世箴》《据理质证》《理法启爱》《朝觐途记》《天方历源》《礼法捷径》等30多部，是中国伊斯兰教著作最多的学者。马德新毕生致力于阐扬伊斯兰教义和文化，"数十年中，学习渊源，遵中国之礼，引孔孟之章，译出天道人道之至理，指破生来死去之关头"。他的译著把伊斯兰教的学术思想和中国各家的学说结合起来。他以伊斯兰教的经义为本，引证宋儒的"理""气"之说与阴阳、造化、表里、善恶等概念与范畴，反复阐明真主是"化育万世""化生万物"的本原，并把宇宙演化分为先天、中天、后天三个不同性质的阶段，认为"先天浑然，故真一开起化之原；中天灿然，故数一立成化之本；后天厘然，故体一顺化化之机。要其化之登终而返始者，皆化化之自然而归本然也"。这补充了王岱舆等先辈学者关于伊斯兰教"后世复生"之说的阙略。① 他的学术成就还得力于他的学生马安礼和马开科等的润笔。马安礼等人是当时的儒学大师，都是在儒学上有相当的成就后才跟随马德新的。经他们润笔，他的一些作品，在文字上得到了升华，克服了中国伊斯兰教学术惯有的经堂语调，成为真正的汉译本，以《四典要会》最为突出。《四典要会》语言流畅，每阐述一个问题，都用大量的并排组合的韵句来论证，其文辞犹如叠浪兴起，此销彼续，波波相应，几万字的宗教论著，读起来像一篇优美的长篇诗歌，读后余音缠绕，耐人寻味，其文字的优美，音脚的整齐，是清末其他汉译本望尘莫及的，是他译著的"汉经"中最为杰出的一部，被广大穆民、教外同胞甚至统治阶级所接受，达到继刘智之后的又一个顶峰。② 马德新、马安礼译

---

① 王建平：《试论马德新著作中的"天"及伊斯兰教和儒教关系》，《上海师范大学学报》2004年第6期。

② 《一代经师马复初》（http：//www.zgmsl.com/Article/mmrw/200608/101.html）。

的阿拉伯赞圣诗《天方诗经》，是此一时期汉译作品的典范之作。他们将《伽绥达－布尔达》译为《天方诗经》是与儒家经典《诗经》作比照，体现了伊斯兰文化与儒家文化完美的结合。它的问世进一步完善了中国伊斯兰的翻译文库，掀起了伊斯兰译介的新高潮。

王静斋（1879—1949），中国伊斯兰教史上著名的"四大阿訇"之一，是现代中国伊斯兰教著名的经学家、翻译家，被誉为"现代中国伊斯兰教经学大师""学通古今中外、品学兼优的伊玛目"。他不断地翻译和润色《古兰经》，其最大目的是开拓伊斯兰教的深厚资源，促进对伊斯兰教经典的准确翻译和阐释。王静斋历经20年潜心著译，四易译稿，先后以文言文、经堂语、白话文翻译出版甲、乙、丙3种不同文体的《古兰经译解》。甲种本于1932年在北平出版，是中国伊斯兰学者直接译自阿拉伯原文的第一个全译本。甲种本译解皆用文言，释文简略、扼要，译文准确、易懂。乙种本完成于抗日战争时期，多用经堂语，带注释，1942年在宁夏出版。丙种本系在乙种本基础上充实改译、不断完善而成，于1946年由上海永祥印书馆出版。该译本，他初名之为"白话汉译古兰天经"，用普通白话体裁，直译兼意译。该译本译笔忠实准确，通俗明快，辅助性资料丰富，并加《哲俩来呢》原注，有时还补以《侯塞呢》《煮麦利》等经注，附有"略解""附说"及1943条注释，对每节经文颁降的原委都考证清楚，一无缺漏。译者治学严谨，一丝不苟。他说，古兰译文很难做到"语无晦文，字无晦义"，因为原经法微旨远，言简意赅，其深邃处绝非人的语言文字所能形容到尽处。他对译经甘苦有深切体会，感到"冒昧译经，只不过稍具轮廓而已"。但"我的译笔，对于原文的结构和本意，永远在保持着十足的忠实。"① 丙种本涉及的领域广泛，内容丰富，堪称伊斯兰百科全书，深受海内外穆斯林信赖与欢迎，尤其在马坚的译本问世之前，被视为最实用、最成熟、最有影响、流传范围最为广泛的汉译《古兰经》。

马坚（1906—1978）通晓汉、阿、波、英多种语言，学识渊博、治学严谨。在汉阿互译方面贡献巨大，译有《古兰经》《回教哲学》《回教真相》《回教教育史》《回教哲学史》《阿拉伯通史》等重要的学术著作。马坚翻译出版的大量宗教著作中，最重要和最具影响的是1981 年出版的《古兰经》全译本，其目的是传播伊斯兰教，帮助穆斯林克服语言障碍，领悟《古兰经》真意。该译本译笔忠实准确，文字简洁流畅，通俗易懂，风格古朴清新，受到广大穆斯林的肯定和高度评价。当代回族著名史学家白寿彝先生认为：在忠实、明白、流利三者并举的要求下，这个译本超过了以前所有的译本。② 该译本出版后，发行量达 10 万册以上，成为全球影响最大的《古兰经》汉译本。马坚具有自觉而鲜明的伊汉双重认同意识："我是穆斯林，又是中国人，肩负宗教的和国民的双重义务，我决意同时履行这两种义务，即要尽力帮助不懂中文的教友了解中国的哲学和文化，更要全力在中国传播穆罕默德的一神教义，使我国国民都能了解伊斯兰真谛。"马坚由此把自己在中阿文化交流中承担双向交流的桥梁作用做了明确的阐述。他以精确、规范的阿拉伯文字翻译《论语》，这在中阿交流史上具有重大意义。从双向文化交流这个角度看，马坚这种翻译和研究的实际意义大大超过宗教或神学的范畴，而成为历史上中阿文化交流的一种延伸

---

① 参见王静斋译《古兰经译解（丙种本）》，上海永祥印书馆 1946 年版，译者述。
② 转引自努尔曼·马贤《〈古兰经〉翻译概述》，《中国穆斯林》1987 年第 1 期。

和继续。马坚的这些译作和论述为提高中国穆斯林的文化素质，使他们自强自立做出了贡献，也为让他们能与中华民族各成员共同建设一个繁荣富强的新社会作了一定的舆论准备。①

林松（1930—　）出生在一个伊斯兰气氛特别浓厚的家庭，具备从小被熏陶而潜在、积淀的信仰根基，自幼师从著名学者马坚教授学习阿拉伯语，主张把"爱国爱族爱教"有机结合起来："任何人，身为回族成员而不尊重自己的民族和习俗信仰，就有如身为中国公民不尊重和热爱自己的祖国和国情民俗！"他汉语根底很深，国学造诣高，历史基础扎实，同时阿拉伯语也很好，精通经典、圣训。几十年来，他始终从事中文教育，教授与研究中国古典文学，包括中国文学通史、断代文学史、唐诗、宋词、元曲等等。他很喜欢中国古典文学，并且有机会在教学与研究的漫长实践中对古老而又极其丰富的中国文化，包括四书五经、诸子百家、三教九流等，都有所接触，且逐渐熟悉，特别是在浏览和梳理的过程中，捕捉到从唐、宋到元、明、清的许多穆斯林文人用汉文著作的文学、史学、哲学、美学作品，对于研究回族学很有帮助。他历时 8 年把《古兰经》翻译成韵文体，于 1988 年公开问世，引起了各方面读者的重视，受到中国穆斯林群众尤其是青年的广泛欢迎。出版后，译者收到成百上千封信，赞扬这种翻译文体，认为好读易懂，朗朗上口，把深奥的《古兰经》翻译成流畅的押韵文体，兼顾了《古兰经》的文体优美、内容深奥的特色。该译本是国内至今唯一一部韵体汉译本，译文本着"直译为主、意译为辅"的原则，用带韵散文体表述，顺口悦耳，音韵铿锵，节奏和谐，别开生面。

---

① 参见《穆斯林学者——马坚》（http：//www. yinchuan. gov. cn/publicfiles/business/htmlfiles/yczw/pphzrw/10194. htm）。

在北京外语教学与研究出版社发行后，穆斯林较少的海南三亚地区，一次购买就上千册。西安的一位穆斯林一次就购买了 800 本。后来各地都来争相购买。《〈古兰经〉韵译》分上下两册，中阿对照本出版了五万套，另外又印了三万册中文单行本，主要是为非穆斯林服务，两种版本一共印了 13 万册。[1]

总的来看，无论是古代的，还是近现代的中国穆斯林的伊斯兰翻译，都体现了一个共同的特征，即一方面以一种敬畏的态度尽可能地忠实于原著，以传达伊斯兰的真谛，另一方面又以汉文化的思想和言说方式来加以传译，在翻译中采用"以儒诠经""以儒解回""以儒释伊""援儒入回""附儒以行"的策略，以汉文化思想对伊斯兰教经籍进行意译或转述，把某些伊斯兰的语言转换为儒释道语言，在译语的使用上也多迁就汉文的习惯，有用寺院教学的经堂语的，有用顺口悦耳的押韵体的，有用凝练典雅的文言体的，有用通俗畅达的白话体的，等等。他们采用归化策略，即以汉文化观念诠释、摘译、编译《古兰经》这样一种归顺汉文化的翻译策略。不过，也应该看到，回族并没有完全汉化，回族人对汉文化向来都不是全盘接受的，而是在学习汉文化的过程中善于求同存异、适度借取，努力做到"同而不化，和而不同"，始终保留着本民族最基本的文化元素。以儒释经，并非是完全的归化或儒化，而是将孔丘和穆罕默德并列在一起，"义以穆为主，文以孔为用"，既未违背伊斯兰教的基本信仰和道德传统，又符合中国封建社会的伦理纲常准则，成为中国伊斯兰教的独有特色。这就既消解了僵死的对立，又保存了伊斯兰真精神，既证明儒家文化的包容性，

---

① 《林松教授接受〈古兰经〉通讯社专访》（http://www.2muslim.com/html/03/n-47003.html）。

又说明了伊斯兰文化的适应性，更能说明儒家传统文化和伊斯兰文化的相互交流、对话融合的可能性。不但穆斯林极端珍视，倍加赞扬，而且教外人士高度评价，欣然首肯，统治阶级对之亦十分重视和宽容，使伊斯兰教在奉孔孟思想为正统的国度里深深扎根而不断延续下来。所以，用中国的传统文化宣扬伊斯兰教哲理的"以儒诠经"翻译策略，实际上，既有"儒化"的一面，又有"化儒"的一面，即一方面伊斯兰教被"儒化"，亦即中国化，另一方面伊斯兰教又吸收和改造中国传统文化，使中国文化也在逐步"伊斯兰教"化，在中国56个民族中，已有10个少数民族信仰伊斯兰教①，就是重要明证。但无论是化儒的一面，还是儒化的一面，都没有表现出或独偏伊斯兰文化，或独偏汉文化的狭隘的民族中心主义的倾向。这个中原因，主要是因为中国穆斯林在翻译的时候，采取了对伊斯兰教与儒家思想双重认同的文化态度。

四　中西伊斯兰翻译比较

那么，西方的伊斯兰翻译是否也像韦努蒂说的那样会导致民族中心主义和西方中心主义呢？我们也还是就其具体的情况来看看。

西方的伊斯兰翻译以 20 世纪为界大致分成前后两个阶段。20 世纪以前，西方的《古兰经》译者，绝大多数不是穆斯林，而是基督教神父和东方学家，是西方殖民者的一部分或者由殖民者赞助，拥有选择原文、诠释经文和决定译文的垄断权。他们一些是出于宗教偏见，一些则是利益和权力的驱使。在当时情况下，只有这些人的译本才有

---

① 分别是：回族、维吾尔族、哈萨克族、乌孜别克族、柯尔克孜族、塔塔尔族、塔吉克族、东乡族、撒拉族、保安族，人口总数约 2000 万人。

可能成为经典，在社会上流行。由于对伊斯兰教的无知和仇视，西方人对伊斯兰教的翻译充斥着误解和歪曲。在西方殖民语境下，单一文化认同的西方译者身份决定了先入为主的意识形态偏见和价值取向，为配合殖民侵略而有意采取归化翻译策略。而基督教神父的翻译活动自中世纪的时候就开始了。后来随着西方向中东和北非殖民的扩张，西方的部分东方学者也逐渐地参与到《古兰经》的翻译中来。当然，后者的翻译在很大的程度上是受到了前者的影响，因为前者的一些译本，也曾受到东方学者和殖民者的尊奉。也正是这个原因，而使他们两者的翻译都存在着明显的歪曲、诋毁伊斯兰的成分。无论是出于配合十字军东征的需要，还是出于配合殖民侵略的需要，20 世纪以前的西方伊斯兰翻译大多数都是站在西方文化与西方利益的立场来看待和翻译《古兰经》的，不仅充斥着窜改、歪曲和诬陷的情况，而且表现了强烈的西方中心主义倾向。而这种倾向的出现，究其缘由，则是因为他们只认同西方文化为先进、文明的文化，而视伊斯兰文化为野蛮、落后的文化的结果。正是这种单一而又褊狭的文化认同导致了译者的以西方为中心的民族主义情绪。韦努蒂所说的归化翻译会导致民族中心主义和西方中心主义，指的就应该是这一翻译的情形。但由此亦可见出，韦努蒂所说的归化翻译会导致民族中心主义，实际上是有前提的，而这个前提就是归化翻译必须是建立在单一而又褊狭的文化认同的基础上的。

但韦努蒂的观点，对于西方 20 世纪以后的西方伊斯兰翻译，就显得不那么贴切了，因为这一时期的西方伊斯兰翻译在文化认同上已不再显得那么褊狭和单一了。到了 20 世纪之后，一些西方的东方学者仍然继续从事《古兰经》的翻译，但在态度和立场上已与过去有所不同。尽管他们的翻译中对《古兰经》的理解仍然没有完全摆脱错误与纰漏，但毕竟恶意的诋毁已经淡出，并显客观公正多了。其中比较有名的东方学译者是理查德·贝利和约翰·吉阿尔布勒，以及犹太人洪思都德。而就 20 世纪以后占据西方伊斯兰翻译主流地位的穆斯林伊斯兰翻译而言，则更是完全摒弃了以前的那种极度厌恶伊斯兰的情绪和西方中心主义，而表现出了既要切合《古兰经》的原意，又要适合西方人的言说习惯和思维特点的双重认同特征，如 1985 年，美国穆斯林提·比阿尔法英的英译《古兰经》就表现出了这样一种双重认同来，即他一方面努力接近《古兰经》原意，另一方面则又以美国人的表达方式翻译，以使《古兰经》精神更接近于美国人的思维方式。这样一种双重认同特征的形成有两个原因：一是不满于以前欧洲的各种出自非穆斯林之手的《古兰经》译本存在的错误理解和不公正的翻译情况；二是决心以一种易于使西方人理解的方式，来向西方人传达正确的《古兰经》思想。这样两个原因，必然使他们的翻译在文化认同上不再那么强烈地偏向某一个文化方面，从而也不再表现出什么民族中心主义的倾向了。20 世纪西方穆斯林的伊斯兰翻译比较有代表性的译本还有，1920 年穆尔维·穆罕默德·阿里（Maulvi Mohammed Ali）翻译出版的《神圣的古兰经》，1930 年皈依伊斯兰教的英国人毕克夫翻译的名为《荣耀古兰经》的英文译本，1934 年作家阿卜杜拉·优素福·阿里（Abdullah Yusuf Ali）翻译的命名为《神圣的古兰经》的译本，1937—1938 年间出版于爱丁堡的被重视伊斯兰研究的东方学者誉为最佳的英译本的贝尔的译本，英国东方学家阿泰尔·杰·阿勃利 1955 年根据大英博物馆收藏的一部古本《古兰经》翻译而成的译本，1956 年大卫用现代英文译出的《古兰经》等，其中后两个译本到 1972

年分别重印了四次和八次。^① 可见，西方的东方主义翻译观也有值得检讨的地方。并非西方所有的古兰经翻译都是民族中心主义，恶意歪曲伊斯兰的，甚至一些非穆斯林的译本也不乏客观公正之处，也不完全是民族中心主义。由上所述可知，西方伊斯兰翻译史在 20 世纪以前导致了民族中心主义，而 20 世纪以后的主流翻译，则没有表现出民族中心主义。这一情况，充分说明了归化翻译并不一定会导致民族中心主义，而其中的要害则在于译者的文化认同是单一的，还是双重的。

由上述还可以看出中西伊斯兰翻译的一些不同来。从翻译的目的来看，中国译经的目的在于解决"经文匮乏，学人寥落"的状况，是为了挽救伊斯兰教于危亡，实现伊斯兰教在中国的复兴。正如王静斋所说："古拉阿尼（《古兰经》）岂非吾教皇皇之大经乎，而千百年竟无一汉译善本，是以非惟同人莫明其义，且滋外教人莫大之疑惑，良以密（秘）而不宣故也。假若马克思全集、列宁丛书，人手一篇，均悉其义，则中国各省绝少任何之反动也。今日中国回教之危，在于单纯的选读天经原文，而不自阐扬其意义，裨教内人知而守之，庶几教外人疑团顿释。夫我天经之真价值，必须赖普及一般社会而后得之，否则适成为读《圣谕广训》，崇之实乃蔽之而已。"^② 如果说其归化策略是为了迎合目的语读者的话，主要也是为了穆斯林本身。当年的"回儒"们翻译伊斯兰经典，改变经文匮乏的局面，从某个方面说，是弱势文化在强势文化的包围之下，如何谋求生存和发展的问题。这和西方的早期译经有很大不同。西方早期翻译伊斯兰的目的就在于实现对伊斯兰教的征服，最终达到对伊斯兰世界的殖民，获取经济、政

---

① 参见努尔曼·马贤《〈古兰经〉翻译概述》，《中国穆斯林》1987 年第 1 期。
② 木白：《王静斋与汉译〈古兰经〉》，《中国穆斯林》1995 年第 2 期。

治、文化等霸权和利益。比如,《古兰经》被译成西方文字,即是中世纪基督教教会势力为了寻找疵瑕,批驳《古兰经》,歪曲丑化伊斯兰教,配合十字军东征,向伊斯兰教发起进攻而开始的。

从翻译的手段来看,西方早期译经手段在于丑化和扭曲伊斯兰形象,以自己的意识形态和文化成见先入为主地归化、塑造和再造伊斯兰教,以批评诋毁为主。中国译经的手段在于使用"文化借壳"的方式,双重褒扬,双向整合,化儒与儒化并重,力求在异质中寻求相同的品质和契合点。西方为了侵略和征服,其归化策略是西方强势单向的行为,是主客关系。中国的归化策略是强弱文化双方共同的意向,是双向的和主体间性的关系。

从翻译的赞助体系和推动力来看,圣经的翻译多来自基督教本身,多来自源语一方,是基督教主动对外翻译,发展教徒、塑造教徒身份,征服万民。佛教的赞助体系多来自目的语一方,所谓"不依国主,则法事难立"。西方早期的伊斯兰翻译主要由西方基督教会势力和殖民势力资助下由非穆斯林来完成的。与基督教与佛教不同,也与非穆斯林的伊斯兰翻译不同,中国穆斯林的伊斯兰翻译则相对缺乏统治阶级的赞助体系,多是穆斯林的自发行为,很少得到官方的主动鼓励和大力资助,是一种以我为主的主动吸收,没有任何经济政治的胁迫和强加。他们采用儒化或归化策略并没有外部压力,而是为了交流传播的方便。

从翻译的结果来看,实践充分说明,中国的归化并没有泯灭伊斯兰教的特性,反而扩大了它在中国的传播和影响。中国的归化翻译使"学人寥落"的状况开始扭转,"传译不明"的忧虑得到解除,"阐扬无自"的苦恼有所减轻,"经文匮乏"的困难逐步解决。① 通过几代人

---

① 纳麒:《从回族角度谈伊斯兰教的中国化》,《回族研究》1999 年第 4 期。

的努力，伊斯兰教在中国得到了复兴，有人把从经堂教育倡兴到汉文译著译经释经发展的明清之际，称为中国伊斯兰教史上的"文艺复兴时代"。① 这充分表明归化翻译和文化融合的成功。汉文译著宣传"儒回兼通"，打破了伊斯兰教于儒、释、道意识形态长期隔阂的局面，使伊斯兰教广泛吸收了儒、释、道思想，实现了文化融合。伊斯兰文化与中国传统文化的融合，成为文明对话的成功范例，在历史上实现了友好对话与长期共处。而西方的某些归化是恶意的篡改，为殖民服务，其结果实现了征服和殖民，导致了异质文明间的长期冲突，直到今天仍然愈演愈烈。

需要指出，中国穆斯林的双重认同与当前后殖民语境中译者的混杂身份也存在区别。后殖民知识分子的混杂身份其实存在文化认同危机。查建英有深切的感受："夹在两种文化，两个世界之间，经验到了两种文化在某种意义上分别自圆其说的现实和思维方式，而又很难彻底融入其中任何一个或与之达到较深刻的和谐。"② 后殖民理论的代表人物赛义德就存在严重的分裂人格，即后殖民时代的认同危机问题。赛义德在不同场合，尤其他的回忆录中很多次提到他自己的认同危机："我的基本母题，是一个'第二自我'如何浮现。有很长一段时间，这第二个自我湮埋于我熟练养成并运用的表面社会特性之下；这个表面也就是我不时提到的'爱德华'。""思想上的信念与对部族、宗派、国家的热情忠诚之间无法调和的本质，开始在我内里出现，而且至今无从弥合。"③ 他的回忆录原名"Out of Place"，意思就是格格不入、

---

① 张声作：《宗教与民族》，中国社会科学出版社1997年版，第197页。

② 小楂、唐翼明、于仁秋：《关于"边缘人"的通信》，《小说界》1988年第5期。

③ Edward W. Said, *Out of Place, a Memoir*, New York：Alfred A. Knopf, 2000, pp. 217, 280.

不协调、人地不相宜等。而中国穆斯林的双重认同就是经过了长期的融合才形成的，因而双重认同之间相对和谐对等。中华知识分子在一种多元语境中确立自己的文化认同，甚或一种双重的或多元的文化认同，并非仅限于穆斯林。比如，许多唐代士大夫既是儒家，也是道家和佛家，或在一生中起初更多的是儒家，后来更多的是道家和佛家。再比如，佛经译者大多是精通汉梵双语、具有佛儒双重认同的经学大师，包括支谦、玄奘、道安、惠远等。寒山将儒家的抱负、老庄的自然、释家的清净统一于一身，具有多元认同。明清以来，很多人也是在认同儒家文化的同时又做基督徒，亦即对儒家和基督教的双重认同。最突出的例子当是翻译家徐光启。徐光启是基督徒，但也是一个官至大学士的典型的士大夫。被称为中国早期基督教会三大柱石的杨廷筠、李之藻、徐光启在受洗后仍然秉持着儒家的价值观。① 现代的林语堂也融合了基督教、儒释道等多种信仰。对多元文化认同者来说，在多元文化之间，缺乏他者，在此语境下也就相对缺少民族中心主义。因此，单一文化认同与多元认同的译者存在巨大区别。单一认同容易产生民族中心主义，而多元认同则相对缺少这种意识。中西伊斯兰翻译实践表明，极端的翻译策略客观上产生并服务于本质主义的文化身份观。由此，我们应当提出一种流动主体性、多重自我与复合身份的概念，来阐释文化身份与语境之间的关联性，化解而不是加深文化认同危机。② 要超越民族主义单一的认同观，而多元一体的天下观既包括西方的现代性，又包括东方的民族性，同时是对二者的整合与超越，

---

① [美] 孟德卫：《1500—1800：中西方的伟大相遇》，江文君、姚霏等译，新星出版社2007年版，第28页。
② 参见傅腾霄、陈定家《关于全球化与文化认同危机》，《社会科学战线》2003年第6期。

成为一个超越了民族主义局限的新文化范式。中华文化多元一体的格局是多重认同、复合身份形成的肥沃土壤和坚实基础。而要建立流动复合的文化身份，与之相适应的是异化与归化有机结合的混杂策略。而"实施混杂策略的关键在于认识文化身份的开放性，从当下的文化语境出发，针对源语文本的具体文化因素选择翻译策略。"①

中国翻译观念的一大特点是圆满调和、和合调谐，超越了简单的二元对立，达到了辩证的统一。这种圆满调和的理念从玄奘就已经形成，无论是信达雅、化境、神似、三美等都没有离开圆满调和的理念。中国穆斯林的儒化与化儒策略也是这种理念的体现。伊斯兰文化与中国文化初始相互淡化隔阂，后逐渐和谐融合，这整个过程中，中国文化翻译理念与实践体现出一种夷夏之辨的精神。夷夏之辨并不是不同文明之间彼此敌视相互消灭，或相互区别与排斥，如中世纪基督教和伊斯兰教两种文明之间的相互排斥，而是文明之间的传播与学习、相互协调、促进和转化。在殖民主义者看来，东方等劣等民族是注定要被西方征服的，中心与边缘、文明与野蛮的关系被视为固定的、永恒的。而中国的夷夏之辨中，这种二元关系则是可以互相转化的。它们之间最重要的是互动关系，"所谓中国有恶则退为夷狄，夷狄有善则进为中国"。这里既体现出了辩证思维精神，也充分体现了中国主体文化对其他文化的宽容态度。

也正是从双/多重认同和夷夏之辨的角度，中国的伊斯兰翻译现象同样也适用于中华文化的其他翻译实践。通过翻译体现出来的中国主体文化的他者观及其文化关系不是单纯的归化或殖民化能涵盖的，而

---

① 胡志国：《全球化时代的翻译策略与文化身份》，《西南科技大学学报》2007 年第 5 期。

更确切地说是文化融合，是和而不同之上的多元一体格局。中国主体文化对待伊斯兰的态度有一定的启示，值得西方学习。中国模式可以作为西方的另一个选择。正如叶小文所指出的，在西方与伊斯兰与日俱增的"文明的冲突"之中，作为"东方模式"实践者的中国和新加坡，则处于一个相对超脱的地位。两国向来在国际社会主持正义、提倡平等，主张大家共同努力建设一个和平、和谐、和睦的世界，受到很多伊斯兰教国家和基督教国家的敬仰。因此，中国和新加坡在促进基督文明与伊斯兰文明之间的对话与和谐中，有特别的"话语权"，在世界上说话有分量。向世界介绍"东方模式"，可能首先需要中、新两国基督教界与伊斯兰教界各自对自己的模式进行认真的总结，总结减少误解、增进和谐的具体经验，在此基础上进而推动世界基督教和伊斯兰教的文明对话与和解。①

中西伊斯兰归化翻译的主要区别用表格总结（见表3-1）。

表3-1   中西伊斯兰归化翻译的主要区别

	中国归化翻译	西方殖民翻译
译者身份	双重认同	单一认同
翻译目的	挽救危机	殖民征服
翻译方式	双向褒扬	扭曲丑化
翻译效果	对话融合	对立冲突
归化本质	非民族中心主义	民族中心主义
文化底蕴	圆满调和	二元对立
文化关系	主体间性	主客分离

① 叶小文：《促进基督文明与伊斯兰文明的对话与和睦》，《中国宗教》2006年第2期。

五 归化策略的实质

韦努蒂的归化论是有一定的适用范围和针对性的，这种观点在针对单一文化认同的东方主义者、民族主义者等具有一定的说服力，对双重认同的中国穆斯林译者就失去了说服力。我们可以看到，无论是中国穆斯林的伊斯兰翻译史，还是西方的伊斯兰翻译史，都昭示了归化翻译不一定会导致民族中心主义，只有当归化翻译是在单一而又褊狭的文化认同的支配下进行的时候，才会走向民族中心主义。脱离了这个语境就不能把归化翻译与后殖民主义、我族中心主义画上等号。韦努蒂的结论并非全面反映翻译现实，起码只是公认的部分现实。只有妖魔化的用于征服、压迫、剥削与霸道的归化才是文化殖民，才应受到批判。因此，以此而定的归化殖民、异化抵抗的后殖民翻译理论不一定成立。后殖民翻译理论尤其是韦努蒂，将归化策略斥为民族中心主义是不准确的，回儒的翻译实践充分驳斥了这一观点。

那么，该怎样看待归化翻译的实质呢？其实无论是归化翻译，还是异化翻译，都只是现在经常说的"翻译的叛逆"的具体表现，都只是译者依据自己所处的客观的文化语境，对原作做出的不同的处理方式。至于这些翻译方式产生的是民族中心主义的效果，抑或是抵抗民族中心主义的效果，则要由现实文化语境中的原作所属的文化与译入语文化之间的关系决定，因为决定归化翻译是否会导向民族中心主义的文化认同元素，是由这一关系决定的。比如，西方伊斯兰归化翻译中出现的诋毁和歪曲伊斯兰的褊狭的民族中心主义倾向，其实就是西方文化与伊斯兰文化之间关系的某种程度的反映。历史上，伊斯兰世界与基督教文明代表的西方一直处于严重的冲突和对抗中，双方的冲突遍及政治、经济、文化等诸多领域，已经构成了最为持久的国际冲突之一。俯视历史长河，植根于伊斯兰文明和西方基督教文明文化背景下的冲突构成了伊斯兰世界和西方关系的主线。① 无论是亨廷顿的"文明冲突论"还是赛义德的后殖民理论，包括《东方学》《报道伊斯兰》《巴勒斯坦问题》等一系列一大批学术和政治论著都揭露了西方对伊斯兰的扭曲和丑化，都反映出西方与伊斯兰世界难以调和的冲突。亨廷顿认为："自创始起，伊斯兰教就依靠征服进行扩张，只要有机会，基督教也是如此行事。'圣战'和'十字军东征'这两个类似的概念不仅令它们彼此相像，而且将这两种信仰与世界其他主要宗教区别开来。"但为什么基督教和伊斯兰教到了中国就可以相安无事，世代修好？叶小文这样解释：当人们把焦虑和困惑的眼光从西方移开，转而注目世界的东方，就会发现：中国的宗教、民族和谐安宁，极少纷争。中国悠悠五千年历史，从古至今，各种宗教之间，包括基督教与伊斯兰教之间，一直能够互相尊重、和睦共处。② 叶小文的观点虽然过于理想化，但与西方比较起来，宗教冲突的确少得多。历史上，回族尽管多次揭竿而起以反抗封建统治阶级的宗教歧视与民族压迫，但都只是争取民族生存的权利，绝无谋求民族特权或分裂祖国的企图。伊斯兰教没有与中国传统文化和其他宗教发生过正面的论战和激烈冲突。③ 而中国穆斯林的伊斯兰归化翻译体现出来的"回儒"融合、双向褒扬的和谐状态，就是上述伊斯兰文化与中国传统文化的和谐关系的反映。由此可见，归化翻译，其实就只是一种翻译的方法，至于其产生什么样的现实价值效果，则不是由其本身决定的，而完全是由使

---

① 生春鸿：《从文化层面看伊斯兰世界与西方的冲突》，《南京工业职业技术学院学报》2005 年第 1 期。

② 叶小文：《促进基督文明与伊斯兰文明的对话与和睦》，《中国宗教》2006 年第 2 期。

③ 丁宏：《从回汉民族关系角度谈加强伊斯兰文化研究的重要意义》，《西北第二民族学院学报》2002 年第 1 期。

用它的译者所处的文化语境中的原作所属文化与译入语文化之间的关系状况来决定。所以，对于归化翻译的实质，我们还是应多从方法本身的角度来看，至于其效用则应多联系现实的文化关系来看，这样才有可能得出关于归化翻译的全面、辩证的观点。韦努蒂的错误，就是将归化翻译的实质等同于归化翻译的效用，结果就将归化翻译在某一特定历史阶段所产生的民族中心主义的效用，等同于归化翻译的实质，从而将归化翻译一律斥为民族中心主义。由此看来，用西方后殖民及其翻译理论套用中国翻译实践及族群关系，将导致严重失误。

第四章　翻译的归宿

——文化杂合及其中的非文化殖民性

第一节　翻译与中华文化的多元一体格局

中国翻译史大致可分为民族翻译、佛教翻译和西学翻译三个历史阶段。其中，民族翻译既包括少数民族文化译入汉文化也包括汉文化译入少数民族文化。确实有一批少数民族作品译入汉文化，按照后殖民译论的逻辑，汉文化某些方面确实体现出一定的征服性，受到汉文化的意识形态、赞助人体系和诗学的操纵。但即使与汉文化译入少数民族文化相比，这类翻译在中国翻译史和文化史上分量并不高，起到的文化整合作用也并不更明显。无论是前者还是后者，都存在强烈的汉化现象，即汉文化对少数民族文化的同化、融合和整合。而后者既包含汉文化的操纵作用，更包含少数民族文化的意识形态、赞助人体系和诗学的操纵作用，这些操纵力量之间的博弈对反思后殖民翻译更有启示意义。如果少数民族在占据高权力势位时都免不了被汉化，那么，其他时期的汉化就不能简单地归于汉文化对少数民族的殖民征服了。这里同样存在语言文化势能和自然同化的问题。也只有这样综合来看才更接近历史真实。鉴于此，本文以后者为例进行论述。翻译必然产生文化杂合，文化杂合是翻译的最终归宿。中国历史上的几次翻译高潮都带来了汉文化与其他文化的杂合。翻译为中华文化的发展注入活力，推动了中华文化的历史性进步。对于翻译对中华文化的历史贡献，季羡林先生在对中国几千年翻译史的考察基础上作出过这样的总结：对于促进人类文化的交流，翻译的作用是不可忽视的。中华文化这条长河，有水满的时候，也有水少的时候，却从未枯竭。这是因为有新水的注入，最大的有两次，一次来自印度，另一次来自西方，依靠的都是翻译。中华文化之所以能长葆青春，万应灵药就是翻译。①季老所谓"水满的时候"意味着中华文化处于强势，"水少的时候"意味着中华文化处于弱势，翻译无疑在中华文化从弱到强、从强到强的过程中起到积极的推动作用。其核心意思即翻译使中华文化杂合进多种异质文化进而促进自身的发展壮大。本章针对这几次"注水"形成的文化杂合进行解读，认为杂合本身不是后殖民的决定因素，并在认可杂合论的基础上，探析中国语境下的文化杂合与后殖民文化杂合的异同。本章第一节在语言文化势差论基础上，论证翻译对中华文化多元一体格局形成的贡献，借此反思后殖民翻译理论。第二章第二节的语言势差论主要论述少数民族汉化，侧重汉文化向少数民族文化单向流动。而本节多元一体论则补充另外一点，即汉文化与少数民族文化的双向融合。语言势流的双向性导致中华文化的多元一体，即中华文化的异质性与同质性的统一。佛教翻译、民族翻译（包括伊斯兰汉

---

① 季羡林、许钧：《翻译之为用大矣哉》，《文学翻译的理论与实践》，译林出版社2001年版，第3页。

译）等都对中华文化的多元一体性做出贡献。多元一体格局既是一种中心与边缘的关系，也有别于后殖民视野中的强势与弱势关系，既有汉化也有胡化，是谓融合，具有多元和谐、整合一体的特点。本节最后通过多元一体性与内部后殖民性的区别来进一步反思全球范围的所谓内部殖民主义，认为虽然该论对于反抗真正的倚强凌弱，建构和谐的文化关系有一定的启迪，但轻率地将一国内高势文化对低势文化的影响定位为"内部殖民主义"，并不符合各文化的利益。不宜机械地用"后殖民"这种新近出现的概念来衡量自古以来的中国族群关系。

一　佛经汉译与儒释道多元一体

佛教初传中国，依附中国本土文化，主要采用调适的策略进行佛经翻译。比附、格义等成为主要的翻译方法，即借用中国本土哲学和道德传统词汇进行佛教翻译。比如，第一部汉译佛经《二十四章经》就采取了与儒教的《孝经》相仿的体例，并称"佛教"为"释道""道法"，称"学佛"为"学道""行道""为道"。一些道士用《道德经》的思想去诠释佛教教理。汉代的佛教始终被视为神仙方术迷信的一种，视佛教为道术，把浮屠与老子并称。道安（314—385）等有哲学基础，具儒、道修养的译经师采用格义的途径来理解佛教的抽象概念，后改用音译，并将佛经与中国经典等量齐观。道安的译文是用中国固有的概念来比附、翻译佛典，如以"无"译"空"、以"生死"译"轮回"，等等。这样的翻译策略和方法为儒释道的融合大开方便之门。西晋统治阶级既尚老庄哲学，又崇佛教。清谈家取佛学来扩充自己的玄学，胡僧依附玄学来推行自己的宗教，老庄与佛教结合起来了。① 到了南北朝，汉语佛经里仍充满儒道二家的语言和思想，同时佛经也逐渐摆脱依附地位，开始与儒、道一起三家鼎立。

中国佛教徒由东晋的道安开始，废俗姓而改以"释"为姓，因此，道安又名释道安。僧人姓氏统一为"释"，在中国佛教发展史上有着划时代的文化意义，可以视为佛教与中国人民生活相契合的开始，是佛教中国化过程中的一个里程碑式的重大事件。② 佛教汉译经师，名家辈出，实际上扮演了中国文化重要构建者的角色，是新的社会教化的推行者，与其翻译的佛经一起将佛教发展成为具有中国特色的汉化佛教，形成了中国八大宗派蓬勃发展的局面。如"三论"，即《中论》《百论》《十二门论》成为三论宗的理论依据，《法华经》和《大智度论》和《大般涅槃经》为天台宗所依，《坐禅三昧经》启发并最终形成禅宗，《阿弥陀经》则是净土宗尊奉的经典之一。这些宗派往往人数众多、传承严密，对中国文化产生了不可估量的影响。

隋唐时期，佛教走完了中国化的道路，进入全盛时期，与儒家、道家融为一体，三教合流。禅宗和理学就是典型例子。鸠摩罗什翻译的《坐禅三昧经》启发了其弟子道生和慧观，他们首倡"顿悟成佛"之说，以后影响了道猷、慧可等人，到唐朝，最终形成最具中国化的佛教宗派——禅宗。禅宗与道教和儒学相结合，主张"我即是佛，心外无佛"，发展到后来"逢佛杀佛，逢祖杀祖"，推倒一切外在的佛与佛法，不持戒，不坐禅，不读经，但求顿悟。它在儒学化的同时，强

① 马祖毅：《中国翻译简史——"五四"以前部分》，中国对外翻译出版公司2004年版，第31页。
② 张云江：《僧人"释"姓由来及其文化意义谈略》，《人海灯》2005年第4期。

调佛在每个人心中，采用非经院式的口头传教，崇尚自然、简朴，使佛教带上明显的道家色彩。儒释道就这样非常自然地合流了。在整个晚明文化氛围中，儒学、佛教和道教在"儒释道三教合一"说法的频繁借用下黏合成了一个有机整体，实现了融合。① 儒释道融为一体又催生了宋明理学。理学在接续先秦儒家修身治世的入世情怀、汉代经学格物致知的治学风尚的基础上，吸收佛教、道教、玄学中穷究性命之源的终极关怀，发展出一个心性与天命同源、本体与功夫交融的较为成熟的综合思想体系和文化结构。② 可以说，以道教为主融合儒释的玄学、以佛教为主融合儒道的禅宗、以儒学为主融合释道的理学，都是三教融合新生的典范，也是世界文化融合新生的典范。

袁朝云这样总结：综观佛教在中国的发展史，可以清晰地看到由佛经翻译表现出来的佛教"圆融"特征和中国传统文化的包容性特点。随着佛经翻译和佛教在中国的传播，佛教的"圆融"思想促进、完善了中国传统文化"和合""圆融"性精神特质的发展，使之对其他文化采取虚怀若谷的态度，在文化交流过程中，对异质文化鉴别和选择，取人之长，补己之短，为我所用，并融入结合。③ 与中国传统文化水乳交融圆满调和的佛经翻译，使佛教最终成为中华文化不可分割的一部分，奠定了中国传统文化"儒、释、道"三家和谐并立、多元一体的局面，促进和完善了中华文明。

---

① ［美］孟德卫：《1500—1800：中西方的伟大相遇》，江文君、姚霏等译，新星出版社 2007 年版，第 31—32 页。

② 叶瑞昕：《危机中的文化抉择——辛亥革命时期国人的中西文化观》，商务印书馆 2007 年版，"绪论" 第 1—2 页。

③ 袁朝云：《从佛经翻译看中国文化的和合精神》，《中国宗教》2008 年第 1 期。

二　民族翻译与中华文化的多元一体性

纵观历史，中国的主体民族汉族，虽然有过在文化与政治上称霸的时期，但伴随着改朝换代而来的是不同民族执政，并非都是汉族；不少时期是由非汉族统治，或汉族与非汉族政权并立，然而文化传统却是一脉相承。这主要得益于文化间的同化与融合。同化的途径主要有：文化传播、异族通婚、移民、入侵。由此可以看出，绝大多数文化同化融合都是正常的文化交流而非后殖民理论所谓的文化殖民。"同化"具体到中国，就有汉化与胡化。所谓"汉化"不是汉族把其他民族完全同化，而是一个异族吸收汉族文化因素的过程，其程度有深有浅。汉化可分为"主动接受汉化"和"被动接受汉化"两种。主动接受汉化最明显的例子就是北魏孝文帝的改革，而被动汉化的典型就是满族。对于汉族的"胡化"，一种情况是自愿或被迫移居于少数民族地区的汉族，一种情况是少数民族在汉族地区建立了长期的政权。而且，"从数目上讲，少数民族中的汉人成分未必低于汉人中的少数民族成分"。[①] 这样，不少少数民族文化在历史上都曾很强势，如契丹文化、藏族文化、蒙古族文化、回族文化、满族文化等。从历史上看，无论"文化高的民族同化文化低的民族"的论点，还是"人数多的民族同化人数少的民族"的主张，都不是绝对的。同化不是单向的，而是双向的涵化（Acculturation），不同文化间的差异性和多样性依然存在。

由上可知，"同化"一词的使用显然并不恰当，人们使用"同化"一词，很多时候确属一种平等融化之意上的使用，并不着意存有汉族

---

① 贾敬颜：《历史上少数民族中的汉人成分》，《思想战线》1989 年第 3 期。

自大独尊之意。此种"同化"实际上也就是"大同化"的同义语，即融合。① 在中国历史中，边疆少数民族文化绝不是儒家文化的被动受体，它们的形成发展，绝非一个"以夏变夷"的汉化可以概括。相反，它们能够超越汉文化，集多元的文化、种族与制度之优越性而张大发扬之。它们对汉文化诸因子，并非被动地全盘接受，而是能够进行主动的选择，实行双向性质的涵化。同化、涵化、融合、全球化均非绝对的同一，而是多样性的统一。物质和制度层面的文化相对较易同化，而精神文化则不同，其核心价值不易被同化，反而会使外来文化"本土化"。少数民族与汉文化从冲突到融合的过程，绝非单向的。两种文化的相互影响不是一个简单的"同化"过程。历史上我国各民族的文化总是互相影响、互相渗透的，即存在一种互动关系，从而形成中华文化多元一体的格局。以下笔者从民族翻译史简要论述翻译对于文化融合暨多元一体格局的贡献。

少数民族入主中原进行统治期间，往往根据现实需要而推行异于汉族规范的语言政策。少数民族统治者意识到了汉文化的优越功能，通过翻译汉文中心典籍，输入汉文化。经常被选入翻译之列的典籍包括四书五经等儒家经典和《资治通鉴》等史学著作，前者成为少数民族用其母语推行科举的基础，后者则是为统治者提供治国安邦的历史经验。契丹文、女真文、西夏文等都是在汉语的影响下创制的。辽朝统治者诏令用契丹民族语言翻译汉族文化典籍，引进汉法，发展文化，同时修孔庙，置国子监；笼络汉族士人，对臣民开展以忠孝和三纲五常为本的儒家伦理道德教育，主张以儒家思想作为正统思想。契丹语

---

① 黄兴涛：《现代"中华民族"观念形成的历史考察——兼论辛亥革命与中华民族认同之关系》，《浙江社会科学》2002年第1期。

时为帝国国语，以其政治之强势渗透入华北汉语。西夏诏立"蕃学"，以"胡礼蕃书"与中原抗衡，大量翻译儒家经典和启蒙课本，使僻处一隅的西夏逐渐接受以儒学为核心的汉文化的影响。西夏历代统治者都尊孔崇儒，对孔子的尊崇甚至超过了汉人，尊崇孔子为"文皇帝"，极大地抬高了孔子的地位。金代设立专门以本民族语言施教的女真国子学与女真太学，以教育女真族子弟。学习的内容主要是翻译成女真文字的经史著作。金熙宗赞扬孔子"其道可尊，使万世敬仰"，并亲至孔庙祭拜。女真族人民在和汉族人民相处中，逐渐受到汉文化的广泛影响，习用汉族语言。用古藏文保存下来的文化遗产有相当一部分是从汉文典籍翻译过去的，例如，松赞干布当权时期，用古藏文翻译的汉文典籍就有《尚书》《春秋后语》《战国策》《史记》《大唐西域记》等译本。大量汉族的天文学著作流传到了西藏。现存的藏文天文历法文献中，有100多种是直接从汉文翻译的。南方众多少数民族，由于大面积与汉族杂居，接受汉族文化就更直接了。通过翻译，汉文化成了少数民族文化的一部分，部分地融合于少数民族文化。

元代，蒙古国字（八思巴文）用来大量翻译汉族的儒家经典、历史和文学著作，供蒙古贵族子弟学习，加强了蒙、汉、藏等民族的语言文化的交流。精熟蒙古语、取蒙古名字等蒙古化倾向已成为汉族常见的现象。蒙古语的语音、词汇、语法还渗入汉语当中，形成一种非常有特色的"蒙式汉语"，对汉族地区产生巨大的作用力。"蒙式汉语"是元代蒙古人所说的一种汉语变体、一种蒙汉融合语。蒙式汉语又进一步发展为北方某些区域各族群通用的"克里奥尔语——汉语"。蒙汉文化交流具有明显的双向性，但汉语对蒙古语的影响较大，蒙古人在历史进程中也渐渐有了汉化的倾向与发展。忽必烈即位后，推行汉法，在汉化道路上迈出了关键的一步。在思想文化上，元朝的统治者与辽、金等少数民族统治者一样，他们积极吸取、接受汉族文化传统，以孔子创立的儒家学派为正统思想。朝廷还设立官学，以儒家的四书五经为教科书。元朝的最高统治者还亲自带头学习经史，表示对于儒学的重视。并下令翻译儒家著作，还请名儒学大师讲授汉文经典，要求皇室成员、群臣百官都必须习读儒经。①

在汉族影响下，满语文吸收了大量音译汉语借词，大大丰富了自身的词汇，从而推动了满语文的发展。满族统治者设置翻译汉文的翻译机构，在汉文化里寻找自己民族缺乏的文化科学技术，将汉族的文化典籍翻译成满文，学习汉族"治国平天下"的理论经验。满族人全面地翻译汉文化的经典著作，包括哲学、法律、军事、宗教、文学、历史、数学、医学等方方面面。汉文化典籍的翻译无异对满族文化水平的提高起一定作用。翻译汉文书籍，对正从奴隶制向封建制飞跃的满族统治者来说，具有特别重要的意义，因为通过阅读那些译籍，可以大大丰富满族统治者的文化知识，政治统治经验和军事上的战略战术，可以知彼知己，吸收汉族的先进文明。② 清朝实行崇儒重道的文化教育政策，即崇孔尊朱，提倡理学，以儒家思想作为全社会的指导思想。随着满汉文化接触的进一步加深，满族人开始学习和掌握了汉语文。在从满语文学到汉语文学的语言替换过程中，出现了一种特殊的文学语言形式，即满汉混用语。在这种满汉语混用作品中，满语、汉语兼而有之，出现在同一首诗、同一部子弟书、同一部小说中。清代满汉语混用的作品涉及的文学题材比较广泛，涉的作家比较多，形式主要有以下几种。第一，满汉相兼，如《螃蟹段儿》《升官图》

① 参见《元朝的历史情况》（http://wenda.tianya.cn/question/012c7e034a69bf1c）。
② 马祖毅：《中国翻译简史——"五四"以前部分》，中国对外翻译出版公司2004年版，第307页。

《拿螃蟹》等。一句话中，一会儿满语，一会儿汉语，二者融为一体，天衣无缝，而且还都能做到合辙押韵。第二，汉夹满，如《查关》等。这种语言形式的作品主要有子弟书、岔曲、牌子曲、竹枝词、小说等。① 而且值得注意的是，满族并不满足于单向吸纳学习汉文化，而是具有强烈的批判意识，对那些与本民族历史意识、文化传统相抵触，有碍自己前进和发展的东西加以批判和重新塑造，从而丰富发展了中华文化。

明清时期，一批伊斯兰经学大师发起了一场汉文译著的新文化运动——"以儒诠经""以儒解回""以儒释伊""援儒入回""附儒以行"，用儒家的思想对伊斯兰教经籍进行意译或转述，把某些伊斯兰的语言转换为儒释道语言。由于这些译者都是"学通四教"的"回儒"，在他们的译作中既融会了伊斯兰哲学学说的基因，又融合、改造了宋儒的某些思想观点，并充分利用了中国社会传统的历史文化资料。中国穆斯林学者，凭着他们对伊斯兰信仰和文化融会贯通的理解和对中国传统文化方面的深厚功底，恰当地吸收、运用中国本土文化阐述伊斯兰文化的内涵和深奥哲理。他们的译著，是外来思想与传统思想相结合的独特形式，是回族文化在中国学术领域迈出的重要一步。汉文译著运动的兴起，代表着伊斯兰教完成了中国化的过程。以儒释经，并非是完全的归化或儒化，而是将孔丘和穆罕默德并列在一起，用中国的传统文化宣扬伊斯兰教哲理的以儒诠经翻译策略，实际上，既有"儒化"的一面，又有"化儒"的一面。以儒诠经运动比较广泛、深入地研究、系统整理和归纳了伊斯兰教义，成为中国伊斯兰教的独有

① 何荣伟、赵政戬:《满语满文》（http：//www. lndangan. gov. cn/mwmy1/mymw1. htm）。

特色。这样既消解了僵死的对立，又保存了伊斯兰真精神，既证明儒家文化的包容性，又说明了伊斯兰文化的适应性，更能说明儒家传统文化和伊斯兰文化的相互交流、对话融合的可能性。汉文译著中将伊斯兰文化同汉文化结合起来，宣传儒回兼通，打破了伊斯兰教于儒释道意识形态长期隔阂的局面，使伊斯兰教广泛吸收了儒释道思想，实现了文化融合。

综上所述，中国翻译观念的一大特点是圆满调和、和合调谐，通过翻译所体现出来的中国主体文化的他者观及其文化关系确切地说是文化融合，是和而不同之上的多元一体格局。

三 多元一体等于内部殖民吗

后殖民理论所谓的西方内部殖民具有很多的理论虚拟性，须小心对待。森格哈斯指出，"文化战争"这个概念的内涵被无限夸大了。美国社会中处于少数和边缘地位的群体，在无争议的宪法框架内，走向文化与政治觉醒和争取实现其应有权利（宪法赋予的权利）。在这里，并没有对宪法提出怀疑，而只是要求兑现宪法中对所有人都有效的允诺。① 由此可以看出，西方各国主流文化与边缘文化之间的冲突，都是正常现象，而将所有这类现象都归结于"内部殖民"无疑是夸大了这类冲突的性质。内部殖民的适用范围不应扩大到整个西方内部，更不适用于中国内部各族群之间的文化关系，这在上部分的论述中已经得到证明。

世界上有3000多个民族，不可能每个民族建立一个国家。绝大多

---

① ［德］迪德·森格哈斯：《文明内部的冲突与世界秩序》，张文武等译，新华出版社2004年版，第168页。

数都是多民族国家，绝对纯粹的民族国家是不存在的。20世纪70年代以前，少数民族融入欧美主流文化，意味着就要放弃自身文化。而现在不同了，边缘文化的多样性和独特性得到了彰显。正如亨廷顿所说，"从历史上看，美国是一个移民的国家，又是一个同化的国家，这同化的意思就是美国化"。在这方面，"美国过去成就辉煌，如今却可能面临着并不确定的未来"。①"过去，移民们如果被拒于主流社会之外，就会感到受歧视。现在的情况似乎是，有些移民群体，如果不允许他们置身于主流之外，他们反会感到受歧视。"在身份政治日益显著的今天，政治化的民族政策是明智的，文化化的民族政策在欧美也行不通了。当前西方的文化关系是相互涵化与独特传统并存。加拿大、美国、澳大利亚先后提出印第安人和土著人自决自治。民族熔炉政策即同化政策已经失败，代之而起的是"炖锅政策"即民族一体化政策。这种文化整合和杂合在美洲各个国家都存在，根茨勒指出，在边界空间，"原文化"与"异文化"的区别消失，因为各文化常常同时二者兼备。因此，在美洲，翻译不像是不同文化之间才发生的事情，而更像是那些文化的组合。②很明显，翻译是多文化、多语言共存的多元一体格局的一部分。

沃特森的一段话颇耐人寻味："在历史上，随着中华帝国的扩大，采取了各种各样的措施以把少数民族和他们的领土合并到中华民族。比如说，有时通过把中国文字引介到以前没有书面文字或者根本没有文字的地方，譬如被中国统治了几乎公元以来的第一个千年的越南就

---

① ［美］塞缪尔·亨廷顿：《我们是谁——美国国家特性面临的挑战》，程克雄译，新华出版社2005年版，第154页。

② Edwin Gentzler, *Translation and Identity in the Americas: New Directions in Translation Theory*, New York: Routledge, 2008, pp. 145, 5.

是一个例子。在别的范例中，中国借助文字和语言同时推进。在所有的情形中，他们试图建立帝国的官僚机构，汉文化则被视为少数民族应该向往的典型。数个世纪的汉族入侵、汉文化意识形态的优越感和主要由孙中山在 20 世纪塑造的民族同种的神话已经导致了这样的结果：就像现代化那样遍及 20 世纪的中国，少数民族只要有可能，都企图冒充汉族以谋得优越的地位。"①

似乎不能完全否认沃特森评论的合理性。但是，沃特森所谓的"中华帝国"不仅是由汉族建立和统治的，也包括少数民族建立的帝国。辽、西夏、金、元、清帝国都自称"中华"，它们与秦汉、隋唐、明帝国似乎被他不加区别地批评，虽然他明确认识到："被一个种族群体军事征服并不意味着征服者的文化观点必然要强加给他人，以中国的例子可知：中华帝国的皇朝起源于汉族中心地带的外围，元朝的蒙古族，特别是清朝的满族，很快改换了他们自己的生活方式，因为他们认为汉族的模式要优越于他们自己的。"② 在入主中原的少数民族政权中，汉族虽未掌握国家政权，不属于汉族中心主义，但其文化却仍不同程度地起着支配作用，决定着历史的发展。无论是汉族，还是少数民族作为国家的统治民族，其民族观都有一个共同点，即实行大民族主义，以统治民族自居，把本民族与其他民族区分开来，以本民族为优越尊贵，视其他民族为被统治民族，加以歧视污蔑，推行不平等的民族政策。但是纵观历史，统治阶级为了自身利益，力求缓和民族矛盾，总是以羁縻怀柔、和平交往为主。"友好交往，和平相处，是中

---

① ［英］C. W. 沃特森：《多元文化主义》，叶兴艺译，吉林人民出版社 2005 年版，第 12—13 页。
② 同上书，第 90 页。

国民族关系的主流，也是民族融合的基础所在。"① 民族政策具有复杂性和多样性，历史上任何王朝的民族政策都不是一成不变的，而且统治民族的统治阶级与被统治民族的统治阶级又有利益一致而联合的一面。而统治民族的被统治阶级与被统治民族的被统治阶级也有一致的利益，也有联合斗争的一面。内部殖民论关于统治民族所有人都统治和剥削被统治民族的断言是片面的。统治民族中的被统治阶级不拥有生产资料，并没有剥削被统治民族。相反，他们自己却受到统治民族统治阶级的剥削。既然统治民族中的被统治阶级同样遭受着剥削和压迫，那么，内部殖民论所强调的统治和剥削关系就不应该是一种殖民关系，而是阶级关系。而且无论是汉族，还是少数民族作为国家的统治民族，他们都将中国的各个民族看作一个整体，把包括自己民族在内的各族人民看成自己的臣民。这种根深蒂固的中华整体观念一直起着黏合剂的作用，将各个民族凝聚成一个不可分割的整体，形成强大的凝聚力。单就这一点，中华文化在世界上就是独一无二的。

　　而且，即使撇开沃特森的意识形态因素不说，单从这段话就包含两层明显的事实：汉文化对其他低势文化的同化及低势文化身份认同的重新确认和强化。中国当前政治化的民族政策比美国的文化化族群政策更远离文化殖民，主观和客观上都有利于少数民族自身文化认同的建构。不可否认，历史上某些时期，汉族对待少数民族的态度一定程度上存在一种大汉族主义的倾向，如果这些时期存在后殖民现象的话，那么当前中国少数民族文化身份的重新确认与强化无疑也包含着"文化非殖民化"的成分。就连沃特森本人也承认："中国政府已经为那些提出要求的少数民族制定了经济支持和特别优待的政策，引导资

---

①　范文澜：《中国历史上的民族斗争与融合》，《历史研究》1980 年第 1 期。

金流向这些群体。结果，先前要求成为汉人或以某种方式融入汉文化的那些人，现在正凭着他们自己的语言和历史传统来重新确认他们自己是文化上的少数民族。""重新确认他们自己是文化上的少数民族"不正是"文化非殖民化"的一部分吗？更有论者深刻指出："中国内部的族群不存在殖民主义帝国遗留下的类似尴尬情形，因为中华民族的各个不同族群是长时间的融合互动并经过现代识别确立下来，不惟很多民族之间相互转化、混血，即使保持较多文化自主性的民族之间也是唇齿相依、辅车相连的关系。"① 当代，中国各民族法律上一律平等，共同行使管理国家和社会经济事务的权利，各个民族有发展和使用本民族语言文字的自由，有保持和改革自己风俗习惯的自由，有宗教信仰的自由等，少数民族同汉族一样享有全部公民权利，同时依法在升学、就业、生育等方面享有特殊照顾。少数民族强化自身的民族身份以取得这些方面的优惠待遇，很多混血人口也为此争相改为少数民族身份。在多民族国家里，少数民族实行本族语言和主流语言的双语制是必要的，也是普遍的现象。而且，少数民族学汉语与全国各汉族方言区学普通话似乎是同一道理，少数民族地区中小学学汉语与全国范围的中小学学英语也没有本质区别，很难由此断言中国政府一面内部殖民一面又向英语臣服，实行"自我殖民"。如果要对少数民族文化实施内部殖民，中国政府当初就不必进行民族识别和确认，实行民族区域自治等政治化的民族政策。中国政府是反对民族同化论的，一直以来努力彰显少数民族的文化身份，与西方所谓非殖民化努力是一致的。很长一个历史时期里，汉字在汉字文化圈里的地位能和拉丁

---

① 刘大先：《由"照顾少数民族"说开去》，《中国民族报》2008年2月15日第10版。

语在欧洲的地位相媲美，似乎很少人认为拉丁语在欧洲实行内部殖民，当代汉语在国内的流行也不应视为内部殖民。

　　季羡林曾说过，汤因比把整个中华文化分为几个：这个意见有点牵强、机械，不能把中华文化分成几个，中华文化是一个整体。① 费孝通也有类似观点，汉族同化别的民族、别的民族也同化汉族。历史上各民族之间普遍存在着"汉化"和"夷化"现象，实质是"互化"。中华民族的主体是由许许多多分散孤立存在的民族单位经过接触、混杂、联结和融合，同时也有分裂和消亡，形成一个你来我去，我来你去，我中有你，你中有我，而又各具个性的多元统一体。② 这种统一体使中华文化显示出强大的凝聚力。这种文化的凝聚力在汉文化与少数民族文化都有所表现。而少数民族的积极因素不可小觑，将这种积极因素完全视为殖民或后殖民整合力未必符合事实。阮纪正这样解析，中华民族的这种凝聚力，核心是长期历史积淀下来的对本民族文化的价值认同。所谓"华夷之辨"的区分标准，只是文化的分途而不是种族的分野。所谓"中国有恶则退为夷狄，夷狄有善则进为中国"，中国与夷狄可以互易，不是不可改变的。中国这种以礼乐为标志的文化传统并不受政权更替的影响，也未因少数民族入主中原而中断。只要礼乐不堕，何族之君入承大统无关紧要。这说明了它是一种超越于种族血统关系之上的稳定的文化传统，有着巨大的吸引力和同化力。③ 中华文化一体性具有坚实的历史和现实基础，不以泯灭多元性为前提的一体性整合不属于文化殖民之列。

---

① 季羡林：《我看翻译》，许钧主编《翻译思考录》，湖北教育出版社1998年版，第4页。
② 费孝通等：《中华民族多元一体格局》，中央民族学院出版社1989年版，第1页。
③ 阮纪正：《中华民族凝聚力：民族文化的价值认同》，《开放时代》1991年第3期。

虽然"贵中华，贱夷狄"的大汉族思想，在古代长期存在，儒家思想中就有主张"夷夏大防"的一面；中国历史上也存在民族压迫，少数民族执政时的民族压迫似乎要强于汉族执政时期。但是，民族压迫实际上也是一种阶级压迫，在汉族执政时期尤其如此。而且人性平等观念在各民族思想文化中占据主流地位。文化多元的宽容精神不但应当适用于民族国家之间，而且应当适用于多民族国家内部不同文化之间。如果无视多民族国家内部文化多元化的事实，而强行把它们统一于主体文化，就可能造成多民族国家内部的文化压迫与强制性的文化一体性行为。同样值得注意的是，一种文化从来就不是铁板一块的整体，由于地理、历史、环境等因素会出现很多亚文化。比如汉语，八大方言的差异比许多民族语言间的差异还要大。即使再单纯的少数民族文化也不是同质化的，追求纯粹的文化身份又会导致"文化部族主义"。尊重文化多元性并不等于鼓励文化隔绝。历史经验证明，用专制手段扼杀民族文化特征而强求文化同一性，终是行不通的，同样，强调民族文化多元分解而不求民族文化和谐，也不符合各民族的利益。① 而且，一国内部的由分散的政治和文化状态后来走向统一是世界各国共同的状态，如意大利、德意志、日本、朝鲜半岛、越南、印度等国在历史上都是众多政权并立和更迭，中国同样如此。当代，美洲大洋洲的多元文化主义政策、亚洲的民族团结平等政策、非洲的民族和解政策，都不是内部殖民论所能解释的。正如江泽民所说："世界是丰富多彩的，应充分尊重不同民族、不同宗教和不同文明的多样性和差异性，相互之间应提倡兼容而不歧视，交流而不排斥，对话而不

---

① 杨志明：《中华各民族认同感的思想文化根》，《云南师范大学哲学社会科学学报》1993 年第 1 期。

对抗，共处而不冲突，在彼此尊重、平等相处、求同存异的基础上，发挥各种文明的积极作用，存进人类社会的不断发展和世界各国、各民族人民的共同进步。"[①] 每种文化都有生存发展的权利，也有学习他者文化优点的必要。因此，多民族国家内部只要做到多元文化主义和国家意识并重，多元与一体的统一就足够了。内部殖民论对于反抗真正的倚强凌弱，建构和谐的文化关系有一定的启迪，但轻率地将一国内高势文化对低势文化的影响定位为内部殖民主义，并不符合各民族文化的利益。内部后殖民主义值得警惕，但不应成为多民族国家种族分离的借口，更不应与多元一体格局的建设相互对立。不宜机械地用后殖民主义这种新近出现的概念来衡量自古以来的中国族群关系。

第二节　中西翻译的文化杂合

一　西学汉译

"圣经"在中国的翻译最早可推至唐朝初期。635 年，基督教传教士阿罗本到达西安传教译经，时称景教。景教士采取依附汉文化的策略，"以佛、老释耶"，把景教经典称为"真经"，把译述的圣经片段也命名为各种"经"，对涉及教义概念的关键词借用已有的佛教概念和名词，如"上帝"被译为"佛"或"天尊"；神被译作"诸佛"；

---

① 参见阮西湖《20 世纪后半叶世纪民族关系探析》，民族出版社 2004 年版，第 7、399 页。

"耶稣基督"被转译为"世尊";"受洗"被译为佛教的"受戒","救世"译为"布施","罪"译为"罪业"。景教士借用的儒、佛、道概念还有:妙身、慈航、真宗、功德、三常、八境、天尊法、天上飞仙、慈喜羔,等等。基督教在元朝又进入中国,称也里可温教,到元朝覆灭时中止。

1582 年前后,耶稣会士利玛窦(Matthieu Ricci,1552—1610)等到达肇庆,开启了基督教第三次来华传教的历史。明末清初,来华的西方传教士没有像某些其他地区以武力和军事征服为先导,而是坚持适应性策略的和平传教。比如,利玛窦反复声明:"我们来到中国是为缔造和平、励德修身、要人服从帝王而来,而非为交战、作乱而来。"① 来华的耶稣会士尊重处于强势的中国文化传统,强调天主教与儒家的相似性,用儒家学说来介绍天主教义,以"本土适应"策略,尽力"合儒""补儒",与中国文化"同质化"。范礼安、罗明坚、巴范济和利玛窦等人,都比较熟悉中国语言文化,并采用中国姓氏。他们入乡随俗,力效华风,研习中国经典,以此著书立说、宣传天主教义,连饮食起居也全盘汉化。利玛窦初入华时,以"番僧"身份出现,后改穿儒服,以"西儒"面目开展活动。他羡慕赞美中国文化:"向自西来,涉海八万里,修途所经,无虑数百国,若行枳棘中。比至中华,获瞻仁义礼乐声明文物之盛,如复拨云雾见青天焉。"② 利玛窦被认为是孔孟的信徒,时人称赞他"言慕中华风,深契吾儒理","孟子言事天,孔子言克己,谁谓子异邦,立言乃一揆"。③ 他所著的《天

---

① [意]利玛窦:《利玛窦书信集》下册,罗渔译,台湾光启出版社、辅仁大学出版社 1986 年版,第 324 页。
② 王重民辑校:《徐光启集》上册,上海古籍出版社 1984 年版,第 87—88 页。
③ 李平:《西方人眼中的东方文学艺术》,上海教育出版社 2004 年版,第 25—27 页。

主实义》《畸人十篇》《辩学遗牍》等书，都是从诠释儒家学说出发，来达到他反对佛教、排斥空疏的宋儒理学，进而宣传天主教义的目的。徐光启称此为"补儒易佛"。

这种由利玛窦等在华耶稣会先驱开创的传教策略，曾取得相当的成效，传教士在中国站稳了脚跟，与之交往的士大夫并不把他们看作"禽兽""夷狄"，而是"以一种同化的认知结构，兼以儒家的文野之别的标准，将传教士们纳入'人'、'善人'、'异人'、'有道之人'乃至'至人'的范围"。① 教徒的数量也一度迅速扩大，不乏高官和著名人士，其中徐光启、杨廷筠、李之藻被称为明末天主教三大柱石。之后信仰基督教的中国文人如尚祜卿（约 1619—1698）、张星曜（1633—1715）把融合儒学与基督教的尝试推向了更深层次。二人自视为"儒学—基督教派"学者，都发扬了徐光启"补儒易佛"的理念。1702 年，张星曜在对中国历史和儒家经典进行深入研究后，将徐光启的"补儒易佛"理论改进为一个三段论（和谐、补充和超越），来解释基督教和儒学的相似与不同。张星曜和另一些信仰基督教的中国文人强调，祭天、祭祖和尊孔的行为在中国文化中根深蒂固，不能被简单地遗弃。但是，他提议可以重新阐释这些仪式，如可以视祭天为基督教一神论的表现，而祭祖和尊孔应该被视为尊敬的行为而非崇拜或祈祷。所有这些都可以视为耶稣会"本土适应"策略的延续。耶稣会为实现"本土适应"所做的努力，连同他们对于中国文化的认同和敬佩以及愿与中国文人合作的表现，使他们在考虑取舍时包容了许多中

---

① 邹小站：《略论明清间中国人对西学的迎拒》，《中国社会科学院近代史研究所青年学术论坛 2005 年卷》，社会科学文献出版社 2006 年版。

国文化的元素。① 沈定平更是指出，"从利玛窦调适的深入程度已远远超过那种外在形式的适应性策略，而发展到对基督教义进行增删并引入儒家思想的状况来看，这已经不是基督教普（世）适性的表现，而是在具有感化力的中国文化影响下对于西方传教方法的某种扬弃和创新"。② 这种主动的文化适应，取得了中西文化初步融合的功效。

耶稣会士除了宗教翻译外，还涉足与科技和政治有关的翻译。耶稣会士发现中国人崇尚知识，当时明朝知识分子对科学的热情远远大于对宗教的关注，传教士要想在中国社会打开传教局面，就必须以文化学术的传播引起社会的关注，利用科技的威力来支持并抬高基督教的地位。传教士的这一努力引起了知识界的关注，并得以参与明朝廷的修历工作。耶稣会士和中国知识分子合作翻译出版了大量的科学书籍。《几何原本》被视为西方文明发展的奠基性著作之一。1606 年，由利玛窦口述、徐光启笔录，将《几何原本》13 卷中的前 6 卷译为汉语，开启了明末清初西方数学传入中国的先河。在明朝政府的支持下，为编写《崇祯历书》而对西方天文数学著作进行了大规模译介。徐光启之后，李天经继续按照徐光启"欲求超胜，必须会通；会通之前，必须翻译"的原则，在明朝政府的支持下，组织人力物力翻译其他西方科技著作。《坤舆格致》是其中代表。其原著是德文《矿冶全书》，共 12 卷，是欧洲矿冶技术的一部经典著作。崇祯皇帝批示将《坤舆格致》分发各地，"着地方官相酌地形，便宜采取"。关于耶稣会士的译著，据统计，耶稣会士译著西书共 437 种，其中宗教类 251 种，占

① 参见［美］孟德卫《1500—1800：中西方的伟大相遇》，江文君、姚霏等译，新星出版社 2007 年版，第 39—42 页。
② 沈定平：《明清之际中西文化交流史——明代：调适与会通》，商务印书馆 2007 年版，第 639 页。

57%；人文科学（地理、地图、语言文字、哲学、教育等）55 种，占 13%；自然科学（天文、数学、医学、生物、军事等）131 种，占 30%。① 可以看出，耶稣会士的译著虽以宗教类为主，但涉及了各个方面。传教士本来到中国以传播宗教为目的，结果却变成了不得不传播科学，这种现象本身就意味深长。传播西学是耶稣会士对于中国文化的一个重要贡献。

明清交替之后，耶稣会士迅速与新朝廷合作，并很快取得清廷的信赖。南怀仁等曾在中国与沙俄的外交接触中担任过不可缺少的角色。南怀仁作为译员，参加了中俄双边会谈，进行了大量的翻译工作。南怀仁希望给耶稣会士开辟一条从欧洲经过俄国到达中国的交通线。他去世后，这种思想被他的同志徐日升和张诚继承下来。1689 年 6 月，徐日升与张诚忠实地贯彻了南怀仁在中俄之间缔造和平的遗言，用自己的智慧与能力帮助缔结了一个成功的《尼布楚条约》。这项条约明确划定了中俄两国的东部边界。中国的东北边疆由此保持了 160 年的安宁。

但是，基督教在中国传教过程中很快出现了"礼仪之争"：受洗入教的中国天主教徒是否可以继续祭祖祭孔，实质是天主教是否应该适应中国文化。1704 年，罗马教皇下令禁止中国天主教徒遵守中国的政令习俗，中国天主教徒不准尊祖敬宗、崇拜孔子，迫使康熙帝禁教。天主教的教义对中国封建统治思想是个巨大的冲击，当然为封建统治者所不容。至于类似从善去恶、魔鬼地狱之类的说法，在佛教、道教的教义中也有。只不过佛道二教吸收了儒家文化倡导的政治伦理观念，已与儒家文化合流而已。至于"不敬天地，不祀祖先，不孝父母"，

---

① 钱存训：《近世译书对中国现代化的影响》，《文献》1986 年第 2 期。

则正是天主教与中国传统民俗不相容之处。清政府对于天主教伦理中与儒家伦理相近的部分，并非一概排斥，而是基于儒家基本意识形态而做出的选择，以一种比附的态度，以儒家伦理去理解，而对于与儒家伦理相悖的天主教义则以儒家学说为评判标准对之加以否定。在以儒学为官方意识形态的国度，从官方到一般士大夫的这种对于天主教的态度其实是比较理性的，也是可以理解的，并非如有些学者指称的"盲目排斥"。① 而罗马方面禁止了围绕"礼仪之争"展开的有益辩论，冷却了儒家和基督教的对话热情，某种程度上破坏了基督教在中国的传播。② 可以说，这一时期的翻译成功是"合儒"即文化融合策略的成功，是中西双方共同努力的结果，而其最终失败则是未能将这一策略继续贯彻执行导致的。

基督教到 19 世纪初第四次来华，并着手汉译《圣经》。最早的汉文译本在 1822 年出现，译者为英国传教士马士曼，故称作"马士曼译本"。马礼逊在 1814 年出版了他的《新约全书》英译本，1823 年与人合作翻译《旧约全书》，史称"马礼逊译本"。从此，基督教的全部经典得以完整地译入中国。1843 年 8 月，在华新教传教士决议重译《圣经》。在重译过程中，参与翻译的传教士内部发生了译名争执，其中意见最大的是对宇宙主宰的中文译名究竟应该称作"上帝"还是"神"，无法取得一致；结果各不相让，分成两个翻译班子分别进行翻译。前者在 1852 年出版了《新约全书》，1854 年出版了《旧约全书》，史称"委办译本"。后者则在 1863 年出版了"神版"《圣经》全译本。1868

---

① 参见邹小站《略论明清间中国人对西学的迎拒》，《中国社会科学院近代史研究所青年学术论坛 2005 年卷》，社会科学文献出版社 2006 年版。
② ［美］孟德卫：《1500—1800：中西方的伟大相遇》，江文君、姚霏等译，新星出版社 2007 年版，第 120 页。

年，又出版了由美国传教士施约瑟主译的译本，史称"施约瑟北方官话译本"。1902 年施约瑟又用浅文理译经出版，称为"施约瑟浅文理译本"。在华的西方传教士为了适应不同层次的中国读者阅读《圣经》，翻译时使用了不同的语言风格和语言文字，如古汉语译本、地方官话译本、地方方言译本和浅文理译本。此外，还有少数民族文字译本。1890 年在华新教传教士在上海举行全国会议，决定由新教各宗派联合组成一个翻译班子，分成三组，分别负责文理、浅文理和白话文三种译本，1919 年出版，其中以白话文版的"国语和合本译本"最受欢迎，在中国仍广为使用。上述译本出版后，外国在华差会曾公开表示：希望这是由外国传教士主持翻译的最后一个译本，盼望今后中国基督徒学者能肩负起翻译圣经的重任，出版一部符合原文的，又能适合中国最多数读者的中文圣经。[①] 从整体来看，传教士们的圣经翻译能够发扬民主、容纳分歧、集体合作，鼓励华人参与，其方法策略多样，译本类型繁多，使不少人皈依了基督教。

鸦片战争后，中国有识之士逐渐觉醒，主张学习西方先进的军事技术和机器制造。当时最大的翻译机构江南制造局译书馆翻译的 160 多种著作中，自然科学方面占 80% 以上。随着与西方的频繁交往，许多人又感悟到西方之所以强盛并非全凭自然科学，而主要是其先进的社会制度和文化。19 世纪八九十年代，上海广学会所译的书 80% 为社会科学著作。19 世纪末 20 世纪初，大规模的文学翻译出现，查明国籍的小说近 1748 种，其中英美 1071 种，占 61%；法国小说 331 种，占 18.9%；俄国小说 133 种，占 7.6%；日本 103 种，占 6%；德国 34

---

① 顾长声：《圣经在中国的翻译和传播》（http://www.360doc.com/content/11/0901/09/5524894_ 144915139. shtml）。

种，占2%。这样，英、美、法、俄、日、德六个国家的小说，就占了近代翻译小说总数的95%以上。由此可以看出近代中国翻译小说文本选择主要的对象是欧美地区的高势文化。① 据统计，20世纪中国翻译了大约106800册西学著作。而且，这样的翻译势头仍将持续下去。

纵观西学汉译史，中国的翻译人员及赞助体系始终具有自己的主动性和主体性。尤其是徐光启"欲求超胜，必须会通；会通之前，必须翻译"的原则更充分显示了汇合中西文化、超胜西方文化的气魄和雄心。明末，当时国人均不通外文，传教士的中文水平也不高，加上中西文化的差异和语言隔阂，译书多采取"口译笔述"的原始形式，即翻译每一种新书，都需两人搭伴合作，先由外国传教士浏览过一遍，随后按原意逐句读出汉语，再由中国士大夫笔述，待译出初稿后，由双方按照汉语文法反复校对、润色，成为定稿。翻译质量与口译、笔述两个环节都关系重大。明末清初，共有30名外国传教士译者，与传教士合作的中国译者署名的就有十多个②，还有更多匿名的中国合译者。利玛窦以科学为传教的敲门砖，仅仅是西学传入我国的一个客观因素。如果没有徐光启、李之藻等具有深厚科学知识基础的中国士大夫，特别是他们那种开明地承认并积极吸收西学的思想，明末清初西学东渐的第一次高潮，可以说是不会发生的。③ 即使在西方殖民帝国侵略最严重的历史时期，中国的翻译人员及赞助体系的主体性也很明显。在19世纪后半叶，翻译科学书籍的方法基本上都是口译笔述。以英国在华翻译家傅兰雅（John Fryer，1839—1928）为例。当时中国所

---

① 参见张德让《论译语文化与文本选择》，《外语教学》2001年第3期。
② 参见黎难秋《中国科学翻译史》，中国科学技术大学出版社2006年版，第271—278页。
③ 黎难秋：《中国科学翻译史》，中国科学技术大学出版社2006年版，第236页。

译的书籍，以西方科学技术为主，书目由中国官员选定，随后傅兰雅从英国订购运来。受到中国官府如此重用，傅兰雅真有点受宠若惊。他把全部精力花在了科学研究、实验，以及翻译西方科技文献上。入乡随俗的傅兰雅既希望加官晋爵，也希望有更大的发展空间。但是中国官员只是把傅兰雅看作一个有知识、有能力的雇员，利用他解决各种棘手的技术问题，完成规定的任务。而关于合作译述的方法，傅兰雅曾说道："至于馆内译书之法，必将所欲译者，西人先熟览胸中而书理已明，则与华士同译，乃以西书之义，逐句读成华语，华士以笔述之，若有难言处，则与华士斟酌何法可明；若华士有不明处，则讲明之。译后，华士将初稿改正润色，令合于中国文法。有数要书，临刊时华士与西人核对；而平常书多不必对，皆赖华士改正……既脱稿，则付梓刻板。"① 这与传统的佛教汉译和明清之际的西学汉译的方法没什么两样。中国人从来都是根据文化思想发展的需要来选择翻译著作的。比如，严复在"图存救亡"的形势下翻译《天演论》，"五四"之后对西方文学著作的翻译，新中国成立前后对马克思主义著作的翻译，改革开放之后对西方哲学社会科学著作的大规模翻译，都是中国学者的自觉选择，代表了中国现代学术和新文化建设的发展方向。② 这样的翻译恐怕不是后殖民翻译能涵盖的。

二　国学西译

《四书》《五经》等儒家经典翻译成西方的语言，始于明清之际。1594 年，利玛窦翻译完成了《四书》的翻译，名为"中国四书"。他

---

① 黎难秋：《中国科学翻译史》，中国科学技术大学出版社 2006 年版，第 145 页。
② 赵敦华：《西学的几个理论问题》，《哲学研究》2007 年第 6 期。

说："几年前我开始把中国著名的《四书》翻译为拉丁文，它是一本值得一读的书，是伦理格言集，充满着卓越的智慧。"[①] 同年将译稿寄回意大利，"国人读而悦之"。[②] 利玛窦的《四书》拉丁文译本是儒家经典最早的西文译本。对《五经》的研究最早的人也是利玛窦，他在《天主实义》提到最多的是中国思想家，23 次引用《孟子》，18 次引用《尚书》，13 次引用《论语》，11 次引用《左传》，7 次引用《中庸》，3 次引用《大学》，1 次引用《老子》，1 次引用《庄子》。[③] 这些中国典籍逐渐开始影响西方社会文化和生活，转化为更深刻持久的东西而继续传递其文化内涵。

《中国哲学家孔子》由比利时耶稣会士柏应理（Philippe Coupler，1623—1692）、殷铎泽、鲁日满（F. de Rougemont，1624—1677）、奥地利耶稣会士恩理格（Christian Herdtricht，1624—1684）奉法国国王路易十四敕令合编而成，1687 年在巴黎出版拉丁文译本。1688 年至 1689 年，柏应理翻译出版《孔子的道德》和《孔子与中国道德》；1691 年，英国出版英文节译本《孔子的道德》，使更多的欧洲人了解中国文化，使孔子学说在欧洲如日中天。耶稣会士卫方济（Francais Noël，1651—1729）翻译出版了《四书》的全译本，并将《大学》《中庸》《论语》《孟子》《孝经》《三字经》译为拉丁文，取名为《中国六大经典》。卫方济主要用直译方法进行翻译，还非常详备地选译历代注疏。

---

① ［意］利玛窦：《利玛窦书信集》，罗渔译，台湾光启出版社 1986 年版，第 143 页。

② 范存忠：《中国文化在启蒙时期的英国》，上海外语教育出版社 1991 年版，第 10 页。

③ 参见赵晓阳《传教士与中国国学的翻译——以〈四书〉〈五经〉为中心》，《恒道》第二辑，吉林文史出版社 2003 年版。

上述只是国学西译的一小部分。迄今为止，《老子》译本多达 140 多种，《四书》译本 100 种以上，《庄子》译本近 30 种，《诗经》译本 20 多种，《三字经》译本 18 种，《千字文》译本 11 种。翻译成西方的文字有英、法、德、俄、拉丁、希腊、意大利、西班牙、葡萄牙、荷兰、瑞典、挪威、土耳其、捷克、保加利亚等，以英、法、德三种文字最多。传教士们有关中国的大量翻译和著述，在西方受到各国一般民众的普遍欢迎，部分地满足了他们对于异国情调的好奇心和对于外部世界的求知欲，同时引起了西方思想界和文学界对于中国和东方的关注，从而也深深地影响了西方的文化和西方人的世界观。耶稣会士的国学翻译推动了西方的中国研究，为中国文化走向世界做出了巨大的努力。传教士对中国文化的研究和译介，曾经对启蒙运动起过相当重要的作用，影响了很多欧美思想家。

明末清初耶稣会士东来是在相对平等的基础上进行文化交流。这些耶稣会士"基于对天主教的虔诚信仰，并非自觉地为殖民主义侵略服务，因此我们不能笼统地将耶稣会士与鸦片战争后代表资本主义侵略势力来华的传教士相提并论，而应该一分为二地评价明末清初的耶稣会士的活动，在揭露他们来华的背景和目的的同时，也应肯定他们在中国所起的积极作用"。① 它不是耶稣会士强加于中国的，何况他们的努力和目的与最终的翻译结果并不相同，更不是随军事侵略而来的文化侵略。王晓朝认为，明末清初中西文化之间的交流是平等的，必须超越以往的文化的"绝对冲突论"与"绝对融合论"。跨文化的文化传播具有双向性，而非单向性的输出或输入。异质文化的融合是可

---

① 转引自马祖毅《中国翻译简史——"五四"以前部分》，中国对外翻译出版公司 2004 年版，第 302 页。

能的，但世界文化的发展也不可能达到无差别的单一文化状态。^① 这
与本书倡导的多元一体文化格局具有一致性。而且，没有哪一种文化
在一切方面在一切交流中都永远是强势文化，所谓强弱始终是相对的。
即使近代基督教传入中国，中国文化至少在宗教传统和心理能量上也
不能全然视为弱势文化。这个时期，西方传教士也为中西文化交流做
出了巨大贡献。这里，需要特别介绍的是并称"汉籍欧译三大师"的
理雅各（1815—1897）、顾赛芬（Séraphin Couvreur, 1835—1919）和
卫礼贤（Richard Wilhelm, 1873—1930）。他们都用了大量的精力和心
血将《四书》《五经》等中国文化典籍系统严格地翻译成了欧洲最主
要的英、德、法等语言，为介绍中国文化做出了不可磨灭的贡献。

理雅各是近代英国第一位著名汉学家，第一个系统地翻译中国古
代经典。从 1861 年到 1886 年的 25 年间，他将四书五经在内的中国主
要典籍全部译出，共计 28 卷，并第一个获得法兰西学院儒莲汉籍国际
翻译奖。他在翻译《中国经典》时，"以忠实存真为第一要义，一以
贯之的方法是直译加注，传达原文信息丝丝入扣，保存原作形式不遗
余力"。袁锦翔认为"理译最显著的特色是译笔严谨细腻"，刘重德说
理译有七大优点："用词确切，表达清楚；紧扣原文，依次递进；补其
不足，理通文顺；善用句型，灵活多样；词性转换，大见功夫；保留
形象，语言朴素；紧扣原文，切合风格"。^②《中国经典》以直译为主，
附有详细的注释，注释篇幅远远超过译文本身。这是典型的奉行"科
学的准确性"的译文。理雅各在《中国经典》第一卷的译序里说：
"（译者）没有改动的自由，除非原文直译出来绝对让人看不懂。"这

---

① 王晓朝：《中西文化传播的双向互动与文化转型》，《博览群书》2002 年第 1 期。
② 王辉：《理雅各与〈中国经典〉》，《中国翻译》2003 年第 2 期。

与后殖民翻译理论假定的应该采用归化翻译态度和策略完全相反。《中国经典》各卷陆续出版后，在西方引起轰动。他的译著是至今中国核心文化最权威的英文版本。传教士、汉学家艾约瑟（Joseph Edkins）博士认为，《中国经典》"开创了汉学研究的新纪元"。他对译者的忠实严谨赞叹有加，断言"批评家要想超越理雅各博士，大概就得超越第一流的中国经学家。我们面前的《中国经典》，正是中国人经书的真实面貌"。剑桥大学汉学教授、著名汉学家翟理思与理氏有过长期的论战，但他也深深服膺于理氏的"勤勉"与"精确"，认为"理雅各的译作是迄今为止对汉学研究的最大贡献，必将长期为后人所铭记、研究"。[①] 派泊（Jordan D. Paper）在其专著《中国散文引论》中写道，"理雅各的《中国经典》是英语世界里的汉学经典，一代又一代的西方学者深受其惠"。[②] 理雅各为翻译中国经典所付出的努力和取得的成就，要远远大于他的传道工作。他善于学习，主张传教士与华人平等、中西宗教相互融合。他把孔子当成一个"宗教祖师"和"上帝的信使"，把儒学当成中国古代的宗教，"我们理解儒学与理解《旧约》和《新约》的基督教义没有什么两样"。理雅各对待中国宗教的态度是客观、认真而尊重的。他的论述中见不到对中国的谩骂、无理的攻击，相反，他对中国文化表现出一种亲和态度。他不是英政府期待的那种传教士，反对鸦片贸易，认为"这是一种罪恶的交易"，不仅使成千上万的中国人受害，也不利于中英之间的正常贸易。他抗议英政府介入镇压太平天国，不许英政府武力介入教案。理雅各不是殖民译者，将他几乎穷其一生、矢志于翻译、阐释和转移中华古代经典的文化壮

① Lindsay Ride, "Biographical Notes", in *The Chinese Classics* Vol I, Hong Kong：Hong Kong University Press, 1960, pp. 21, 20.

② Jordan D. Paper, *Guide to Chinese Prose*, Boston：G. K. Halland Co., 1984, p. 35.

举，简单地归因于传教士的宗教献身精神或者维多利亚时代知识分子身上特有的一种与对外扩张政策相呼应的文化狂热，显然过于牵强，甚至是一种不敬。①

天主教士译经活动的集大成者是法国耶稣会士顾赛芬。他一生大部分时间生活在河北献县的天主教堂，从事传教。他精通汉语，执着于传播中国文化，致力于汉学研究，是中国文化的积极传播者。他终生辛勤笔耕，几乎翻译出版了所有的儒家经典文献，其数量之多、涉及之广，是19世纪和20世纪翻译和研究中国典籍成绩最卓著的法国汉学家之一。顾赛芬编译了法汉对照的《四书》（1895）、《诗经》（1896）、《尚书》（1897）、《礼记》（1899）、《春秋左传》（1914）、《仪礼》（1916）等书，更加方便了法国学者攻读中国古典经籍，深受各界人士欢迎。他在诠释中，无意加入个人的解释和评论，其译文准确优雅。由于拉丁语的结构更加自由，所以他能进行几乎是逐字逐句地直译中文原文，加上他的法文、拉丁文的准确优雅，使得译文可靠实用，直到20世纪50年代后，这些译本又在巴黎再版，影响很大。顾赛芬对中国儒家思想抱有浓厚的兴趣。他还曾编译《汉法词典》，1890年问世，一直为国际汉学界所重视。而上述其翻译出版时间正是西方侵略中国的时期，其与西方殖民者的所作所为大相径庭。

20世纪初德国汉学研究影响最大的人物当推卫礼贤。卫礼贤是中西文化交流史上"中学西播"的一位功臣。1899—1924年，他在中国足足生活、工作了25年。他的一生不断地翻译中国经籍。1910年，他在耶拿出版了《论语》，次年出版《道德经》，1912年出版《列子》

---

① 段怀清：《对异邦文化的态度：理雅格与王韬》，《二十一世纪》网络版2008年12月号总第81期。

和《庄子》，1914 年出版《孟子》，1916 年出版《中庸》，1920 年出版《大学》，1925 年出版《易经》，1928 年出版《吕氏春秋》，1930 年出版《礼记》。此外，他还翻译了《西游记》《三国演义》《三言两拍》《聊斋志异》《搜神记》《封神演义》和《东周列国志》的部分章节。这些作品，在德国乃至整个欧洲都赢得了巨大的声誉。其中他翻译的《易经》最享盛名。他深入地掌握了《易经》具有的中国文化源渊、背景，使译本拥有广泛读者，至今已再版 20 多次，畅销不衰，先后被转译成英、法、西班牙、荷兰、意大利等多种文字。卫礼贤是一位特立独行的传教士，并不属于宗教狂热分子，他对于了解中华民族及其思想与文化的兴趣就远远超出了宗教事务本身。中国著名的新儒家张君劢（1887—1969）在其《世界公民卫礼贤》一文中说："他曾对我说：令我感到欣慰的是，作为一介传教士，在中国我没有发展一个教徒"，"卫礼贤来到中国时，是一名神学家和传教士，他离开中国时却成为孔子的信徒"。[1] 卫礼贤相信，孔子思想中永恒的东西——自然与文化的和谐这样伟大的真理依然会存在。它将是新哲学和人类新发展的巨大推动力。从这个角度讲，孔子真正是不朽的。[2] 卫礼贤对孔子由肯定到狂热赞扬，最后甚至发展到几乎是顶礼膜拜。他能够客观公正地看待中国和中国文化，提出综合东西文化的主张，倡导东西两种不同文化的平等交流，希望通过翻译、讲座和出版的方式在东西方之间架起一座桥梁。综观卫礼贤的整个汉学生涯，他从一个新教传教士成为一个儒家信徒，从一个翻译家成为一个著述家，从一个神学家成为一个汉学家，从一个德国人成为一个"伟大的德意志—中国人"和

---

① 《德国汉学家卫礼贤》（http：//bbs. guoxue. com/viewthread. php？tid =430467）。

② ［德］卫礼贤：《中国心灵》，王宇洁、罗敏、朱晋平译，中国国际文化出版公司 1998 年版，第 79 页。

"两个世界的使者",最终完成了他人生的转变,跻身于世界著名学者和汉学家之林。①

俄国文学家列夫·托尔斯泰(1828—1910)在19世纪80年代就开始根据德文译本翻译《老子》。他在1884年3月6日的日记里写道:"我在翻译《老子》,结果不如我意。"3月9日又写道:"读了一点关于中国的东西……读《老子》。翻译过来是可以的,但是缺乏完整性……"1893年10月,托尔斯泰完成了对《老子》中64段重要章节的翻译,并在1895年校订了在俄国研究神学的日本人小西氏翻译的《道德经》。后来,他的译作由出版社出版,书名为"中国圣人老子语录"。此书的出版,对老子《道德经》在俄国的传播发挥了重要作用。托尔斯泰还精心研读了理雅各翻译的《中国经典》,并将其中的《大学》转译为俄文。托尔斯泰在1884年到1910年,共撰写和编辑过将近10种有关中国哲学思想的著作和论文。他编著的《生活之路》《每日贤人语录》和《阅读园地》等书中大量引用了中国的格言、谚语和孔子、老子的语论。托尔斯泰与中国有着很深的渊源,相信并欣赏中国的儒教、道教、佛教,对中国文化的痴迷及对中国古代名人老子、孔子、墨子等人的推崇,也深深地渗透在生活中,影响了他的价值观和道德观。他把儒学当成中国古代的宗教,认为孔子的学说具有非常的道德高度,有时甚至达到基督教学说的高度。以至在他谈论《大学》时,指出:"这本书是中国的先师孔夫子所著,它被公认为圣书,就像《摩西篇》之于犹太人,《圣经》之于我们欧洲人。"② 而且他在

---

① 《德国汉学家卫礼贤》(http://bbs. guoxue. com/viewthread. php? tid=430467)。
② [俄]列夫·托尔斯泰:《列夫·托尔斯泰文集》第15卷,周扬、谢素台译,人民文学出版社2013年版,第72—73页。

"中国圣贤的书里找到比基督真谛更加深刻、更加完善的论证"。① 托尔斯泰将老子学说与基督教思想等量齐观，老子和《约翰福音》第一章里所写的基督教教义的基本思想相近。老子学说的实质与基督教是相通的，老子的精髓也就是基督教教义的精髓。托尔斯泰对中国人民的气质和中国人民的生活方式永远怀着深厚的敬意，对中国社会无限向往："中国人是世界上最古老的民族。中国人是世界上最大的民族。他们有四亿五千万，几乎是俄国人、德国人、法国人、意大利人、英国人的总数的一倍以上。中国人是世界上最爱好和平的民族。他们不想占有别人的东西，他们也不好战。中国人是庄稼汉。他们的皇帝自己也种田。因此，中国人是世界上最爱好和平的民族。"② 他对遭受帝国主义侵略与压迫的中国人民寄予深切的关怀与同情。对第二次鸦片战争和八国联军侵华，托尔斯泰都表示了极大的愤慨。托尔斯泰将东西方文明的精髓与智慧熔铸为一体，向邪恶的西方殖民者做不妥协的批判。这样一段中西文化交流与融合史，无论如何是后殖民主义无法涵盖的，是后殖民之外的文化融合。

庞德对中国的翻译种类很多，仅其所译的中国诗歌和儒家典籍就有《华夏集》《大学》《中庸》《论语》《诗经》《孟子》，等等。有的典籍还有几个版本，比如《大学》就有英语和意大利语版本，有1928年、1939年和1947年各种版本。庞德在翻译《华夏集》时，断章取义，极为归化。但庞德保留汉诗的意象和独特诗学形式，把唐诗制造成权威的"反抗诗"，对西方主流审美观进行挑战，对抗当时的主流

① ［俄］日尔凯维奇等：《同时代人回忆托尔斯泰》下册，周敏显等译，上海译文出版社1984年版，第378页。
② ［俄］列夫·托尔斯泰：《列夫·托尔斯泰文集》第15卷，周扬、谢素台译，人民文学出版社2013年版，第71—72页。

诗学思想，同时是典型的异化的翻译策略。庞德的翻译理论与实践是多样而矛盾的，其汉诗翻译是异化与归化策略的统一。庞德对西方文明产生了怀疑和不满，对中国文化寄予理想和期待。在他的眼里，西方是千疮百孔、满目疮痍的。而中国文化是医治西方痼疾的良药。在他看来，西方并不是世界的中心，其文化不是强势文化，其文明不是先进文明。相反，东方的中国是智慧的、文明的、无限美好的。从根本上说，庞德对中国儒家思想和中国文化的遭遇，是本着鲁迅所说的"拿来主义"的精神的。一个"拿来主义者"首先看到的是自己文明和诗歌的不足，"拿来"的目的是"治疗"或者"拯救"，这种目的和初衷跟"西方中心"的种族主义意识和沙文主义思想是风马牛不相及的。庞德的一生始终是站在西方中心式文化保守主义立场的对立面的，他对全世界尤其是中国文化的热情，是对西方中心式文化保守主义的抨击。① 我们应跳出东方主义狭隘的种族意识和殖民意识，将庞德的错译和误译问题放在文化交流和文化传播的大语境中来考察。庞德的错译和误译属于文化交流中的浪漫化理想化误读，是由于译者的汉语水平、主观动机（推动美国新诗运动）和中西文化差异等主客观因素造成的。庞德对中国文化的翻译虽然使中国文化在向外传播时出现了失真，但同时为中国文化走向西方提供了契机，传播了中国文化，为中西文化的交流和融合提供一种可能。

　　基督教凭借帝国主义势力长驱直入，的确蒙上了帝国主义的阴影，背上了"帝国主义工具"的罪名。个别来华基督教新教传教士充当殖民侵略的急先锋，与帝国主义殖民势力相勾结干了不少严重伤害中国人民利益的事情是不容否认的史实，如郭实腊、马礼逊（Robert Morri-

---

① 参见祝朝伟《建构与反思》，上海译文出版社 2005 年版，第 325—326 页。

son, 1782—1834）、林乐知（Young John Allen, 1836—1907）、李提摩太（Timothy Richard, 1845—1919），等等。但即使这些人起的作用也并非完全是负面的，他们大都主张调和中西文化，客观上促进了中西文化的交流融合。① 对这些传教士要具体分析，不仅要看到他们进入中国的时代背景，更要看到他们到中国之后具体做了些什么，不能一概而论。多数传教士抱着虔诚的宗教情感，纯真的献身精神，在沟通中西文化，传播西学新知，改革封建陋习，改良社会风俗方面，为推动中国的进步，促进中西文化融合，做了有益的工作，做出了卓越贡献。从事西学译介和圣经汉译的传教士多数是名副其实的汉学家，主要依靠《圣经》自身的力量从事传教活动。很多传教士在中国的所作所为与侵略者截然相反。传教士通过为社会忽视的弱势者如被遗弃者、麻风病人、盲人提供服务，展示所有男女在上帝面前都是平等的，都有获得同情和帮助的权利。传教士也努力促进西医的发展，为男女提供西式教育。传教士开办的学校的毕业生，不论是不是基督徒，经常成为社会上倾向于改革的群体，在晚清甚至还是变革的倡导者。简言之，近代基督教给中国社会带来了某些新变化。② 在八国联军蹂躏北京之后，内地会的传教士首先发出谴责，在他们所写的信中大量揭露了侵略者的暴行，强烈表达了中国人的愤慨："古都北京闯进了两个海

---

① 比如，汉学家魏理（Arthur Waley）把郭实腊描述成"牧师和海盗、小丑和天才、慈善家和骗子的结合体"（Patrick Hanan, "Missionary Novels in nineteenth-century China", Harvard Journal of Asiatic Studies, 60. 2, Dcecember 2000, p. 420.）；马礼逊在中国的语言文字方面完成了许多开创性的工作，编纂了 6 卷、4595 页的《华英字典》和英文《汉语语法》；林乐知创办中文刊物《教会新报》后改为《万国公报》，对维新运动产生很大影响；林乐知、李提摩太等还发表了不少研究基督教与儒学关系的著作，以论证基儒相似相合，并不抵触，还提出了"救个人、救中国"的口号。

② 陶飞亚：《边缘的历史——基督教与近代中国》，上海古籍出版社 2005 年版，"自序"第 6 页。

盗，烧杀抢掠，他们一个叫英格兰，一个叫法兰西……"后来马克思在文章中同样引用这段话。20世纪初，传教士在传教布道中，常提出一些为中国知识分子关注的问题，如"如何救中国""中国的困境与出路""中国之希望"等问题，扩大了基督教在民众中的声誉和影响。广州黄花岗起义七十二烈士中就长眠着多位基督徒；早期民主革命的领袖之一陆皓东就是基督徒；孙中山先生的革命历程得到许多基督徒的支持和拥护，后来，孙中山也成为基督徒，"至于教则崇耶稣"。他的"天下为公"思想因此得到进一步完善和升华，形成三民主义。"五四"前后，中国知识分子在反思批判中国传统文化时，汲取与借鉴了包括基督教思想在内的西方文化与思想。这些都不是用"基督教是帝国主义的侵略工具"的论调可以掩盖的。到了20世纪20年代末30年代初，中国的教会提出"自立、自养、自传"的"三自政策"，逐步实现了本土化、中国化。任东升对于圣经汉译有过较客观的总结：唐代和明清之际的圣经译介属于"使节文化"范围，然而进入19世纪，尤其在"鸦片战争"以后，传教士的圣经汉译活动与帝国主义对中国的侵略行为扯上干系，遂有"征服文化"之嫌，这也与基督教新教征服全球的全球战略有关。20世纪30年代之后，由于华人译者的主动参与，圣经汉译才重新纳入平等文化交流的轨道。① 陶飞亚也有非常客观全面的评论：对传教运动仅仅从基督教与列强殖民活动有联系这方面进行论述是不够的。把所有传教士活动都看成铁板一块，把基督教的文化活动完全等同于殖民掠夺，这是以简单的概念代替复杂的历史，无助于深化我们对历史的认识。要用历史的辩证的方法来看待西方文化活动，既不必用"文化侵略"来概括西方文化事业的全部

---

① 任东升：《圣经汉译文化研究》，湖北教育出版社2007年版，第189页。

意义，也不必用现代化理论来抹杀西方在华文化事业的利己动机，以致对西方价值崇拜而影响对民族文化认同的一面。[①] 在世界文化的交往中，并非仅仅表现为文化殖民一种形式，还有更多非文化殖民的行为。

三　西学国学的融合

从上述论述可知，无论是国学西译还是西学汉译，其主流都不是后殖民翻译能涵盖的，而是属于正常的文化交流和融合。这种融合也产生了新的西学和国学样态。现代中国学术界，就是西学与国学的对立和融合，相得益彰。国学是建立在中国传统思想体系基础上，吸取西方思想价值观念的精华，适应当代社会基础，对人的思想、道德、行为、认知有一定指导作用的一门当代学说，而并非传统学术的简单延续。"西学"确切地说，不是西方人的学说，而是中国人研究西方的学问，是中国人用汉语表达的西方学说。西学既然是中国人研究的学说，自然就有中国人的立场和眼光。我们现在提倡更自觉地用中国人的眼光来看待西学，离不开国学。既然国学要有现代的学术眼光和方法，那么就需要西学。[②] 国学与西学的融合还体现于倡导者的教育背景。许多著名的国学大家，都有过留学经历或学习、传播过西学。梁启超在近代输入西学方面，无人能及。罗振玉与欧洲汉学家保持广泛的联系。章太炎、邓实、刘师培等国粹派领袖骨干也是传播西学的健将，一面系统输入西学，一面提倡国学。他们的研究既有中国古典思想之风范，又能与西方思想形成真正的交流，虽接受西学教育，但落脚

---

① 陶飞亚：《边缘的历史——基督教与近代中国》，上海古籍出版社 2005 年版，第310、121 页。

② 赵敦华：《西学的几个理论问题》，《哲学研究》2007 年第 6 期。

点在民族思想文化传统的现代发挥或思想重建，把西学的思想方法与中国的思想传统很好地结合在一起。事实上，这一批学者自 20 世纪 80 年代中期以来，已被中国学界广泛接受。所以说，如果没有西学的观念、眼光，国学也是学不好的。西学不仅刺激了国学研究的兴起，更制约着其发展趋向。西学和国学是中国现代学术的两条腿，缺一不可。①

与上述西学不同，还有一种"西化"的西方文化接受方式，是不具有主体性的方式来接受西方文化。赵敦华指出，一些学者缺乏文化自觉，错误地把西学等同于西方学术，以为西方学术界的评价标准就是西学的标准，西方的学术成果就是西学的最高成果。结果，研究者在不知不觉中成了崇拜者。盲目崇拜西方的学术标准和运行方式，盲目跟随西方的时髦学说，趋之若鹜，人云亦云，我们就永远不能站在平等的立场上与西方人论道辩理。这也就造成了所谓的后殖民现象。但这种现象应该而且是可以避免和消除的。② 诚如王宁所说：一些保守的中国文化人认为，中国文化是翻译殖民化的结果。如果确实存在某些"文化殖民"现象的话，那么全球化的进程也必将带来文化的多元性，这是一个互动的过程。……过去的"中国文化殖民化"只不过是建设当代中国文化过程中必要的代价而已，因为，中国文化同其他以前的"殖民"文化同样可以通过翻译的手段来得到解构。③ 中国的西学研究不是西方学说的简单重复，而是带有不同程度的创造性的理论转变。西学也不是强加给中国人的，中国人在主动学习、接受和运用这些西学的过程中，成为学术思想交流的受益者，而不是受害者、

---

① 崔雪芹、袁建胜：《国学正热，西学又来》（http://finance. ifeng. com/spirit/200708/0827_ 199_ 203314_ 1. shtml）。

② 赵敦华：《西学的几个理论问题》，《哲学研究》2007 年第 6 期。

③ Wang Ning, "Translation as Cultural '（De）colonization", in Wang Ning（ed.），*Perspectives*：*Studies in Translatology*，Beijing：Tsinghua University Press，2003，p. 274.

受骗者。并且，中外文化和思想的交流从来都是双向的，不但来自西方的学说深刻地改变了中国人的思想和社会面貌，而且中国思想也在西方产生了影响。近 100 年来，西方文化是高势文化，对中国的影响确实比中国对西方的影响要大，这是中国在经济、政治和社会发展上的落后状态所决定的。但这不意味着，中国传统思想文化的内容或特质决定了它永远只能成为低势文化。① 现在，我们提倡国学，就是要在融合西学的基础上，使中国传统的思想文化获得现代价值，成为普世学说。

第三节　共有系统论下的中华文化圈翻译
——中西方强势文化异同比较与反思

　　南开大学王宏印教授认为，一种文化需要具备以下三个条件中的两个才可以称为强势：历史渊源、综合实力（当前势力）和心理认同。② 按照这种观点，西方文化可以称为强势文化，而中华文化似乎也可以称为强势文化。其实，文化地位的强弱只是一个相对的概念，没有哪一种文化在一切方面在一切交流中都永远是强势文化。中华文化与西方文化比较起来明显处于弱势，汉文化在中华文化圈内则又处于高势。本节姑且将汉语言文化视作强势语言文化，探讨中华文化圈的兴衰，并与英语等西方强势语言文化作一比较。前几章表明，中西

---

　　① 参见赵敦华《西学的几个理论问题》，《哲学研究》2007 年第 6 期。
　　② 王宏印：《文学翻译批评论稿》，上海外语教育出版社 2005 年版，第 179—181 页。

强势文化都存在"帝国之眼"式的他者观，存在一些相似之处。本节在此基础上进一步认为，在多元一体格局基础上形成的中华文化圈，同样有别于近代以来东西方异质文化之间的后殖民关系，东西强势文化之间存在巨大差异，不能机械地将高势的汉文化比拟为强势的西方文化，借此进一步反思后殖民翻译理论。

安东尼·皮姆提出，翻译史研究的重要目的是寻找翻译史中所体现的"共有系统"（Regimes）。在共有系统中，有些规范是对双方都有益的，合作可以在高度不平等的团体之间产生，主权国家在没有霸权强加之下也可以进行合理的合作，进而设想出一个没有霸权的世界秩序。① 所谓"文化圈"，是指某一地区以某种特定民族的文化为源泉，不断向外辐射，形成各具民族特色文化群。当代主要文化圈有西方基督教文化圈、中东伊斯兰教文化圈、印度文化圈以及中华文化圈等。中华文化圈内，各种文化之间的翻译，完全可以放在共有系统论下进行考察。中华文化圈源远流长，8世纪基本成熟，此后一直形成一种相当稳定的文化格局；主要是以高势的汉文化为核心，波及周边少数民族居住区、东亚、东南亚，以汉字、儒释道思想以及中国古代科技为主要内容的文化区域。这里的汉字、儒释道思想及中国古代科技，即一种对各个文化、各个民族都有益的"共有系统"。

一 翻译与中华文化圈的兴衰

中华帝国不仅是由汉族建立和统治的，也包括少数民族建立的帝国。无论是汉族，还是少数民族作为国家的统治民族，他们都将中国

---

① Anthony Pym, *Method in Translation History*, Beijing: Foreign Language Teaching and Research Press, 2007, pp. 124-131.

的各个民族看作一个整体，把包括自己民族在内的各族人民看成自己的臣民。这种根深蒂固的中华整体观念一直起着黏合剂的作用，将各个民族凝聚成一个不可分割的整体。不同文化之间彼此不是互相敌视和相互消灭，而是相互传播与学习。它们之间最重要的是互动关系，中心与边缘、文明与野蛮的关系是互相转化的，这种以礼仪为标志的文化传统也可称为一种"共有系统"。

从国内各少数民族对汉文典籍的翻译简史①，我们可以看出以下几点。第一，各个民族和文化都共享汉文化，也就是把汉文化当作"共有系统"，这是汉文化典籍得到翻译的前提。第二，积极主动学习、翻译汉文化典籍，服务于自身文化、政治、社会的发展，这是汉文化典籍得到翻译的动力。第三，在学习、翻译过程中，与汉文化和平相处，实现文化融合，这为汉文化典籍翻译从非协商性合理合作进入到体制化的协商性合作提供了更适宜的氛围。汉族在处理与其他民族的相互关系时，大多数情况下采取和平交往、宽容吸纳、积极学习的态度。中华文化的多元一体性既包括各文化的融汇而化合，也包括不同文化在自愿相互模仿和学习的自我发展中对多样性的承认。周边民族的汉化并不是汉民族对周边民族既有文化强力扼杀、灭绝土著文字、强行推行汉文化等措施的产物，而是所在地人民的自觉选择。上述几种情况中，后殖民翻译理论标榜的单向征服和抵抗并不明显，均非后殖民翻译理论能涵盖。

朝鲜半岛使用汉字有1700多年之久，起初用汉字文言，8世纪时，用汉字的音写朝鲜语。15世纪中叶，以汉字的基本笔画为基础，制定了包括母音和子音在内的28个字母的"训民正音"（又称谚文）。但

---

① 具体可参见本书第四章第一节。

"谚文"的意思是"非正式"的文字,汉字仍是朝鲜的官方语言,直到清代结束。《论语》《大学》《周易》《尚书》《礼记》《诗经》《春秋》《左传》《文选》等是朝鲜学生最基本的教材。儒学是一种官学,是朝鲜规范政治思想格局的重要的思想武器。总之,以儒学为主体的汉文化诸如汉语汉字、程朱理学、文学史学、风俗习惯、古代科技等在朝鲜广为传播。

越南文字经历了汉字、字喃和拼音文字 3 个阶段。公元之前,汉字传入越南。汉字在越南的使用先是作为官方文字,后作为借用文字,将中国文化直接输入越南。无论是官方文告还是科举考试都通用汉字。重要史学、文学、医学等著作都用汉字书写。13 世纪初,越南仿效汉字结构进行越语化创制出自己的形声字(也有会意、假借),称为"字喃"。字喃跟汉字长期并用,但汉字始终处于主导地位。同中国封建社会一样,越南也是独尊儒学,将儒学作为正统的统治思想和教育、科举的主要内容。中国的封建文化典籍,如《五经》《四书》《资治通鉴》《汉书》、两唐书、《三国志》等,在越南得到全面的传播,另外,像天文地理、历法医药、刑律法度、科举考试等,越南也都全面仿效中国。

中国的儒家文化对东南亚国家的文化有着深刻的影响。中国唐朝时就有僧人就到印尼研究佛经和当地的语言,印尼也有很多人学习汉语;缅甸早期历史上的口头文学受到中国文化的影响;泰语中吸收了相当数量的汉语借词,翻译中国古典名著《三国演义》,并形成一种新文体"三国文体",对泰国文学产生重大影响。

古代日本和中国周边其他国家一样,一直处于汉文化圈的边缘,不断受制于汉文化巨大影响。正是由于中国文化的巨大辐射作用,日本对古代强大的中国生强烈的崇拜,继而模仿、摄取、吸收、融合,主要表现在。第一，尊汉字为"真名"，称日本自己根据汉字而创制的文字为"假名"。第二，中国的儒学典籍在日本广为流传，并成为学校的教科书文本。到了 9 世纪初，共有 1579 部、16790 卷儒学经典流入日本，成为日本的官学。第三，日本的佛学经典基本由中国传入，根据中国佛教各流派，形成自己的流派。此外，日本的社会制度多数从唐朝引进，官制、兵制、田制、学制、税收、法律等莫不如此。井上清指出，正是在"中国文明的巨大影响下，到公元 4—5 世纪就渡过了野蛮阶段，进入了文明阶段"①。近世以前日本积极输入、引进中国典籍和中国先进文化，翻译的贡献不容忽视。正如王青所指出的那样，"如果把汉文训读也算作一种广义的翻译的话，其数量可以说是汗牛充栋。不过训读虽然从语序上是日语，但是词句仍保留着汉语的形态，令现代汉文学修养不高的一般日本人颇感难解，只能算是未完全消化的半翻译。中国明清白话小说也对他们产生了极大的吸引力，而白话小说这种俗语文学恰恰是不适宜训读的，非翻译不可。中国明清俗语文学与町人读者之间存在着许多中间媒介，最重要的就是汉语白话（俗语）翻译的发达。在这种背景下，以明清小说、传奇为代表的中国俗语文学在日本得到了前所未有的翻译，例如《水浒传》《三国演义》《西游记》《肉蒲团》《金瓶梅》《三言二拍》《游仙窟》等作品都在这一时期一译再译。其中《水浒》译本达 11 种之多。逐字译、逐句译等特殊形式的翻译应运而生，注释汉文典籍的活动更加发达。不仅'训读'、'训译'、'通俗书'等半翻译或准翻译大行其道，还出现了面向民众、以普及文化为目的的'抄物'、'谚解'、'俚谚抄'、'首

---

① ［日］井上清：《日本历史》上册，天津历史研究所译，天津人民出版社 1976 年版，第 1 页。

书''鳌头''标注''国字解''俗语解'等翻译形式，颇受大众欢迎"。① 纵观古代日本文化的发展历程，可以说对中国文化的借鉴是日本历史的一个重要内容，而翻译是其重要而有效的手段。

进入 19 世纪，随着西方文化的输入，中华文化圈因为遭遇西方强势文化，建立在以中华帝国为中心的"朝贡"体系之上的传统东亚国家秩序宣告解体，东亚各国主动或被迫地融入西方主导下的全球性的现代化浪潮中。日本明治维新前，中国文化处于中心地位，而日本文化则处于边缘地位，日本人翻译的中国书有 129 种，而中国人翻译的日本书仅有 12 种。明治维新尤其甲午战争后，日本人大力学习西方文化，成效显著；而中国文化则日渐落后。在甲午战争以后至 1911 年的 15 年间日本书的中译本达到了 958 本，而中国书的日译本则只有 16 种。② 中国翻译日本书籍是为了通过日本观察西方和世界，而日本翻译中国书籍是为了刺探中国国情，为侵华服务。19 世纪后期，朝鲜、越南逐步沦为殖民地，对汉文化的全面吸收被迫中断。列强对它们推行殖民文化，实现殖民统治。比如，日本在统治朝鲜半岛期间，不遗余力地宣扬殖民文化，妄图在思想上奴役朝鲜；法国殖民统治越南期间，禁用汉字，废黜科举，明令使用拉丁字母，强制推行法国殖民文化。如今，在朝鲜、韩国和越南，恐怕只有受过古汉语专门训练的人士才有可能读懂他们国家的古代典籍，这种与历史完全割裂的状态多少会对这些国家的文化传承和发展产生一定的消极影响。③

---

① 参见王青《翻译与日本文化》（ http：//philosophy. cass. cn/facu/wangqing/01. htm）。

② 王克非：《翻译文化史》，上海外语教育出版社 1997 年版，第 137—138 页。

③ 参见陈季冰《古汉语："帝国语言"的命运》（http：//www. yywzw. com/luntan/dispbbs. asp？boardID = 17&ID = 227&page = 10）。

二 中西方强势文化异同比较与反思

一个文化圈的形成，绝不是仅靠政治权力操纵下的文化殖民能实现的，其根本原因是一种文化的高势能，往往是政治文化两种因素共同作用的结果。文化圈的存在说明，中心与边缘的存在，强势与弱势的存在。但这种文化圈内部的强弱关系与近代以来东西方异质文化之间的经典后殖民关系存在异同。这种异同首先可以从中外宗藩关系上得到体现。历史上的中外宗藩关系是产生于中华文化圈的特殊的国际关系。陈双燕指出，"它的形成，有着极其深厚的文化历史背景，儒家文化从中原这一文化内核区源源不断地向外辐射，促成了周边小国对中原王朝的向心力和凝聚力的形成，这为中外宗藩关系的形成奠定了心理基础；汉文化中的华夷之辩及其所体现的文化中心主义，导致了以华夏为世界中心的国际秩序观的形成，这是中外宗藩关系的理论基础"。① 这种以文化为纽带，以利益为根本的宗藩关系，正是一种共有系统。

毋庸置疑，古代中国与周边国家的宗藩关系确实存在不平等关系，周边国家要向中国"称藩纳贡"。但这种宗藩关系并不具有统治和被统治的实质性内容，而是建筑在双方封建统治者政治需要的基础上，是符合他们各自的基本利益的。龙永行指出，"明朝时，安南的封建统治者，为了政治上的需要，'奉正朔，保境而威其邻'（侵吞占城国）"②，因而向明称臣称藩，不断请求册封与朝贡。这种表面上的不平等，实际上掩盖了朝贡国强烈的经济利益，是一种获利颇丰的贸易

---

① 参见陈双燕《试论历史上中越宗藩关系的文化心理基础》，《历史教学问题》1994 年第 2 期。

② 龙永行：《明清时期的中越关系》，《东南亚纵横》1994 年第 4 期。

往来，因为朝贡往往是"薄来而厚往"，中国回赐的物品一般都优厚于所贡的物品。举例来说，中国南北朝时期，大和国统一日本，中日之间形成朝贡关系，从413年到502年，先后13次向中国遣使朝贡，请求册封。而这一时期，中国政权更迭频繁，国家四分五裂，很难形成中国中心主义的观念，中国中心地位并不明显。日本之所以主动向中国朝贡，原因就在于对中国各种物品的需求日益增加，想通过朝贡来满足需要。407年，大和国在朝鲜战败，日本想借中国的权威加强在朝鲜半岛的势力。更有甚者，中国还通过这种朝贡关系来缓解时常来自藩属国的军事威胁，正如孟德卫指出的，"几个世纪以来，这些异邦不断派遣使臣携带贡品来到中国。作为回报，他们也接受了作为家长身份的皇帝的善意馈赠。这种回馈的数量有时在事前已有协商，以达到消弭外藩对中国的军事威胁"。① 中国与周边国家的关系如此源远流长，如此错综复杂，如此丰富多彩，简单地用西方新近的后殖民理论难以囊括。因此，就有学者深刻指出，"中国与周边国家的这种宗藩关系和近代西方国家间那种表面上平等，而实质上却是弱肉强食的国际关系有着本质的区别；和西方殖民国家的宗主国与殖民地之间的那种控制与被控制、压迫与被压迫、剥削与被剥削、掠夺与被掠夺的关系更是有着不可同日而语的天壤之别"。②

况且，如前所述，元、清等帝国并不符合汉文化中心主义的模式。所以，元、清时期形成的中外宗藩关系并非完全属于汉文化中心主义之列。当时的越南人、朝鲜人和日本人都将自己置于儒家文化的中心，

---

① ［美］孟德卫：《1500—1800：中西方的伟大相遇》，江文君、姚霏等译，新星出版社2007年版，第6页。

② 《清朝中国周边附属国一览》（http：//www. huaxia - ng. com/web/？action - viewnews - itemid - 22834）。

而将元清视为边缘。这一时期，汉文化的外传就难以用后殖民来界定。而两宋时期，周边民族政权林立，辽、西夏、金、蒙古等均虎视眈眈，屡屡进犯中原，两宋政权则节节败退，割地、纳贡、称臣、求和，汉族中心地位荡然无存。明朝时期，中国对北方，也始终处于防御的地位。即使在汉族建立的最强势的大唐文化，汉文化中心也并不明显。正如张倩指出的，"唐朝文化是兼容并蓄的，尊儒、尊佛、尊道并重，伊斯兰教和基督教共生，汉化与胡化并存，容纳不同思想意识背景的文化形态。'胡服胡食竞为时髦，胡医胡药广为流传，胡乐胡曲飘散朝野，胡风胡俗盛极一时'"。① 孟德卫对唐朝文化也有类似的认识，"那是一个世界性的、高度发达的、对于非汉族人种——无论是从中亚来的土耳其人还是阿拉伯的穆斯林——广泛认同的文明"。② 这种文化的形成与外传也很难用后殖民来涵盖。就文化上来说，素有贬义之称的"夷""狄""胡""蛮"等词也并不总是带有贬义，并不总是体现汉族中心主义观念。商务印书馆 2000 年版的《王力古汉语字典》"夷"字条目，无一处提到"夷"有"野蛮"的含义。从"夷"的最初意义看，是为"东方各民族泛称"，"狄"是北方少数民族，确无明确的褒贬义。密西根大学教授刘禾《帝国的冲突》认为，"夷"的意思就是"Foreigners"——外国人，确无贬义。刘禾等人对"夷"的质疑有助于从文化误解、翻译和语义学的角度重新理解近代中外关系，并挑战以往一概认为中国人自大的刻板印象。③ 在汉文化的很多行动的背景

---

① 转引自张倩《从后殖民主义理论看文化翻译》，《军事经济学院学报》2006 年第 3 期。

② ［美］孟德卫：《1500—1800：中西方的伟大相遇》，江文君、姚霏等译，新星出版社 2007 年版，第 43—44 页。

③ 参见伍国《不仅仅是翻译问题——"夷"是不是"barbarians"？》，《学术周刊》2006 年 7 月 B。

中，固然有一个文野之别，但在这个文野之别构成的二元世界里，汉文化并不总以己为上而是"以他为上"，以达到自我与他者之间的互补。

由此可见，中外宗藩关系无论在政治上还是在文化上，都是互利互惠、各有所求的共有系统。虽然宗主与藩属之间存在不平等现象，但藩属文化的主体意识非常明显，翻译汉文化典籍的目的非常明确，这种态势下的汉文化典籍翻译，就不一定有霸权的介入。若无霸权的介入，汉文典籍外译实践，就很难用后殖民翻译理论来解释，而"共有系统"则提供了一个可供透视的有效途径。

在语言文化同化方面，中西方强势语言文化也有异同。一个是厚往薄来，轻经济利益，重视和合文化，和而不同；另一个是重经济利益，强调统合文化，消除文化差异。相比较而言，西方国家利用语言文化优势为辅助，更注重通过强力进行殖民，形成今天所谓的"文化殖民"。汉语言文化则是自然同化与强迫同化兼备，重在自然同化，这种自然同化在异族统治期间尤为明显。自然同化还体现在不同语言文化接触的长期性上。比如，佛教、伊斯兰教汉译，是在与汉文化有充分接触后进行的，而基督教在华翻译时则相对短促。这也体现出东方文化之间的相容性较多，而东西方文化之间差异较多的特点。东西方强势文化确实具有先进性和高势能。但语言文化势差也时常和权力势差相结合而形成合力。比如，佛教、伊斯兰教汉译时常常会主动附会汉文化，而基督教汉译、汉典西译时则常以汉文化附会西方文化。这里就存在权力的运作。但是这几种情况中，后殖民翻译理论标榜的单向征服和抵抗并不明显，均非后殖民翻译理论能涵盖。只有直接配合殖民行动、与政治军事征服和经济掠夺直接挂钩的翻译才是后殖民翻译。这是由后殖民翻译与政治、权力等的紧密关系决定的。很多翻译中权力因素并不明显，就不应该过分拔高放大，牵强地称为后殖民翻译。为文化而进行文化传播，即使主动传播也不能称为后殖民，诸如佛教、伊斯兰教东传、西学东传、儒学外传等，大都是正常的文化交流。而且，这几种翻译主动寻求与汉文化会通融合，无论是在翻译过程、策略和结果中都能得到体现。从整个历史来看，如果承认汉文化进入少数民族地区和周边汉文化圈是一种强势文化的征服，那就应该承认佛教、伊斯兰教、基督教等外来文化进入中国是对中国文化的强势征服。如果承认汉文化在"征服"中存在被"化"或被"征服"的因素①，也应承认外来文化在征服中国文化时被"化"或被征服的因素。这实际上就是文化融合的过程。

英国历史学家汤因比认为，中国自汉朝以来，舍弃了战国时代的好战性，选择了和平之路。中国无论强大还是弱小，只要不受到外敌的挑衅和威胁，鲜有主动对外用武的先例。明朝郑和下西洋没有向西方那样造成对全球的殖民和掠夺就是一例。② 汉族在处理与其他民族的相互关系时，大多数情况下并不力图"吃掉"或"打败"对方，而是采取和平交往、宽容吸纳、积极学习的态度。中华文化的一体性也不同于西方基督文化的"一"的排他性和封闭性。这种一体性既包括各文化的融会而化合，也包括不同文化在自愿相互模仿和学习的自我发展中对多样性的承认。西方文化重科学，中国文化重人伦。即使对于科学，罗素也认为，中国文化"前此于科学，虽有所欠缺，然亦从无仇视科学的事物。所以科学知识的发展，绝无阻力。和欧洲中世纪，时时见阻于教会的，大不相同"。③ 中华文化的传播，和现代帝国主义

---

① 汉语言文化在朝、日、越等国得到了本土化，汉字作为这些国家的语言在使用时，其读音和意义被作了本土化的变更。

② 宋鲁郑：《中国为何不打西方的"达赖"牌？》（http://hi.baidu.com/likun1163/blog/item/f25f9ddda6073ea6cd116616.html）。

③ 转引自吕思勉《中华民族源流史》，九州出版社2009年版，第66页。

者的侵略不同，不是靠政治之力，一时强占，而是靠民族的力量，是顺着自然的趋势，渐次进行的。与汉文化提携启发低势文化不同，帝国主义是以腋削甚至屠灭低势文化为目的的。汉文化的特点在于宽容，正如吕思勉所说，几千年来，住在我国的弱小民族，保守其固有的语文、信仰、风俗，我们都听其自然，不加干涉。欧洲人固执太甚，此前因为争教，想消灭他人的宗教，推行自己的宗教。总想用强力消灭他人的文化，使之同化于我，而不知其适足以引起纠纷。① 西方帝国主义常采取严厉手段进行语言灭绝。比如，英国在中东殖民统治期间，很多学校只准使用英语，阿拉伯语是明令禁用、可以入罪的，爱德华·赛义德曾就读的维多利亚学院即是如此。法国从大革命以后，开始压制少数民族语言，强迫小学生只用法语交谈。这个政策宣传的一句出名的口号为："不准在地上吐痰，也不准讲布列塔尼语"，这个口号把使用布列塔尼语和不卫生的行为混为一谈，足显当时法国政府用多么侮辱人的措施施行灭绝语言的政策。② 在殖民主义看来，要在全世界建立起只有一种语言的世界性帝国，使所有的语言都转变为一种语言，就要通过翻译来消除一切分歧和差异。不同文明之间，亨廷顿看到的是文明的冲突，而从中国历史中看到的是各种文化从冲突走向融合。文化冲突的原因不在文化本身，而是源于人为的权力操纵和文化压迫。自由发展的文化不会导致冲突。文化的性质在于启迪而非强迫，如果一种文化的势能高于其他文化，其他文化会明白的，强迫推行反而有损无益，只能引起反抗。汉文化在这方面是典范，也是中西强势文化的区别之一。中国多元一体的文化格局是对内部殖民论的有

---

① 转引自吕思勉《中华民族源流史》，九州出版社 2009 年版，第 79 页。

② 宋鲁郑：《中国为何不打西方的"达赖"牌?》（http: //hi. baidu. com/likun1163/ blog/item/ f25f9ddda6073ea6cd116616. html）。

力修正和补充。中华文化与世界其他文化既有共同性也有特殊性，不考虑中华文化的独特性，任何的文化理论都难有世界性的普遍价值。

中国在促进不同文明之间的对话与和谐中，有特别的"话语权"。任东升指出，在中国历史上，历代统治阶级对宗教大都采取宽容态度，这种政治与宗教的关系，使得各大宗教之间得以平等往来，互补长短。中国历史上几乎没有发生过宗教迫害，更没有发生过宗教战争。中国的社会文化语境对于外来宗教所表现出的宽容性，成为中国宗教多样化的文化土壤。中国的翻译传统从一开始就形成了一个公平而开放的格局，对佛经翻译和圣经汉译等外来"助力"几乎没有强大的排斥，它也是兼容的，因而在唐代出现了景教士景净和佛教徒般若合作翻译佛经之举。① "文明冲突论"也谈到儒教与西方文明可能的冲突，但在中国文化的背景下，各种信仰是可以和平相处的，甚至在某种程度上还可以相互融合。比如佛教从印度传来，与中国文化磨合的时间固然很长，但最后融合得很好。中国主体文化对待佛教、伊斯兰教等他者文化的态度有一定的启示，值得西方学习。中国模式可以作为西方的另一个选择。中国文化主张不同文明应该互相吸收对方的长处，大家和平相处形成一种文化融合，对西方文化具有普适性。

不可否认，汉文化也曾不同程度地对其他文化进行过误现误征乃至文化殖民。同时，相对于汉文化的其他弱势文化也始终进行着非殖民化的进程。文化非殖民化开始于何时？正如鲁滨逊所说，"'非殖民化时刻'从来就不是一个确切的时刻，它随着殖民化的开始而开始，实际上它总是伴随着殖民化"。② 即使近现代以来汉文化处于相对弱势

---

① 任东升：《圣经汉译文化研究》，湖北教育出版社 2007 年版，第 395 页。

② Douglas Robinson, *Translation and Empire: Postcolonial Theories Explained*, Beijing: Foreign Language Teaching and Research Press, 2007, p. 38.

的一方，文化非殖民化的能力依然有所表现。王宁指出：一些保守的中国文化人认为，中国文化是翻译殖民化的结果。如果确实存在某些"文化殖民"现象的话，那么全球化的进程也必将带来文化的多元性，这是一个互动的过程。翻译作为一个动态的实践，在目的语的文化中植入源语的美学本质精神来达到对源语文化的殖民解构。由于翻译在国际文化的对话中扮演的是一个双重的角色，所以文化殖民与非殖民的二元对立应该消解。过去的中国文化殖民化只不过是建设当代中国文化过程中必要的代价而已，因为，中国文化同其他以前的"殖民"文化同样可以通过翻译的手段来得到解构。① 其实，非殖民化追求的应该是真正的文化独立和文化解放，真正切实的非殖民化应该是在重新整理、重塑民族精神的基础上，以宽容代替顽固自守，以平等对话代替全球化和本土化的尖锐对立，更大限度接受多重自我和多重身份的概念，在跨越民族界限的基础上化解认同危机与文化隔阂，从而实现真正意义上的文化自救，重建民族文化精神的荣光。② 从这个角度看，文化非殖民化不单是一个历史和现实，更是一种将来和希望，是所有低势文化要努力追求的目标。这样广义的非殖民化似乎与原来意义上的殖民化更少关联，而与文化势差有更多关系。

进入 21 世纪，作为联合国六大常用语言之一的汉语以及国学又形成了一股强劲的潮流，以惊人的速度融入世界，呈现出势不可当的全球化趋势。在韩国、越南、柬埔寨、缅甸等国有数以万计的人在学习汉语。欧美的大学生在选择外语专业方向时，相当多的学生选择了汉语。而中国各大学的对外汉语中心的外国留学生也迅速激增。据保守

① Wang Ning, "Translation as Cultural '（De）colonization", in Wang Ning（ed.）*Perspectives：Studies in Translatology*, Beijing：Tsinghua University Press, 2003, p. 274.

② 齐园：《从后殖民文学看文化的非殖民化》，《求索》2006 年第 3 期。

估计，全世界已有 100 多个国家 2500 多所高等学校开设了汉语课程，中小学开设汉语课的热潮方兴未艾，通过各种方式学习汉语的人数已达 4000 万以上。据统计，中国自 2004 年在韩国首尔成立第一所汉语学院——孔子学院，截至 2015 年年底，全球已经开办 500 所孔子学院和 1000 个孔子课堂，学员 190 多万人，分布在 134 个国家和地区，以欧美最多。而且，这种势头还在持续。孔子学院已经成为传播中国文化和推广汉语教学的全球平台。孔子学院已经让更多的外国人了解了中国的和平崛起政策，传播了中国的文化和价值观念。无论是国际上的儒学热、国学热，还是汉学热、汉语热，都从一个侧面反映了外国人对于汉语言文化的认同，预示着新中华文化圈的悄然复兴。应该指出，汉语言文化的复兴和全球化与中国霸权没有关系，正如温家宝强调的，国强必霸，不适合中国。称霸，既有悖于我们的文化传统，也违背中国人民意志。中国的发展不损害任何人，也不威胁任何人。中国要做和平的大国、学习的大国、合作的大国，致力于建设一个和谐的世界。[①]

[①] 温家宝：《用发展的眼光看中国——在剑桥大学的演讲》，《世界教育信息》2009年第 3 期。

结语　定位翻译及其文化战略
——重建后殖民翻译文化诗学

翻译是文化的相遇，在相遇的过程中冲突、对话、融合。而融合型的文化就是"和而不同"的异质文化。正是基于此，后殖民翻译为文化多元化的发展奠定了基础。3000 余年来，不是一种文化，而是多种文化传统和文化圈始终深深地影响着当今的人类社会。当今文化并未因世界经济和科技的一体化而"趋同"，反而向着多元的方向发展，并在新的基础上产生新的差异。在消除中心、贯彻多元化和平等精神的过程，战略本质主义翻译观具有极大的可行性。在斯皮瓦克看来，后殖民批评既要警惕本质主义，又要重视其对具体社会政治矛盾和结构性压迫所起的描述作用。既建构大文化圈的身份认同，又建构其内部具体文化的身份认同，形成多元一体的和合局面。费孝通指出，高层次的认同并不一定取代或排斥低层次的认同，不同层次可以并存不悖，甚至在不同层次的认同基础上可以各自发展原有的特点，形成多语言、多文化的整体。所以，高层次的民族可说实质上是个既一体又多元的复合体，其间存在着相对立的内部矛盾，是差异的一致，通过消长变化以适应于多变不息的内外条件，而获得这共同体的生存和发展。① 杨俊蕾进一步指出，在拒绝本质化的国族性认同的同时，还要建立起另外一种基于文化差异性的多重自我和复合式的文化身份，避免绝对化的偏执，转移而非加剧认同危机，在全球化的进程中坚持本土文化的特质与发展，在世界性因素的影响下保持中华性的文化空间。② 当务之急是要学会用超构思维，超越单一认同思维，尽可能实现多种认同思维的融合，建设自我认同的同时也建设更高一级的文化认同。这样的建构本身就包含着非殖民化。综上所述，本书将翻译定位在后殖民语境、主体间性与多元文化语境之间即广义的非殖民化之上，将其文化战略定位在战略本质主义、多元一体与和谐共生之上，以重建后殖民翻译诗学。

当前的研究现状是各种流派的翻译理论和实践都在展开，应将内部研究与外部研究结合起来，互相补充，即追求翻译的文化诗学。一个翻译标准的优点正是其他标准的缺点。翻译标准多元化指的是我们应该以一种宽容的态度承认若干个标准的共时性存在，并认识到它们是一个各自具有特定功能而又互相补充的标准系统。③ 重建后殖民翻译诗学，需要以多元文化主义翻译诗学弥补后殖民翻译诗学的不足，以语言势差论、目的论理论、多元系统论、共有系统论和文化研究派中合理的翻译思想来弥补后殖民翻译理论的激进与偏失。正如佩特森指出的，后殖民翻译研究现在至少需要以下几点的联合：理论的折中主义，以便多元系统论、目的理论等流派能够被利用；个案研究能够坚实地基于社会文化的实地考察；跨学科的开放性能够与民族志、人

---

① 费孝通：《简述我的民族研究经历和思考》，《北京大学学报》1997 年第 2 期。
② 杨俊蕾：《中国当代文论话语转型研究》，中国人民大学出版社 2003 年版，第 79 页。
③ 辜正坤：《翻译标准多元互补论》，《中国翻译》1989 年第 1 期。

类学、社会学、历史学、语言学和文学理论相关联。①

重建后殖民翻译诗学，应该主张两种表征观、两种历史观、两种翻译策略的协调或融合，以避免原来的偏颇和绝对化。在重建后殖民翻译诗学中，应该将后殖民主义的这种玄想与结构主义的分析结合起来。翻译再现出原文表达的意思只是一种近似正确的再现，以最为接近原文意义的形式进行，并非指绝对正确或百分之百正确的再现。后殖民翻译诗学的走向必然是既有结构分析又有解构思辨的综合的、跨学科的研究，必然是语言分析和文化/社会批判的结合，未来的翻译研究方法必定是跨学科的综合性研究，未来的翻译实践也会因此而更加理性，更加精密，更加近真。② 西方殖民者为了利益，利用权力重组史实；后殖民翻译理论家同样如此，其对历史进行选择性记忆，最终会导致历史的失真。笔者认为，其实这两部历史都是残缺的，都只是历史的一部分。因此，必须反对对历史的随意裁剪和拼凑。历史具有多维性，不能只抓住一维而忽略其他维度。我们不能将殖民史扩大为东西交流史，不能把殖民史与反殖民史当成东西方关系史的全部，还有很多正面交流的史实，而翻译在其间同样起到"共谋"作用。重建后殖民翻译诗学，需要超越原来历史观的狭隘性。翻译策略的选择不能一成不变，异化归化两种策略的融合十分必要。译者必须在源语与翻译语之间维持微妙的平衡，没有必要再对"归化"和"异化"作优劣高下之分。

后殖民翻译理论仅从后殖民主义的视角强调东方对西方文化霸权的对抗，但是忽视或是回避了东西方文化差异的根本原因。其实，东

---

① Bo Pettersson, "The Postcolonial Turn in Literary Translation Studies: Theoretical Frameworks Reviewed" (http://www.uqtr.ca/AE/vol_ 4/petter.htm.1992).

② 王东风主编：《功能语言学与翻译研究》，中山大学出版社 2006 年版，"序"第 8 页。

西方文化间形成的权力差异是多方面的，不仅有其历史原因，也与经济、政治以及文化传统都有紧密的关系。① 因此，通过语言势差论及权力概念对"后殖民翻译"再定义，对重建后殖民翻译诗学至关重要。如果将后殖民翻译定位在高势能语言文化向低势能语言文化的流动，那么后殖民将是无所不在的，也无从避免的。本文所论后殖民是指某文化在其政治、军事和经济等霸权下主动推行的文化侵略主义。这样一来，征服民族的低势文化对高势文化的翻译，是不能称作后殖民的；当前第三世界主动翻译西方文化也不能称作后殖民。至于弱势文化对于霸权的认同则要具体分析。就目前西方霸权而言，一方面是其政治经济军事霸权的表现，另一方面是文化文明势能高的表现，单独一方面难以全面解释，因此，面对这种状况，我们也就不能一味地以反霸权来对待，还要主动向高势能文化学习。总之，本书从宽泛的后殖民含义出发，验证、质疑和修正当前后殖民翻译，为建构多元和谐的文化关系和生态文明服务，力图构建一套适合中国语境的、特殊的、独立的后殖民翻译诗学。

中国翻译观念的一大特点是圆满调和、和合调谐，超越了简单的二元对立，达到了辩证的统一。通过翻译体现出来的中国主体文化的他者观及其文化关系确切地说是文化融合，是和而不同之上的多元一体格局。多元一体格局既是一种中心与边缘的关系，也有别于后殖民视野中的强势与弱势关系。多元一体目标不仅适用于中国，同样适用于世界文化的发展趋势。各个文化圈都具有多元一体性，各种文化通过翻译这一媒介进行交流、互补乃至融合，终将形成世界文化"多元一体"的格局。这是后殖民翻译诗学重建的最终目标。

---

① 秦楠、范祥涛：《后殖民主义翻译研究概评》，《郑州航空工业管理学院学报》2005 年第 5 期。

主要参考文献

Achebe, Chinua, *Morning yet on Creation Day: Essays*. London: Heine-mann, 1975.

Aitchison, Jean, "A World Empire by Other Means. The Triumph of English", in *Christmas Special of The Economist*, December 22, 2001.

Álvarez, Román M. Carmen – África Vidal, *Translation, Power, Subver-sion*. Beijing: Foreign Language Teaching and Research Press, 2007.

Baker, Mona, *Routledge Encyclopedia of Translation Studies*. Shanghai: Shanghai Foreign Language Education Press, 2004.

Bassnett, Susan and André Lefevere(eds) , *Translation, History and Cul-ture*. London and New York: Pinter Publishers, 1990.

Bassnett, Susan and Harish Trivedi(eds) , *Post – colonial Translatio: . Theory and Practice*. London and New York: Routledge, 1999.

Bassnett, Susan, Andre Lefevere, *Translating Cultures: Essays on Literary Translation*. Shanghai: Shanghai Foreign Language Education Press, 2001.

Beckett, Samuel, *Murphy*. London: Picadored. Pan Book Ltd. , 1973.

Bhabha, Homi K, *The Location of Culture*. London, New York: Routledge, 1994.

Cheyfitz, Eric, *The Poetics of Imperialism. Translation and Colonization from The Tempest to Tarzan.* New York and Oxford: Oxford University Press, 1991.

Collier, Gordon, *Us/Them: Translation, Transcription and Identity in Postcolonial Literary Culture.* Amsterdam: Rodopi, 1992.

Carrier, James G. ed. , *Occidentalism: Images of the West.* Oxford: Clarendon Press, 1995.

David, Kathleen, *Deconstruction and Translation.* Shanghai Foreign Language Education Press, 2004.

Delisle, Jean & Judith Woodsworth, *Translators Through History.* Philadelphia: John Benjamins Publishing Company, 1995.

Ellis, Roger, Liz Oakley – Brown, *Translation and Nation: Towards a Cultural Politics of Englishness.* Beijing: Foreign Language Teaching and Research Press. 2006.

Fairbank, John K. ed. , *The Missionary Enterprise in China and America.* Harvard: Harvard University Press, Cambridge, Massachusetts, 1974.

Flotow, Luise Von, *Translation and Gender: Translating in the "Era of Feminism".* Shanghai: Shanghai Foreign Language Education Press, 2004.

Ganguly, Swati, "Translation as Dissemination: A Note from an Academic and Translator from Bengal"(http://www. anukriti. net/tt/translation. asp).

Gentzler, Edwin, *Contemporary Translation Theories*(Revised Second Edition). Shanghai: Shanghai Foreign Language Education Press, 2004.

Gentzler, Edwin, *Translation and Identity in the Americas: New Directions in Translation Theory.* New York: Routledge, 2008.

Hall, Stuart, "The Question of Cultural Identity", in Stuart Hall et al. (eds.), *Modernity and its Futures*. London: Polity Press, 1992, pp. 273 – 325.

Hall, Stuart, "Cultural Identity and Diaspora", in P. Williams and L. Chrisman eds., *Colonial Discourse and Post – Colonial Theory: A Reader*. London: Harvester Wheatsheaf, 1994, pp. 392 – 403.

Hermans, Theo, *Translation in Systems: Descriptive and System – oriented Approaches Explained*, Shanghai: Shanghai Foreign Language Education Press, 2004.

Hermans, Theo, *Crosscultural Transgressions: Research Models in Translation Studies II, Historical and Ideological Issues*. Beijing: Foreign Language Teaching and Research Press, 2007.

Hermans, Theo(ed.), *The Manipulation of Literature. Studies in Literary Translation*. London and Sydney: Croom Helm, 1985.

Jacquemond, Richard, "Translation and Cultural Hegemony : The Case of. French – Arabic Translation", in Venuti, Lawrence, *Rethinking Translation: Discourse, Subjectivity, Ideology*. London: Routledge, 1992.

Jones, David Martin, *The Image of China in Western Social and Political Thought*, Houndmills, Basingstoke, Hampshire. New York: Palgrave, 2001.

Ketkar, Sachin, "Literary Translation: Recent Theoretical Developments" (http://www. translationdirectory. com/article301. htm).

Kittle, Harald, Armin Paul Frank(eds.), *Interculturality and the Historical Study of Literary Translations*. Beijing: Foreign Language Teaching and Research Press, 2007.

Kramarae, Cheris et. al eds., *Language and Power*. London: Sage, 1984.

Lefevere, Andre, *Translation, Rewriting and the Manipulation of Literary*

Fame. Shanghai: Shanghai Foreign Language Education Press, 2004.

Lefevere, Andre (ed.), *Translation/History/Culture: A Sourcebook*. Shanghai: Shanghai Foreign Language Education Press, 2004.

Lewis, Bernard, "The Question of Orientalism" in A. L. Macfie, ed. *Orientalism: A Reader*. Edinburgh: Edinburgh University Press, 2000.

MacKenzie, John M, *Orientalism: History, Theory and the Arts*. Manchester: Manchester University Press, 1995.

Mackerras, Colin, *Western Images of China*. Oxford and New York: Oxford University Press, 1989.

Munday, Jeremy, *Introducing Translation Studies: Theories and Practice*. Routledge: New York, 2001.

Niranjana, Tejaswini, *Siting Translation: History, Post - structuralism and the Colonial Contex*. Berkeley, Los Angeles, Oxford: University of California Press, 1992.

Olohan, Maeve, *Intercultural Faultlines: Research Models in Translation Studies I: Textual and Cognitive Aspects*. Beijing: Foreign Language Teaching and Research Press, 2006.

Nye, Joseph S. Jr. , *Soft Power: The Means to Success in World Politics*. New York: Public Affairs, 2004.

Panwar, Purabi, "Post - Colonial Translation: Globalising Literature?" (http: //www. anukriti. net/tt/postcolonial. asp).

Paper, Jordan D, *Guide to Chinese Prose*, G. K. Hall and Co. , 1984.

Phillipson, Robert, *Linguistic Imperialism*. Oxford: Oxford University Press, 1993.

Pettersson, Bo, "The Postcolonial Turn in Literary Translation Studies:

Theoretical Frameworks Reviewed" (http: //www. uqtr. ca/AE/vol_ 4/petter. htm. 1992) .

Porter, Dennis, "Orientalism and its Problem" in Patrick Williams, ed. *Edward Said,* Volume I . London: Thousand Oaks, Galif: Sage, 2001.

Pym, Anthony, *Method in Translation History.* Shanghai: Shanghai Foreign Language Teaching and Research Press, 2007.

Reiss, Katharina, *Translation Criticism: The Potentials and Limitations,* Translated by Erroll F. Rhodes. Shanghai: Shanghai Foreign Language Education Press, 2004.

Ribeiro, António Sousa, "The reason of borders or a border reason? Translation as a metaphor for our times" (http: //www. eurozine. com/articles/2004 – 01 – 08 – ribeiro – en. html".

Ride, Lindsay, "Biographical Notes", in *The Chinese Classics* Vol I. Hong Kong: Hong Kong University Press, 1960.

Rose, MarilynGaddis, *Translation and Literary Criticism: Translation as Analysis.* Beijing: Foreign Language Teaching and Research Press, 2007.

Robinson, Douglas, *What Is Translation?Centrifugal Theories, Critical Interventions.* Beijing: Foreign Language Teaching and Research Press, 2007.

Robinson, Douglas, *Translation and Empire: Postcolonial Theories Explained.* Beijing: Foreign Language Teaching and Research Press, 2007.

Robinson, Douglas, *Western Translation Theory: from Herodotus to Nietzsc.* Beijing: Foreign Language Teaching and Research Press, 2006.

Rafael, Vicente, *Contracting Colonialism: Translation and Christian Conversion in Talalog Society Under Early Spanish Rule.* Durham, NC: Duke University Press, 1988.

Sarton, George, *A Guide to the History of Science.* Mass, 1952.

Friedrich, Hugo. "On the Art of Translation", in Reiner Schutle and John Biguenet(eds.) *Theories of Translation.* Chicago and London: the University of Chicago Press, 1992, pp. 11 – 16.

Simon, Sherry, *Gender in Translation: Cultural Identity and the Politics of Transmission.* London: Routledge, 1996.

Said, Edward W. , *Orientalism.* New York: Penguin Books U. S. A. Inc. , 1995.

Said, Edward W. , *Covering Islam.* New York: Vintage Books, a Division of Random House Inc. , 1981.

Said, Edward W. , *Out of Place, a Memoir.* New York: Alfred A. Knopf, 2000.

Spivak, Gayatri Chakravorty, "The Burden of English", In Gregory Castle ed. *Postcolonial Discourses.* Oxford: Blackwell, 2001, pp. 54 – 70.

Schlesinger, Arthur, "The Missionary Enterprise and Theories of Imperialism"(http: //www. islamic – Awareness. Org/Quran/orientalism. html) .

Tervonen, Taina, "Translation, Post – colonialism And Power"(http: //www. africultures. com/anglais/articles_ anglais/taina_ colo. htm".

Thiong' o, Ngūgīwa, *Decolonising the Mind: The Politics of Language in African Literature.* London: James Currey; Nairobi Heinemann Kenya; Portsmouth N. H: Heine – mann, 1986.

Tollefson, James W. , *Planning Language, Planning Inequality: Language Policy in the Community.* London and New York: Longman, 1991.

Toury, Gideon, *Descriptive Translation Studies and Beyond.* Shanghai: Shanghai Foreign Language Education Press, 2004.

Tymoczko, Maria, *Translation in a Postcolonial Context: Early Irish Literature in English Translation*. Shanghai: Shanghai Foreign Language Education Press, 2004.

Tymoczko, Mariam, Edwin Gentzler(eds.) , *Translation and Power*. Beijing: Foreign Language Teaching and Research Press, 2007.

Venuti, Lawrence, *The Translator's Invisibility: A History of Translation*. Shanghai: Shanghai Foreign Language Education Press, 2004.

Venuti, Lawrence, *Rethinking Translation: Discourse, Subjectivity, Ideology*. London: Routledge, 1992.

Venuti, Lawrence, *The Scandals of Translation: Toward an Ethics of Difference*. London and New York: Routledge, 1998.

Wang, Ning, "Translation as Cultural'(De) colonization", in Wang Ning (ed.) *Perspectives: Studies in Translatology*, Beijing: Tsinghua University Press, 2003.

Wilson, R. and Dutton, R. , *New Historicism and Renaissance Drama*. London: Longman Group UK Limited, 1993.

［美］J. L. 埃斯波西托：《伊斯兰威胁：神话还是现实?》，东方晓等译，社会科学文献出版社 1999 年版。

［英］艾勒克·博埃默：《殖民与后殖民文学》，盛宁、韩敏中译，辽宁教育出版社 1998 年版。

蔡新乐：《翻译与汉语：解构主义视角下的译学研究》，中央编译出版社 2006 年版。

陈刚：《归化翻译与文化认同——〈鹿鼎记〉英译样本研究》，《外语与外语教学》2006 年第 12 期。

陈恒：《希腊化研究》，商务印书馆 2006 年版。

陈永国主编：《翻译与后现代性》，中国人民大学出版社 2005 年版。

丁瑞忠：《阿拉伯帝国翻译运动的成因》，《烟台师范学院学报》 2002 年第 2 期。

丁宏：《从回汉民族关系角度谈加强伊斯兰文化研究的重要意义》，《西北第二民族学院学报》2002 年第 1 期。

丁宏：《从回族的文化认同看伊斯兰教与中国社会相适应问题》，《西北民族研究》2005 年第 2 期。

［法］杜赫德：《耶稣会士中国书简集——中国回忆录》，郑德弟译，大象出版社 2001 年版。

［德］恩格斯：《反杜林论》，吴黎平译，人民出版社 1956 年版。

范文澜：《中国历史上的民族斗争与融合》，《历史研究》1980 年第 1 期。

费小平：《翻译的政治——翻译研究与文化研究》，中国社会科学出版社 2005 年版。

费孝通：《简述我的民族研究经历和思考》，《北京大学学报》1997 年第 2 期。

费孝通等：《中华民族多元一体格局》，中央民族学院出版社 1989 年版。

［法］米歇尔·福柯：《规训与惩罚》，刘北成、杨远婴译，生活·读书·新知三联书店 1999 年版。

葛校琴：《后现代语境下的译者主体性研究》，上海译文出版社 2006 年版。

［德］赫伯特·戈特沙尔克：《震撼世界的伊斯兰教》，阎瑞松译，陕西人民出版社 1986 年版。

［英］赫德逊：《欧洲与中国》，李申等译，中华书局 1995 年版。

辜正坤：《翻译标准多元互补论》，《中国翻译》1989 年第 1 期。

郭成康：《也谈满族汉化》，《清史研究》2000 年第 2 期。

郭建中：《韦努蒂及其解构主义的翻译策略》，《中国翻译》2000 年第 1 期。

郭建中：《翻译中的文化因素：异化与归化》，《外国语》1998 年第 2 期。

郭建中：《韦努蒂访谈录》，《中国翻译》2008 年第 3 期。

何高大、陈水平：《翻译——政治视野中的女性主义和后殖民主义的对话》，《外语与外语教学》2007 年第 11 期。

何绍斌：《后殖民语境与翻译研究》，《天津外国语学院学报》2002 年第 4 期。

［美］塞缪尔·P. 亨廷顿：《文明的冲突与世界秩序的重建》，周琪等译，新华出版社 1999 年版。

［美］塞缪尔·P. 亨廷顿：《我们是谁——美国国家特性面临的挑战》，程克雄译，新华出版社 2005 年版。

黄焰结：《权力框架下的翻译研究》，《北京第二外国语学院学报》2006 年第 6 期。

许钧主编：《翻译思考录》，湖北教育出版社 1998 年版。

贾敬颜：《历史上少数民族中的汉人成分》，《思想战线》1989 年第 3 期。

蒋骁华：《巴西的翻译："吃人"翻译理论与实践及其文化内涵》，《外国语》2003 年第 1 期。

蒋骁华：《东方学对翻译的影响》，《中国翻译》2008 年第 5 期。

［加］威尔·金里卡：《少数群体的权利：民族主义、多元文化主

义与公民权》，邓红风译，左岸文化出版社 2004 年版。

李晋有等主编：《中国少数民族古籍论》，巴蜀书社 2001 年版。

李平：《西方人眼中的东方文学艺术》，上海教育出版社 2004 年版。

李龙泉：《解构主义翻译观之借鉴与批判》，博士学位论文，上海外国语大学，2006 年。

黎难秋：《中国科学翻译史》，中国科学技术大学出版社 2006 年版。

梁向明：《"回之与儒，教异而理同"——兼谈回族学者马注的伊斯兰教伦理道德观》，《宁夏社会科学》2005 年第 2 期。

林克难：《外国翻译理论之适用性研究》，《中国翻译》2003 年第 4 期。

刘大先：《由"照顾少数民族"说开去》，《中国民族报》2008 年 2 月 15 日第 10 版。

刘静：《翻译的政治谱系与翻译研究新视角——评费小平的〈翻译的政治——翻译研究与文化研究〉》，《中国比较文学》2006 年第 1 期。

刘宓庆：《中西翻译思想比较研究》，中国对外翻译出版公司 2005 年版。

刘智：《天方典礼》，天津古籍出版社 1988 年版。

罗世平：《后殖民语言势差结构理论》，《四川外语学院学报》2006 年第 4 期。

骆萍：《后殖民语境下异化与归化再思》，《重庆工商大学学报》2006 年第 3 期。

吕俊：《何为建构主义翻译学》，《外语与外语教学》2005 年第 12 期。

吕俊:《翻译研究:从文本理论到权力话语》,《四川外语学院学报》2002 年第 1 期。

卢勋等:《中华民族凝聚力的形成与发展》,社会科学文献出版社 2007 年版。

[德] 马克思、恩格斯:《马克思恩格斯选集》第二卷,人民出版社 1972 年版。

努尔曼·马贤:《〈古兰经〉翻译概述》,《中国穆斯林》1987 年第 1 期。

马祖毅:《中国翻译简史——"五四"以前部分》,中国对外翻译出版公司 2004 年版。

[德] 卡尔·曼海姆:《意识形态与乌托邦》,黎鸣、李书崇译,商务印书馆 1999 年版。

[美] 孟德卫:《1500—1800:中西方的伟大相遇》,江文君、姚霏等译,新星出版社 2007 年版。

[英] 杰里米·芒迪:《翻译学导论——理论与实践》,李德凤等译,商务印书馆 2007 年版。

木白:《王静斋与汉译〈古兰经〉》,《中国穆斯林》1995 年第 2 期。

纳麒:《从回族角度谈伊斯兰教的中国化》,《回族研究》1999 年第 4 期。

宁骚、关凯:《民族国家建构应优先于民主制度完善》,《中国民族报》2007 年 5 月 25 日第 6 版。

潘知常:《从再现到表现——在阐释中理解当代审美观念》,《东方论坛》1998 年第 1 期。

齐园:《从后殖民文学看文化的非殖民化》,《求索》2006 年第 3 期。

钱存训：《近世译书对中国现代化的影响》，《文献》1986年第2期。

秦楠、范祥涛：《后殖民主义翻译研究概评》，《郑州航空工业管理学院学报》2005年第5期。

任东升：《圣经汉译文化研究》，湖北教育出版社2007年版。

阮纪正：《中华民族凝聚力：民族文化的价值认同》，《开放时代》1991年第3期。

阮西湖：《20世纪后半叶世纪民族关系探析》，民族出版社2004年版。

［德］迪德·森格哈斯：《文明内部的冲突与世界秩序》，张文武等译，新华出版社2004年版。

单德兴：《翻译与脉络》，清华大学出版社2007年版。

邵璐：《〈变换术语——后殖民时代的翻译〉评介》，《外语与外语教学》2006年第12期。

苏琪：《"他者"的抵抗——论后殖民语境下翻译对"东方"形象的消解》，《广东外语外贸大学学报》2007年第1期。

孙会军：《普遍与差异：后殖民批评视阈下的翻译研究》，上海译文出版社2005年版。

孙致礼：《翻译：理论与实践探讨》，译林出版社1999年版。

盛宁：《新历史主义·后现代主义·历史真实》，《文艺理论与批评》1997年第1期。

盛宁：《关于后现代"表征危机"的思考》，《外国文学研究》1991年第1期。

［美］佳亚特里·斯皮瓦克：《从解构到全球化批判：斯皮瓦克读本》，陈永国、特立里、郭英剑译，北京大学出版社2007年版。

［英］拉曼·塞尔登：《文学批评理论：从柏拉图到现在》，刘象愚、陈永国等译，北京大学出版社 2000 年版。

苏琪：《"他者"的抵抗——论后殖民语境下翻译对"东方"形象的消解》，《广东外语外贸大学学报》2007 年第 1 期。

谭载喜：《西方翻译史》，商务印书馆 1991 年版。

田文林、林海虹：《伊斯兰与西方的冲突：一个自我实现的文化预言》，《世界经济与政治》2002 年第 1 期。

陶飞亚：《边缘的历史——基督教与近代中国》，上海古籍出版社 2005 年版。

王岱舆：《正教真诠》，宁夏人民出版社 1988 年版。

王东风：《翻译研究的后殖民视角》，《中国翻译》2003 年第 4 期。

王东风：《归化与异化：矛与盾的交锋?》，《中国翻译》2002 年第 5 期。

王东风：《翻译文学的文化地位与译者的文化态度》，《中国翻译》2000 年第 4 期。

王东风：《帝国的翻译暴力与翻译的文化抵抗：韦努蒂抵抗式翻译观解读》，《中国比较文学》2007 年第 4 期。

王东风：《韦努蒂与鲁迅异化翻译观比较》，《中国翻译》2008 年第 2 期。

王东风主编：《功能语言学与翻译研究》，中山大学出版社 2006 年版。

王富：《赛义德现象研究》，中国社会科学出版社 2009 年版。

王浩：《Ts·达木丁苏伦与蒙古族文学关系研究》，《民族文学研究》2005 年第 4 期。

王宏印：《文学翻译批评论稿》，上海外语教育出版社 2005 年版。

王辉：《理雅各与〈中国经典〉》，《中国翻译》2003 年第 2 期。

王建平：《试论马德新著作中的"天"及伊斯兰教和儒教关系》，《上海师范大学学报》2004 年第 6 期。

王静、范祥涛：《后殖民翻译理论在国内的误读与误用》，《苏州教育学院学报》2008 年第 1 期。

王静斋：《古兰经译解（丙种本）》，上海永祥印书馆 1946 年版。

王铭铭：《西方作为他者——论中国"西方学"的谱系与意义》，世界图书出版公司 2007 年版。

王克非：《翻译文化史》，上海外语教育出版社 1997 年版。

王晓朝：《中西文化传播的双向互动与文化转型——兼评张西平〈中国与欧洲早期宗教和哲学交流史〉》，《博览群书》2002 年第 1 期。

王晓路：《表征理论与美国少数族裔书写》，《南开学报》2005 年第 4 期。

王岳川：《后殖民主义与新历史主义》，山东教育出版社 1999 年版。

王岳川：《新历史主义的理论盲区》，《广东社会科学》1999 年第 4 期。

［德］卫礼贤：《中国心灵》，王宇洁、罗敏、朱晋平译，中国国际文化出版公司 1998 年版。

［英］C. W. 沃特森：《多元文化主义》，叶兴艺译，吉林人民出版社 2005 年版。

吴文安：《后殖民翻译研究——翻译和权力关系》，外语教学与研究出版社 2008 年版。

［美］希提：《阿拉伯通史》上册，马坚译，商务印书馆 1990 年版。

邢襄平:《对英译汉"归化法"的再思考》,《中外教育研究》2009年第2期。

谢天振:《翻译研究新视野》,青岛出版社2003年版。

谢天振:《翻译研究"文化转向"之后——翻译研究文化转向的比较文学意义》,《中国比较文学》2006年第3期。

徐宗泽:《明清间耶稣会士译著提要——耶稣会创立四百周年纪念(一五四零年——一九四零年)》,中华书局1989年版。

许宝强、袁伟:《语言与翻译的政治》,中央编译出版社2001年版。

徐杰舜:《从多元走向一体》,广西师范大学出版社2008年版。

阎立新:《满语文综论》,《满族研究》2003年第4期。

杨桂萍:《天道与人道——马德新关于伊斯兰教与儒家文化的比较研究》,《回族研究》2002年第4期。

杨柳:《翻译"间性文化"论》,《中国翻译》2005年第3期。

杨平:《评西方传教士〈论语〉翻译的基督教化倾向》,《人文杂志》2008年第2期。

杨文炯、张嵘:《伊斯兰教与中世纪阿拉伯翻译运动的兴起》,《西北民族学院学报》1993年第4期。

杨亚东:《历史叙事与后殖民主义》,《四川教育学院学报》2006年第11期。

叶小文:《促进基督文明与伊斯兰文明的对话与和睦》,《中国宗教》2006年第2期。

袁斌业:《从后殖民译论看19世纪中期西方传教士在华的翻译》,《广西师范大学学报》2007年第3期。

袁伟:《反思异化翻译策略》,《信息科技》(学术研究)2007年第 21 期。

乐黛云：《文化霸权理论与文化自觉》，《解放军艺术学院学报》2004 年第 2 期。

曾文雄：《对翻译研究"文化转向"的反思》，《外语研究》2006 年第 3 期。

扎拉嘎：《比较文学：文学平行本质的比较研究——清代蒙汉文学关系论稿》，内蒙古教育出版社 2002 年版。

赵敦华：《西学的几个理论问题》，《哲学研究》2007 年第 6 期。

赵彦春：《翻译学归结论》，上海外语教育出版社 2005 年版。

张柏然：《全球化语境下的翻译理论研究》，《中国翻译》2002 年第 1 期。

张德让：《论译语文化与文本选择》，《外语教学》2001 年第 3 期。

张建萍：《霍米·巴巴与后殖民翻译理论》，《长沙大学学报》2007 年第 4 期。

张进：《新历史主义与历史诗学》，中国社会科学出版社 2004 年版。

张景华：《新历史主义与翻译研究》，《当代文坛》2008 年第 4 期。

张宽：《萨伊德的"东方主义"与西方的汉学研究》，《瞭望》1997 年第 27 期。

张齐颜：《论多元系统理论对文学翻译的解释力的不充分性》，《四川外语学院学报》2005 年第 1 期。

张倩：《从后殖民主义理论看文化翻译》，《军事经济学院学报》2006 年第 3 期。

张跣：《不得其所：赛义德后殖民主义文化理论研究》，博士学位论文，北京师范大学，2003 年。

张松健：《殖民主义与西方汉学：一些有待讨论的意见》，《浙江学刊》2002 年第 4 期。

张瑜：《权力话语制约下的翻译活动》，《解放军外国语学院学报》2001 年第 5 期。

张云江：《僧人"释"姓由来及其文化意义谈略》，《人海灯》2005 年第 4 期。

周宁：《另一种东方主义：超越后殖民主义文化批判》，《厦门大学学报》2004 年第 6 期。

朱安博：《译介学中的新历史主义权力话语》，《外语学刊》2006 年第 3 期。

朱耀先：《论翻译与政治》，《中国科技翻译》2007 年第 1 期。

祝朝伟：《建构与反思》，上海译文出版社 2005 年版。

邹威华：《后殖民语境中的文化表征——斯图亚特·霍尔的族裔散居文化认同理论透视》，《当代外国文学》2007 年第 3 期。